H. Kächele W. Steffens (Hrsg.)

Bewältigung und Abwehr

Beiträge zur Psychologie und Psychotherapie schwerer körperlicher Krankheiten

Mit 21 Abbildungen und 12 Tabellen

Springer-Verlag
Berlin Heidelberg New York London Paris Tokyo

Professor Dr. Horst Kächele
Dr. Wolfgang Steffens
Abt. Psychotherapie der Universität Ulm,
Am Hochsträß 8, D-7900 Ulm

ISBN 3-540-50234-3 Springer-Verlag Berlin Heidelberg New York
ISBN 0-387-50234-3 Springer-Verlag New York Berlin Heidelberg

CIP-Titelaufnahme der Deutschen Bibliothek
Bewältigung und Abwehr: Beitr. zur Psychologie u. Psychotherapie schwerer körperlicher Krankheiten / H. Kächele; W. Steffens (Hrsg.). - Berlin; Heidelberg; New York; London; Paris; Tokyo: Springer, 1988
ISBN 3-540-50234-3 (Berlin ...) brosch.
ISBN 0-387-50234-3 (New York ...) brosch.
NE: Kächele, Horst [Hrsg.]

Druck- und Bindearbeiten: Weihert-Druck GmbH, Darmstadt
2119/3140-543210 - Gedruckt auf säurefreiem Papier

Vorwort der Herausgeber

Die Zusammenarbeit von Internisten, insbesondere Hämatologen und Psychosomatikern, hat an der Universität Ulm durch die Mitwirkung von Thure von Uexküll bei der Gestaltung der Gründung der Universität im Jahre 1967 eine inzwischen über zwanzigjährige Tradition. Mit der Emeritierung von Thure von Uexküll schien die enge Verbindung zwischen Hämatologie und Psychosomatik verlorenzugehen.

Im Rahmen des Sonderforschungsbereiches 129 „Psychotherapeutische Prozesse" wurde 1985 diese Zusammenarbeit erneut belebt, als die Abteilung Psychotherapie (Prof. Dr. H. Thomä) den Aufbau eines psychosomatisch orientierten Forschungsfeldes beschloß. In Zusammenarbeit mit der Abteilung Medizinische Soziologie (Prof. Dr. Dr. P. Novak) und der Abteilung Innere Medizin III (Prof. Dr. H. Heimpel) wurde ein Projekt zu psychosozialen Langzeitfolgen der Knochenmarktransplantation entwickelt, welches seit 1986 unter gemeinsamer Leitung von H. Kächele, R. Arnold und P. Novak als Projekt A15 des SFB 129 durchgeführt wird.

Ein Kolloquium zum Stand der Copingforschung erbrachte Beiträge, die wir für so anregend halten, dass sie in überarbeiteter Form im diesem Reader über alle Divergenz doch ein gemeinsames Moment vertreten. Unsere eigene psychoanalytische Orientierung verpflichtete uns, die Beziehung von Abwehr und Coping als Rahmenthema dieser Beiträge zu sehen und dies auch in einer einleitenden umfangreichen theoretischen Analyse aufzuarbeiten. Der Band enthält über die Beiträge zu dem Ulmer Expertengespräch 1986 hinaus auch einen Überblick über die Ergebnisse des Berner Projekts und eine erste exemplarische Analyse aus dem Ulmer KMT-Projekt.

Für den Leser ergeben sich unvermeidliche Schwierigkeiten aus der nicht zu übersehenden Heterogenität der unterschiedlichen Ansätze. Gerade diese Heterogenität spiegelt durchaus den gegenwärtigen Stand der Forschung zur Bewältigung schwerer körperlicher Erkrankungen wider. Eigenes und fremdes Denken zu vergleichen, könnte durchaus eine anregende Auseinandersetzung zwischen den verschiedenen Ausgangspunkten herbeiführen.

Unser eigenes Interesse richtet sich dabei auf eine Integration psychoanalytischer Denkansätze, die herkömmlicherweise im Konzept der Abwehrvorgänge zusammengefaßt werden, mit den kognitionspsychologisch orientierten Ansätzen der Bewältigungsforschung. Für viele an der Psychoanalyse nur marginal interessierte Forscher mag es immerhin bemerkenswert erscheinen, daß innerhalb der Psychoanalyse kognitionspsychologische Konzepte Beachtung finden. Wir verstehen diesen Reader daher als eine Anregung zu einer kritischen Durchdringung sowohl der theoretischen Konzepte, die für die Copingforschung von Bedeutung sind, als auch zu einer kritischen Betrachtung des forschungspraktischen Vorgehens, in dem ja eine Umsetzung der theoretischen Konzepte angestrebt wird.

Wir danken dem SFB 129, der die Durchführung des Kolloquiums unterstützt hat, sowie der Breuninger Stiftung Stuttgart, die die Drucklegung des Readers gefördert hat.

Für die Geduld und den Einsatz bei der erforderlichen redaktionellen Überarbeitung danken wir unseren drei Sekretärinnen, Frau Berti, Frau Schmied und Frau Stöckle.

Ulm, August 1988

Horst Kächele und Wolfgang Steffens

Inhaltsverzeichnis

Autorenverzeichnis

ARNOLD, RENATE, Priv.-Doz. Dr.; Medizinische Universitätsklinik und Poliklinik, Abt. Innere Medizin III, Oberer Eselsberg, Robert-Koch-Str., D-7900 Ulm

AUGUSTINI, KLAUS-FRIEDRICH, lic. phil.; Psychiatrische Univ.-Poliklinik Bern, Murtenstraße 21, CH-3010 Bern

BERGERHOFF, PETRA, Dr.; Universität Ulm, Abt. Med. Soziologie, Am Hochsträß 8, D-7900 Ulm

BEUTEL, MANFRED, Dr.; Technische Universität München, Institut für Med. Psychologie, Langerstr. 3, D-8000 München 80

BLASER, ANDREAS, Priv.-Doz. Dr.; Psychiatrische Univ.-Poliklinik Bern, Murtenstraße 21, CH-3010 Bern

BÜRKI, CLAUDIA, Dr.; Psychiatrische Univ.-Poliklinik Bern, Murtenstraße 21, CH-3010 Bern

CIERPKA, MANFRED, Dr.; Universität Ulm, Abt. Psychotherapie, Am Hochsträß 8, D-7900 Ulm

FILIPP, SIGRUN-HEIDE, Prof. Dr.; Universität Trier, Fachbereich I-Psychologie, Postfach 3825, D-5500 Trier

HASENBRING, MONIKA, Dr.; Klinikum Kiel, Abt. Med. Psychologie, Niemannsweg 147, D-2300 Kiel

HEIM, EDGAR, Prof. Dr.; Psychiatrische Univ.-Poliklinik Bern, Murtenstraße 21, CH-3010 Bern

HERTENSTEIN, BERND, Dr.; Medizinische Universitätsklinik und Poliklinik, Abt. Innere Medizin III, Oberer Eselsberg, Robert-Koch-Str., D-7900 Ulm

JORDAN, JOCHEN, Dr.; Johann-Wolfgang-Goethe-Universität, Fachbereich Psychosomatik, Theodor-Stern-Kai 7, D-6000 Frankfurt/M. 70

KÄCHELE, HORST, Prof. Dr.; Universität Ulm, Abt. Psychotherapie, Am Hochsträß 8, D-7900 Ulm

KLAUER, THOMAS, Dr.; Universität Trier, Fachbereich I-Psychologie, Postfach 3825, D-5500 Trier

KUBANEK, BERNHARD, Prof. Dr.; DRK-Blutspendezentrale, Oberer Eselsberg 10, D-7900 Ulm

KÜHNE, DINA, lic. phil.; Psychiatrische Univ.-Poliklinik Bern, Murtenstraße 21, CH-3010 Bern

NOVAK, PETER, Prof. Dr. Dr.; Universität Ulm, Abt. Med. Soziologie, Am Hochsträß 8, D-7900 Ulm

PAUL-HAMBRINK, BRIGITTE, Dipl.-Psych.; Universität Ulm, Abt. Psychotherapie, Am Hochsträß 8, D-7900 Ulm

ROTHENBÜHLER, MARIA, Dr.; Psychiatrische Univ.-Poliklinik Bern, Murtenstraße 21, CH-3010 Bern

SCHAFFNER, LILIANE, Dr.; Psychiatrische Univ.-Poliklinik Bern, Murtenstraße 21, CH-3010 Bern

SEIFFGE-KRENKE, INGE, Prof. Dr.; Justus. Liebig-Universität, Abt. Med. Psychologie, Friedrichstraße 36, D-6300 Gießen

SIMONS, CLAUDIA, Dipl.-Psych.; Universität Ulm, Abt. Psychotherapie, Am Hochsträß 8, D-7900 Ulm

STEFFENS WOLFGANG, Dr.; Universität Ulm, Abt. Psychotherapie, Am Hochsträß 8, D-7900 Ulm

VALACH, LADISLAV, Dr. phil.; Psychiatrische Univ.-Poliklinik Bern, Murtenstraße 21, CH-3010 Bern

Abwehr und Bewältigung - Mechanismen und Strategien Wie ist eine Integration möglich ?

WOLFGANG STEFFENS & HORST KÄCHELE, ULM

Übersicht

1. Einleitung

Das psychoanalytische Abwehrkonzept gehört seit Freuds Studie "Hemmung, Symptom und Angst"(1926) zum selbstverständlichen Handwerkszeug der klinischen Psychoanalyse und wird erst in jüngster Zeit wieder problematisiert (Blum 1985; Brenner 1981; Hoffmann 1987); dem korrespondiert das Interesse, eine empirische Fundierung der psychoanalytisch-klinischen Konzepte zu erreichen (Ehlers 1983, Hentschel 1985). Dies könnte eine Reaktion auf die kraftvolle Entwicklung der "Copingforschung" sein, die insbesondere von Lazarus am Ende der fünfziger Jahre als "Fußnote zur Streßtheorie" (Roskies, Lazarus 1980, S.45) in Gang gesetzt wurde. Ein bedeutender Vertreter einer neuen Selbstverständlichkeit, beide Prozesse, die des Copings wie auch die der Abwehr, zu klinischen und theoretischen Analysen heranzuziehen, ist M.Horowitz, der in seinen Untersuchungen zum Streß-Response Syndrom (1976; 1978; 1979) als Psychoanalytiker und kognitionspsychologisch gebildeter Psychologe beide Ansätze fruchtbar genutzt hat. Besonders Fragestellungen zu Prozessen der Krankheitsverarbeitung lassen sich sowohl unter Bewältigungs- wie unter Abwehrperspektiven anregend diskutieren.

Bei genauer Betrachtung ist eine Verwandtschaft zwischen den beiden Konzepten offensichtlich (Prystav 1981). In unserem Beitrag möchten wir eine Klärung dieser Verwandschaftsbeziehung versuchen, um zu einer Präzisierung der Ähnlichkeiten wie der Unterschiede beizutragen. Angesichts der gegenwärtigen Theoriekrise in der Psychoanalyse (Thomä, Kächele 1985) und dem Fehlen einer homogenen Auffassung über das Konzept "Bewältigung" ist dies keine leichte Aufgabe. Nachdem Horowitz (1975; 1976) und Haan (1977) die Psychoanalyse für ihr Verständnis des Copingkonzepts herangezogen haben, sind bei der Mehrzahl der vorliegenden Copingkonzepte eher Tendenzen zu erkennen, Ähnlichkeiten mit der psychoanalytischen Abwehrtheorie abzulehnen. Umgekehrt setzt sich die psychoanalytische Theoriebildung genausowenig wie die empirische Forschung im Bereich der Abwehrmechanismen mit den Entwicklungen im Bereich der Copingforschung auseinander. Man könnte den Eindruck gewinnen, daß beiden die gegenseitige Verwandtschaft unangenehm ist und beide Seiten bemüht sind, die Verwandtschaftsbeziehungen zu verleugnen. In jüngster Zeit haben Braukmann und Filipp (1985) im Hinblick auf den Stand der Copingforschung die Neigung beklagt, das Copingkonzept von allen anderen psychologischen Konzepten zu isolieren und es als eine Neuschöpfung auszugeben. Die Chance, die sich aus einer Klärung der Begriffsgeschichte und der Forschungstradition ergeben könnte, wird damit vertan. Aus psychoanalytischer Sicht möchten wir die Gelegenheit nutzen, die gegenwärtigen Überlegungen zum Abwehrkonzept sowie dessen historische Wurzeln ausführlich darzustellen, um es dann mit dem derzeit am meisten verbreiteten Copingkonzept, dem von Lazarus, in Verbindung zu bringen. Wir möchten damit die Auseinandersetzung zwischen diesen beiden Konzepten in theoretischer wie empirischer Hinsicht anregen, zumal die Aufarbeitung der theoretischen Grundlagen im Rahmen unseres eigenen Forschungsprojektes ein wichtiger Schritt für die Vorbereitung angemessener Erfassungsmethoden von Abwehr und Coping sein dürfte.

2. Das Abwehrkonzept im Paradigma der psychoanalytischen Ich - Psychologie

Freud führte aufgrund klinischer Erfahrungen 1894 das Abwehrkonzept ein. Er stellte fest , daß neurotisch erkrankte Patienten durch Bildung ihrer Symptome eine Lösung für widersprüchliche innerseelische Forderungen finden; bei der Behandlung derselben entdeckte er, wie die Patienten sich gegen die Bearbeitung und Aufdeckung dieser Zusammenhänge wehrten. Im Rahmen der Strukturtheorie wies er später dem Ich bei der Lösung innerseelischer Konflikte die Hauptaufgabe zu: Es vermag mittels bestimmter Vorgänge, die als Abwehrmechanismen definiert wurden, diejenigen Wünsche vom Bewußtsein fernzuhalten, die dem Ich aus den verschiedensten Gründen nicht akzeptabel erscheinen. Diese nicht-akzeptablen Wünsche werden durch den Abwehrmechanismus der Verdrängung, dem wichtigsten aller Abwehrmechanismen, zum Teil ins Unbewußte verdrängt, so daß die Person von ihnen nichts mehr weiß, zum Teil werden sie durch andere, weitere Abwehrmechanismen so entstellt, daß sie in modifizierter Weise bewußt werden können. Als ein Ergebnis mißglückter Abwehr wird die Symptombildung angesehen, die aus einem sub-optimalen Kompromiß zwischen Wunsch und Abwehr entstehen soll.

Hier stellt sich bereits ein erstes Problem. Wenn Abwehrmechanismen immer dann aktiviert werden, wenn die Realisierung eines konflikthaften Wunsches droht, müssen Kriterien gefunden werden, wie das Ich einen Konflikt wahrnimmt und wie es in diesem Falle reagiert. Freud betrachtete das Angstsignal als ein entscheidendes Kriterium, das die Abwehrtätigkeit in Gang setzt. Angst taucht auf, wenn ein Wunsch - ein Triebimpuls oder eine Phantasie - sich im Gegensatz zu anderen seelischen Strebungen, insbesondere den Wertvorstellungen der Person befindet.

Freud handelte sich damit ein weiteres Problem ein. Indem er von einem Widerspruch zwischen Triebwünschen auf der einen und Überich - Forderungen auf der anderen Seite ausging, darin gradezu die Essenz des unbewußten Konfliktes sah, mußte er eine Form unbewußter Wahrnehmung postulieren. Denn wenn das Auftauchen unannehmbarer Triebregungen die Abwehrtätigkeit des Ich in Gang setzt, bevor diese noch unbewußten Triebregungen vom bewußten Ich wahrgenommen werden, muß das Ich sowohl zu bewußten wie unbewußten Wahrnehmungen und Einschätzungen fähig sein. Freud mußte dementsprechend seine ursprüngliche Theorie modifizieren, in der das Ich noch als eine Instanz erschien, die weitgehend mit dem bewußten Erleben identisch war. Auch das Ich besaß also Anteile, die unbewußt waren. Freud fand zwar eine Lösung für dieses Problem in seiner Strukturtheorie, mußte dafür aber auch einen Preis zahlen. Denn mit den Mitteln der strukturell und nicht prozessual orientierten Ich-Psychologie war es nicht möglich, die Funktionsweise der Abwehr genauer zu beschreiben. Erkennbar war nur das Ergebnis der Abwehrtätigkeit. Wir werden später noch einmal auf diese Thematik zurückkommen.

Der von A. Freud (1936) von Anfang an vertretene entwicklungs - psychologische Zugang legte es nahe, die Abwehrtätigkeit des Ich nicht ausschließlich darauf zu begrenzen, konflikthafte Wünsche und Vorstellungen aus dem bewußten Erleben auszuklammern; offensichtlich war Abwehr eine Leistung, die besonders das Kind zu einer situationsangemessenen Selbstregulation fähig macht. Damit leistete sie einen Beitrag zu einer differenzierenden Betrachtung der seelischen Entwicklung und Strukturierung. Dies stimmt zu S. Freuds Bemerkung, die Verdrängung sei gleichsam ein Ersatz für den Fluchtreflex (1926). Der Preis für diese Entkoppelung von unmittelbaren Umwelteinflüssen sei jedoch darin zu sehen, daß die Verdrängung einen fixierenden Einfluß auf die weitere psychische Entwicklung ausübe. Das bedeute nichts anderes, als daß die Verdrängung nicht mehr rückgängig gemacht werden könne, auch wenn sich die äußere Gefahrensituation ändert. Die einmal verdrängten Vorstellungsinhalte blieben von einer Reproduktion im Gedächtnis ausgeschlossen, hätten aber als unbewußt wirksame Kräfte einen bleibenden pathogenen Einfluß.
Abwehrvorgänge haben in der Ich-Psychologie dementsprechend eine doppelte Funktion:

1. Sie sind Regulationsvorgänge, die die Integrität und Kohäsion des Ich bewahren und

2. sie führen zur Ausgliederung unbewußter Wünsche, die diesen Zustand der Integrität bedrohen (s. d. G. Klein 1976, Weiss, Sampson 1986).

Mit diesen Festlegungen bleibt die psychoanalytische Theorie der Abwehr jedoch mit einem Dilemma behaftet: Wenn Abwehr entwicklungspsychologisch als eine Leistung dargestellt werden kann, so zeigen umgekehrt psychische Erkrankungen, daß Abwehrvorgänge zugleich das neurotische Gleichgewicht stabilisieren. Die vorwiegende Verwendung des Abwehrbegriffes zur Kennzeichung pathologischer Prozesse unterschlägt den systemerhaltenden Aspekt dieser Prozesse. Es scheint auch nur ein partieller Ausweg, wenn man, wie etwa Gill (1962) reife und unreife, flexible und starre Abwehr unterscheidet. Hiermit wird das Problem eher verschoben als befriedigend gelöst. Denn auch die Symptombildung ist schließlich als ein Versuch zu verstehen, die Integrität des Ich mittels Symptombildung schließlich doch zu wahren (vgl. Menninger 1954). Da das Abwehrkonzept eng mit der Vorstellung einer Gefahrensituation verbunden ist, die das Ich durch den Einsatz von Abwehrmechanismen meidet, müssen wir im folgenden auf die psychoanalytische Theorie des Traumas eingehen.

Der Begriff des Traumas ist im Laufe der Zeit wie viele andere psychoanalytische Begriffe neu durchdacht worden. Wir möchten die Überlegungen von A. Freud (1967) kurz zusammenfassen, weil sie sowohl die klassische Position als auch spätere Vorstellungen prägnant umreißen. Bekanntlich hatte S. Freud äußeren Ereignissen in der Genese der Neurosen eine zweitrangige Rolle zugeschrieben, als er seine ursprüngliche Auffassung revidierte, Neurosen seien durch sexuelle Verführungen in der Kindheit entstanden. Demgegenüber hielt er die intrapsychischen Vorgänge der Triebentwicklung und das Auftauchen begleitender sexueller und aggressiver Phantasien für entscheidend. Obwohl damit die Innenwelt das Primat erhielt, ließ sich ein Zusammenhang zwischen Umwelt und intrapsychischen Vorgängen nicht leugnen. Zu der entscheidenden Frage, unter welchen Umständen äußere Ereignisse nicht zu bewältigende innere Katastrophen nach sich ziehen, stellte Anna Freud 1967 fest: "Wann immer ein Ereignis die Abwehrmaßnahmen eines Individuums außer Kraft setzt, entsteht die Gefahr von Traumatisierung" (a. a. O. S.1820) und "solange ein Ereignis mit Hilfe des einen oder anderen Ich-Mechanismus bewältigt werden kann, sollten wir nicht von einem Trauma reden" (a. a. O. S.1832). Die Flexibilität der psychischen Organisation erscheint somit als ausschlaggebender Parameter. Entwicklungsbedingte Konstellationen, wie etwa der ödipale Konflikt verstanden als "inneres Ereignis", gewinnen demgegenüber ihre potentielle traumatisierende Qualität durch die auftretenden Triebregungen und die sie begleitenden Fantasien. Die Innenwelt behält daher dabei durchaus ihr Primat, denn belastende "äußere Ereignisse" können kompensiert werden, ohne bleibende innerseelische Veränderungen nach sich zu ziehen.

Um das unterschiedliche Toleranzniveau gegenüber potentiell belastenden Situationen zu erklären, verwendete S. Freud die Konstruktion des "Reizschutzes" (1920) Er versteht den Reizschutz als eine künstliche "Membran", die den Organismus einhüllt und die von außen kommenden Reize passiv filtert (vgl. Laplanche, Pontalis 1973, Bd. 2, S. 439f), das heißt, der Reizschutz verhindert eine Überflutung des Ichs durch traumatische Erregungen. Ohne auf die hier anklingenden ökonomisch energetischen Annahmen einzugehen, die inzwischen von vielen Autoren ausdrücklich bezweifelt werden, kann man an dem Grundgedanken festhalten, daß die traumatische Situation einen passageren Zusammenbruch

der Ich-Organisation nach sich zieht. Der Begriff "Reizschutz" ermöglicht bereits einen Ausblick auf informationstheoretische Vorstellungen, auf die wir später eingehen werden. In gewisser Weise ist die Vorstellung eines "Reizschutzes" eine statische, zugleich unausweichliche Hilfskonstruktion, da ja der Prozeß der Abwehrtätigkeit mit den Mitteln der ich-psychologischen Begriffsbildung nicht faßbar ist. Es sei denn, man würde den Reizschutz selbst als einen dynamischen Filterungsprozeß konzipieren.
Jedenfalls lassen sich die Bedingungen für einen passageren Zusammenbruch der Ich-Organisation folgendermaßen beschreiben:

1. Wenn eine traumatische Situation plötzlich und unerwartet eintritt, bleibt dem Ich keine Zeit zur Abwehr, zur Flucht oder zur Umstellung und Anpassung an die veränderten Bedingungen;

2. die traumatische Situation zieht einen passageren Zusammenbruch der regulativen Ich-Fähigkeiten nach sich und ist mit einem basalen Gefühl der Hilflosigkeit verknüpft.

3. Um das Ausmaß der Traumatisierung einschätzen zu können, muß neben den akut erkennbaren Symptomen auch der Zeitraum bis zur Wiederherstellung Beachtung finden.

4. Als Anhaltspunkt dafür, daß eine Situation als traumatisch erlebt wurde, wird im allgemeinen der Zwang angesehen, diese Situation in abgewandelter Form zu wiederholen.

5. Die traumatische Situation berührt tief verwurzelte und das heißt bereits vor dem Eintritt der Situation verdrängte unbewußte Ängste oder Wunschphantasien. Diese unbewußten Ängste oder Wunschphantasien verleihen dem traumatischen äußeren Ereignis die beschriebene intrapsychische, pathogene Qualität.

Die Beziehung zwischen traumatischen Erfahrungen und der späteren neurotischen Bildung ist äußerst kompliziert. Aus heutiger psychoanalytischer Sicht steht nämlich am Anfang neurotischer Entwicklungen eine sich vermutlich kumulativ addierende Reihe traumatischer Erfahrungen in der Kindheit (Khan 1963, Fischer 1986), viel seltener handelt es sich um Folgezustände einer einzigen traumatischen Situation. Ziel der Abwehrmechanismen ist es demnach, wie Moser (1965) feststellt, eine Wiederholung dieser traumatischen Erfahrungen zu verhindern; andererseits besteht eine Tendenz dazu, durch Wiederholung der trau-

matischen Situation gewissermaßen in abgeschwächter Form diese doch noch abschließend bewältigen zu können.
Wenn wir hier den Begriff der Bewältigung hervorheben, dann tun wir dies in der Absicht, deutlich zu machen, daß Bewältigung eine konstruktive Überwindung einer Gefahrensituation meint und damit Anschluß an den Begriff der Anpassung gewinnt. Der Begriff der "Anpassung" spielt eine zentrale Rolle bei der Erörterung der wechselseitigen Beziehungen zwischen Abwehr und Coping. So interpretieren Braukmann, Filipp (1985, sowie Kapitel 2 in diesem Band) Anpassung im Sinne einer wechselseitigen Angleichung - sie sprechen von "Passung" von Selbst und Umwelt.

3. Anpassung - ein Bindeglied zwischen Abwehr und Coping ?

Bemerkenswert ist, daß das seinerzeit durchaus beachtete Buch von H. Hartmann "Ich-Psychologie und Anpassungsproblem", dessen Grundgedanken ein Jahr nach dem epochemachenden Werk von Anna Freud "Das Ich und die Abwehrmechanismen" vor der Wiener Psychoanalytischen Gesellschaft vorgetragen wurden (die Veröffentlichung erschien aber erst 1939), vergleichsweise rasch an Beachtung und Bedeutung verlor (s. d. Fürstenau, 1965). Die Überlegungen von Hartmann stellen unseres Erachtens eine theoretische Verbindung zwischen Abwehr und Bewältigung dar. Hartmann betrachtet Abwehr und Anpassung als zwei Seiten einer Medaille. Während die Abwehr der "Triebbewältigung" (Hartmann 1960, S. 18) dient, verwendet er Anpassung im Sinne der "Realitätsbewältigung" (S. 25). Ihm stellt sich das Problem der Wechselwirkung zwischen dem Menschen und seiner Umwelt: "Die Umgebung wird, durch menschliches Handeln, den menschlichen Funktionen angepaßt - und der Mensch paßt sich (sekundär) einer durch ihn selbst mitgeschaffenen Umgebung an" (S. 28). Er unterscheidet neben dem alloplastischen, die Umwelt verändernden Handeln und dem autoplastischen, die eigenen intrapsychischen Strukturen ändernden Handeln noch eine dritte Form der Anpassung, nämlich das Aufsuchen einer neuen, geeigneteren Umwelt. Zentral scheint uns seine Feststellung, daß die ursprünglich der Triebabwehr zuzurechnenden Mechanismen auch in den Dienst der Anpassung an die Realität treten können. Er illustriert dies an dem bekannten Abwehrmechanismus der Identifikation mit dem Aggressor: Dieser ermöglicht einerseits dem Kind eine Triebbewältigung, zugleich tritt er aber auch als Auseinandersetzung mit der Außenwelt, nämlich mit dem Elternobjekt, in Erscheinung, das dem Kind eine Einschränkung auferlegt. Hartmann legt somit nahe, daß die

Selbst-Objekt-Differenzierung eine wesentliche Erweiterung der Möglichkeiten zur Abwehr eröffnet.

Für Hartmann verfolgt Anpassung aber nicht einseitig den Zweck, Konflikte mit der sozialen Realität zu vermeiden. Er ist oft in diesem Sinne mißverstanden und kritisiert worden. Dabei wurde verkannt, daß er auf der Suche nach einem Organisationsprinzip war, das einerseits die Entwicklung der psychischen Organisation, andererseits das Hineinwachsen in eine soziale Wirklichkeit erklären soll, wobei die Autonomie und die Integrität des psychischen Systems erhalten bleiben. Er sah sich daher veranlaßt, die Regulation des intrapsychischen Gleichgewichts in Beziehung zur Regulation der Umwelt zu setzen. Die Formulierung "daß Anpassung und Zusammenpassung einander bedingen; der Anpassungsvorgang hat zumeist Zusammenpassung zur Voraussetzung und umgekehrt" ähnelt der oben bereits erwähnten Aussage von Braukmann, Filipp (1984).
Anpassungsvorgänge sind nun wesentlich enger mit bewußten Vorgängen verbunden, als dies für die Abwehrmechanismen gilt. Sie benötigen nämlich den Intellekt als "zentralen Steuerungsfaktor", der vor allen Dingen bei "der Bewältigung neuer Situationen" in Erscheinung tritt. Wenn Hartmann den Intellekt als ein übergeordnetes Ordnungsprinzip auffaßt, geht er über die Vorstellung hinaus, Denken sei Probehandeln. Aus heutiger Sicht erinnern diese Überlegungen sehr an die Theorien, die sich mit der kognitionspsychologischen Organisation psychischer Prozesse befassen (Horowitz 1979, Moser et al. 1969). Dieser Vergleich liegt umso näher, als Hartmann den Ich-Interessen, den Wertordnungen der Person und vor allen Dingen dem konkreten Handeln eine zentrale Bedeutung bei der Anpassung beimißt. Im Rückgriff auf Weber (1921) bezeichnet er zweckrationales Handeln als Handeln im Dienst des Ich, das zur Sicherung der Anpassung beiträgt. So formuliert er:

"Während bei der Erforschung der intrapsychischen Konflikte die Handlung zeitweilig sozusagen eingeklammert werden kann, tritt sie sofort in den Vordergrund, sobald wir uns mit den Anpassungsvorgängen befassen" (S. 71). "Realitätsgerecht heißt uns eine Handlung zunächst dann, wenn sie es der Intention nach ist, d. h. wenn die Mittel an den Zwecken unter richtiger Berücksichtigung der Außen- (und Innen-) Weltumstände orientiert werden; in diesem Fall können wir von einem "subjektiv realitätsgerechten Handeln" sprechen. Realitätsgerecht wird man aber auch die Handlung nennen, welche sich in einer für die Realitätsbeziehung des Handelnden faktisch zweckmäßigen Weise in die Außenweltbedingungen einfügt ('objektiv realitätsgerechtes Handeln')" (S. 72).

Diese Formulierungen lesen sich aus heutiger Sicht wie eine Beschreibung von Bewältigungsvorgängen!

Auch Hartmann stellt sich natürlich das Problem, wie er neurotische Anpassung von nicht-neurotischer Anpassung unterscheidet. Wenn er Neurose folgerichtig als "spezifisches Versagen der Anpassungsleistung" (S. 54) auffaßt, klingt hierbei die Idee an, Anpassung als eine komplexe Integrationsleistung zu betrachten. In der Anpassung werden unterschiedliche Strebungen in der Person integriert und zugleich eine angemessene Beziehung zu äußeren Realität hergestellt. In einer modern anmutenden Weise formuliert Hartmann, daß die Ziele der Anpassung "um die eigene Person (das Selbst) zentriert sind" (S. 139).

Gegen Hartmanns Ansatz lassen sich aus zwei Gründen Bedenken vorbringen. So kritisiert Fürstenau (1965) Hartmanns biologistische Tendenz, Anpassung als eine "vorgängige Abstimmung" zwischen Umwelt und menschlichem Organismus zu begreifen, weil dadurch die Motiviertheit innerseelischer Vorgänge aus dem Blickfeld gerät. Joffe und Sandler (1967) sehen in Hartmanns Anpassungsbegriff eine Verkürzung, weil er die Anpassung an die Außenwelt zu sehr betont und die innerseelischen Regulationsvorgänge zu wenig berücksichtigt. Wir werden zunächst einmal Fürstenaus Kritik folgen, um dann die Revision von Joffe und Sandler aufzugreifen.

Fürstenau (1965) wirft Hartmann einen Rückfall auf die voranalytische Bewußtseinspsychologie vor, da er das Ich als einen Ort "außerhalb des Konflikts" (S. 39) konzipiert. Seine Argumentation wendet sich einerseits gegen die Idealisierung des Ichs "im Sinne konflikt- und affektfreien Koordinierens" (S. 47), andererseits macht er deutlich, wie Hartmann in seiner Reduzierung der sozialen Umwelt auf bloß "soziales Entgegenkommen" die adaptive Bedeutung von Identifikationsvorgängen verkennt. Die Identifikationen mit Normen und Zielen der Gesellschaft, die ihrerseits bereits Ergebnis einer Konfliktlösung sind, sind ein wesentlicher Bestandteil der adaptiven Vorgänge:

"Hartmann löst das Ich heraus aus dem *Konflikt zwischen Trieben und Gesellschaft,* dem es allein die Motivation seiner Differenzierung und Funktion verdankt, blendet die Beziehung des Ich zu den Trieben und der Triebe zur gesellschaftlichen Realität aus, rückt zwar die Beziehung des Ich zur Gesellschaft thematisch in den Vordergrund, reduziert aber die Gesellschaft auf eine biologisch verstandene statische "Umwelt" (S. 49).

Fürstenau expliziert die Bedeutung der Identifikationsvorgänge an dieser Stelle nicht, weist aber an anderer Stelle (1964) auf die Beziehung zwischen Sublimierung und Anpassung hin. Die Gesellschaft verlangt vom Individuum nicht nur Triebunterdrückung, sondern erwartet eine Triebablenkung in Richtung auf "höhere", kulturelle Triebziele. Mit einem Hinweis auf Herbert Marcuse (1965) stellt Fürstenau fest, daß Anpassung zwischen den beiden Polen "Triebunterdrückung" und

"nichtrepressiver Sublimierung" stattfindet. Die so verstandene Anpassung soll einen Ausgleich zwischen den triebhaften Bedürfnissen der Menschen und ihren gemeinsamen Lebensbedingungen herstellen.
Bei Hartmann drohen Anpassungsprozesse zu automatisierten Mechanismen zu verkümmern, die den dynamischen Austausch zwischen Individuum und Umwelt unterschlagen, der nebenbei bemerkt jedoch nicht auf eine biologische Einstellung Hartmanns zurückgeführt werden sollte, die moderne Entwicklungsbiologie betont die Wechselwirkungen zwischen Individuum und Umwelt geradezu. Die statische Sicht folgt zwangsläufig aus Hartmanns Vorstellungen einer "konfliktfreien Sphäre" im Ich. Man muß in der Tat bezweifeln, ob es schlüssig ist, Adaptation von einem relativ ungestörten Funktionieren innerseelischer Regulationsvorgänge abhängig zu machen, weil dies bedeutet, sie aus jeglichen Motivationszusammenhängen zu lösen. Allerdings bietet sich ein Ausweg an, den Hartmann ebenso wie Fürstenau nicht beschreiten. Wenn Hartmann nämlich von "Ich-Interessen" spricht, die bei der Auswahl der geeigneten Anpassungsstrategien eine entscheidende Rolle spielen, verweist er auf Motivationszusammenhänge, die sich aus den narzißtischen Bedürfnissen nach Stabilisierung des Selbstwerterlebens ergeben.
Einer der Gründe dafür, daß Hartmanns Überlegungen nur kurze Zeit Einfluß auf die psychoanalytische Ideenwelt hatten, um dann aus dem Hauptstrom der Theoriebildung wieder ausgeklammert zu werden, mag darin begründet sein, daß er den Anpassungsbegriff nicht mit einer Affekttheorie verbunden hat. Allerdings hat er den Weg für eine Umformulierung geebnet, die gerade in unserem Zusammenhang wichtig erscheint. Indem er Anpassung und Ich-Interessen miteinander verbindet, läßt sich Anpassung als ein Vorgang der Selbst-Erhaltung begreifen. Ich-Interessen spielen bei der Form der Anpassung und bei der Auswahl der geeigneten Strategien eine entscheidende Rolle. Wenn man Anpassung als das Ergebnis von Handlungen betrachtet, die mit dem Ziel der Anpassung eingesetzt werden, befinden wir uns bereits ganz in der Nähe von Strategien, die in der Sprache der Copingtheorie als Bewältigungsstrategien benannt werden. Bevor wir darauf näher eingehen, möchten wir uns den affektiven Vorgängen zuwenden, die sowohl im Zentrum der Abwehr, als auch im Zentrum der Anpassung stehen.
Hier setzen Joffe und Sandler (1967) an. Sie nehmen zwei wichtige Ergänzungen vor. *Erstens* betonen sie wie Fürstenau die Bedeutung, die die Regulation innerseelischer Zustände hat. Anpassung an die Anforderungen der Umwelt läßt sich nicht isolieren von Vorgängen, die einen Ausgleich konflikthafter Spannungen im seelischen Binnenfeld herstellen. *Zweitens* verlassen sie die klassische, von der Triebpsychologie her geprägte Auffassung, derzufolge die innerseelische Regulation ausschließlich dem Ausgleich von Triebspannungen und damit dem Lust-

Unlustprinzip folgt. Ziel der inneren Regulationsvorgänge ist vielmehr die Aufrechterhaltung eines basalen Gefühlszustandes der Sicherheit und des Wohlbefindens:

"Es würde dies einfach die Tatsache widerspiegeln, daß das Ich alle Anstrengungen unternimmt, um ein Minimal-Niveau von Sicherheitsgefühl zu erhalten, und zwar mittels Entwicklung und Steuerung integrativer Prozesse innerhalb des Ich, unter denen die Wahrnehmung an erster Stelle steht" (Sandler 1961, S. 126).

Dieses Gefühl von Wohlbefinden bedeutet mehr als bloßes Fehlen von Angst. Die Wahrnehmung als Bindeglied zwischen Innen- und Außenwelt wird von Sandler deshalb hervorgehoben, weil sie einen "Akt sensorischer Integration" (Joffe, Sandler 1967) herstellt, der eine Überschwemmung des Ich von ungeordneten Sinnesdaten verhindert. Von gleichrangiger Bedeutung ist dabei die bewußte oder unbewußte Wahrnehmung der eigenen Gefühlszustände. Anpassung umfaßt deshalb für Joffe und Sandler "sowohl die Anpassung an innere Kräfte und innere Zustände als auch an die Anforderungen und Anreize der äußeren Realität" (S. 732). Im Gegensatz zu Hartmann betrachten sie "die Realitätsanpassung als eine (biologisch prädisponierte) Folge eines allgemeineren Regulations- und Kontrollprinzips" (S. 732). Das Ich hat gewissermaßen ein Interesse daran, eine Gefühlshomöostase zu behalten. Daraus ergibt sich folgerichtig, daß die Wahrnehmung des eigenen Gefühlszustandes, mit anderen Worten die Wahrnehmung der inneren "Affektdaten", auf die Wahrnehmung der äußeren Situation abgestimmt werden muß. Das Angstsignal, von Freud noch ins Zentrum der Abwehr gerückt, verliert seine herausragende Bedeutung. Mit dieser Akzentverschiebung zeigt sich, "daß die Abwehrmechanismen spezielle Formen von mehr generellen Anpassungsweisen darstellen" (Joffe, Sandler 1967, S. 731). Aus diesem Grund gibt es Konflikte zwischen Wünschen nach Triebbefriedigung und Wünschen, die das Sicherheitsbedürfnis betreffen.
Die entscheidende Erweiterung gegenüber der traditionellen triebpsychologischen Konzeption erfolgt dadurch, daß die Abwehrmechanismen nicht mehr ausschließlich an unbewußten Wünschen und deren Verdrängung ansetzen, sondern ebenso an den Vorstellungen angreifen, die das Individuum von sich selbst und seinen Objekten im Laufe der Entwicklung gebildet hat. Sandler und Rosenblatt (1962) machen dies beispielhaft an der Verarbeitung aggressiver Regungen deutlich:

"Das Kind, das sich in einem Moment wütend fühlt und in einem anderen Moment einem Angriff ausgesetzt, zeigt einen Wechsel in der Gestalt seiner Selbstrepräsentanz - oder anders gesagt, sein Selbstbild (sei es bewußt oder unbewußt) hat sich verändert. So könnten wir sagen, daß ein Kind mit einem unbewußten aggressiven Wunsch nach Angreifen eines Objekts auch eine besondere Gestalt seiner unbewußten Selbstrepräsentanz hat - die unbewußte Vorstellung von sich selbst als Angreifer des

Objekts - , die nicht ich-synton ist und nur dann Zugang zum Bewußtsein und zur Motivität erlangt, wenn ihre Gestalt mittels der Abwehrtätigkeit des Ich verändert worden ist" (S. 238).

Gleichzeitig enthält dieser Wunsch eine unbewußte Vorstellung des Ich davon, wie das Objekt reagieren mag.

"Diese Selbst- und Objektvorstellungen müssen, wie uns scheint, vom Ich unbewußt erfaßt und in irgendeiner Weise bearbeitet werden, z. B. mit Verdrängung (oder einer anderen Abwehrform). Die Entstellung des unbewußten Wunsches enthält eine Veränderung der Selbst- und Objektrepräsentanzen" (a. a. O. S. 238).

Wenn die Abwehrvorgänge nicht ausschließlich gegen das Bewußtwerden triebhafter Wünsche gerichtet sind, sondern auch einen Beitrag zur Regulation des Selbstwertgefühls leisten, bedarf es eines Modells, das Zustandsveränderungen im Selbstwertgefühl erklärt. Aus entwicklungspsychologischer Sicht ist das Kind zunächst einmal sehr abhängig davon, daß es den bewußten oder unbewußten Anforderungen der Eltern entspricht. Es entwickelt aus den Erfahrungen mit den Eltern eine Idealvorstellung von sich selbst und von den Beziehungen, in denen es sich wohlfühlt. Das Kind, aber auch der Erwachsene, streben danach, diesen Idealzustand zu verwirklichen. Beim Erwachsenen treten an die Stelle der realen Elternfiguren Ideal- und Wunschvorstellungen von sich selbst, die handlungsleitend werden. Die Stabilisierung des Selbstwertgefühls wird dadurch erreicht, daß Diskrepanzen zwischen diesem idealen Selbstentwurf und der jeweils aktuellen Gestalt des Selbst ausgeglichen werden. Das Aufgeben von Idealen, "die der gegenwärtigen Realität nicht mehr angemessen sind" (Joffe, Sandler 1967, S. 739) ist damit ein zentraler Aspekt der menschlichen Entwicklung, die als Serie adaptiver Prozesse verstanden werden kann:

"Das Ziel allen Ich-Funktionierens liegt in der Verminderung bewußter oder unbewußter Diskrepanz der Repräsentanzen, um dadurch einen Grundgefühlszustand des Wohlbefindens zu erlangen oder zu erhalten" (Joffe, Sandler 1967, S. 738).

Der entscheidende Punkt ist, daß die Gestalt früherer Selbst-Objekt-Beziehungen als "unverlierbare adaptive Lösung" (S.741) erhalten bleibt und jedem Versuch einer Problemlösung "eine rasche rekapitulierende Erkundung jener früheren Lösungen vorausgeht, die im Laufe der ontogenetischen Entwicklung der Person stattgefunden haben" (Sandler, Joffe 1967, S. 744).

4. Die psychoanalytische Abwehrtheorie jenseits der Ich-Psychologie

Die Auseinandersetzung mit dem Anpassungsbegriff, der ursprünglich nicht ausdrücklich in die psychoanalytische Abwehrtheorie integriert war, ermöglicht es, die verschiedenen Ansätze zu einer Reformulierung und Modifizierung der Abwehrtheorie im engeren Sinne zu diskutieren. Diese sind nun keinesfalls in der Literatur vollständig ausformuliert, folgen aber den Entwicklungslinien der psychoanalytischen Theoriebildung der letzten Jahrzehnte. Diese Modifikationen setzen vor allem an der mechanistischen Sicht der Abwehrvorgänge an, die bereits in der Wahl des Begriffes *Abwehrmechanismus* anklingt. Vor allem French (1938) kritisiert Anna Freuds isolierende Behandlung der Abwehrmechanismen:

"Die Beschreibung eines einzelnen Abwehrmechanismus gibt uns nur ein fragmentarisches Bild der synthetischen Aktivität des Ich. Wenn ein Abwehrmechanismus Spannung an einem Punkt mildert, muß er gewöhnlich mit einem anderen kombiniert werden, um der Spannung entgegenzuwirken, die an einem anderen Ort zugenommen hat. Die Abwehrmechanismen müssen als Elementarteile eines Versuch des Ich angesehen werden, die ganze Persönlichkeit zu organisieren" (1938, S. 544).

Hoffer (1954, 1968), Wallerstein (1967) und vor allen Dingen Lichtenberg und Slap (1971) verwenden deshalb den Begriff der Abwehrorganisation. Sie vertreten die These, daß die Abwehrorganisation

- *erstens* als ein generelles *regulatorisches Prinzip* im Kontext der seelischen Entwicklung verstanden werden müsse und definieren sie
- *zweitens* als eine *problemlösende Funktion,* die Spannungen reguliert, die aus der Beziehung zur Realität ebenso wie aus intrapsychischen Triebvorgängen und Spannungen zwischen dem Ich und dem Ich-Ideal bzw. Über-Ich entstehen.

Sie arbeitet optimal, wenn der Spannungsausgleich ein Gleichgewicht zwischen den genannten Teilsystemen herstellt. Im neurotischen Konflikt geht die Flexibilität bei der Problemlösung verloren. Die ursprüngliche Leistung des Kindes besteht darin, die als bedrohlich erlebte äußere Situation in einen intrapsychischen Gefahrenzustand zu verwandeln, um die Beziehungen zu den Eltern nicht zu gefährden. Was ursprünglich die Sicherheit aufrechterhält, wird nun zum Verhängnis (dazu auch Moser 1965). Denn im neurotischen Konflikt erfolgt eine Interpretation der gegenwärtigen Situation nach dem Muster der Vergangenheit; dadurch geht Flexibilität verloren; das zugrunde liegende entwicklungspsychobiologische Dilemma stellt Horowitz an den Beginn seiner Überlegungen: "One of the great paradoxes of the mind is that it must use existing inner models to interpret new events; models based on the past must interpret the present and be revised to meet the future" (Horowitz 1979, S.235).

Zu den entscheidendenden Ergänzungen zählt die Differenzierung und Relativierung der Angst als Auslöser von Abwehrvorgängen. So werden zur Abwehr neurotischer Ängste z. B. vor Kontrollverlust andere Mechanismen eingesetzt als etwa zur Abwehr psychotischer Ängste, z. B. vor einer Fragmentierung des Selbst. Darüber hinaus kann prinzipiell jeder unangenehme Affekt die Rolle der Angst übernehmen. So lassen sich Schuldgefühle den Spannungen zuordnen, die im Ich-Über-ich-System auftreten; Schamgefühle resultieren aus einer Diskrepanzwahrnehmung im Ichidealsystem, die Angstentwicklung bleibt begrenzt auf konflikthafte Triebwünsche. Es reicht aber nicht aus, negative Affekte als alleinige Signalreize zu betrachten. Analog dem Begriff der "Signalangst" prägte G. S. Klein (1972) den Begriff der "Signallust", die die Auswahl von Handlungen, die Befriedigung erzeugen, mitbestimmt. Die "Signallust" hat im Gegensatz zum Angstsignal, das Gefahren minimiert, die Optimierung des psychischen Wohlbefindens zum Ziel. Mit dieser Vorstellung verbunden ist die Aufwertung kognitiver Vorgänge. Lichtenberg und Slap (1972, S. 454) sprechen deshalb auch von "antizipatorischer Kognition", die ebenso wichtig ist für eine erfolgreiche Regulation wie das Auftauchen von emotionalen Signalen. Die Abwehrorganisation wird somit als ein affektiv-kognitives Regulationssystem verstanden, das die Informationsverarbeitung des Ich insgesamt beeinflußt. Sie vermag Wahrnehmungen zu entstellen, Erinnerungen zu verfälschen und Handlungen zu blockieren (vgl. Löwenstein 1967). Experimentalpsychologische Untersuchungen, die geprägt waren von Hartmanns Konzept der primär autonomen Ichfähigkeiten, wiesen nach, wie kognitive Stile bzw. Kontrollprinzipien einerseits die Art und Weise beeinflussen, in der ein Individuum seine Umwelt wahrnimmt und sie gemäß diesen Wahrnehmungen strukturiert. Andererseits haben die kognitiven Kontrollprinzipien Einfluß auf die intrapsychische Regulation. Gardner (1969) postulierte eine enge Verbindung zwischen kognitiven Kontrollprinzipien und den von Anna Freud klassifizierten Abwehrmechanismen. Zwar gelang es nicht, völlig eindeutige Beziehungen zwischen kognitiven Stilen und Abwehrmechanismen bei neurotischen Störungen herzustellen, doch zeigen die Untersuchungen von Hentschel (1980, 1985) Wechselwirkungen zwischen kognitivem Stil und Abwehrmechanismen (vgl. auch Shapiro 1965). Diese Auffassung der Abwehrorganisation als Instrument der Problemlösung spiegelt die wachsende Rezeption kognitionspsychologischer Ansätze in der Psychoanalyse wider (z. B. Holt 1964, Moser et al. 1969, Peterfreund 1971, Leuzinger 1984).

5. Abwehrvorgänge im Rahmen selbst- und objektbeziehungspsychologischer Theorien

Definiert man als ein wesentliches Ziel der Abwehr, Sicherheit und Wohlbefinden aufrechtzuerhalten bzw. wiederherzustellen, dann liegt es nahe, diese basalen Ichzustände in Beziehung zu den Objekten, aber auch in Beziehung zum eigenen Selbst zu sehen. Dieser Bereich wird von der klassischen Abwehrtheorie weitgehend vernachlässigt, auch wenn dieser Gesichtspunkt vereinzelt durchaus Berücksichtigung findet. So macht Moser (1964) bereits darauf aufmerksam, daß Angst, die in Beziehung zum eigenen Selbst entsteht, als Scham oder Gefühl der Erniedrigung erlebt wird, während Angst in der Beziehung zum Objekt mit Vorstellungen vom Objektverlust, Liebesverlust oder von Bestrafung einhergeht. Dementsprechend wird der Zustand des Wohlbefindens in bezug auf das eigene Selbst aufrechterhalten, indem autonomes Funktionieren, Beherrschung von geistigen und körperlichen Fähigkeiten gesucht wird. Das Wohlbefinden in Beziehung zum Objekt verbindet sich mit dem Wunsch, vom Objekt geschützt, geschätzt und versorgt zu werden. Die Gefahrensituationen, die Abwehrvorgänge auslösen, gefährden dementsprechend eine lustvolle bzw. sicherheitsgebende Objektbeziehung, oder sie greifen die Beziehung zwischen Selbst und dem vorgestellten Idealselbst an. Die Verlagerung der Abwehrvorgänge in diesen erweiterten Kontext läßt sich mit entwicklungs-psychologischen Vorstellungen gut vereinbaren. Denn die Genese der Abwehrvorgänge ist eingebettet in die Beziehungen des Kindes zu seinen Eltern. Vorgänge, die ehedem in der Kindheit zur Sicherung der Beziehung zu den Eltern eingesetzt wurden, werden allmählich zu einem festen Repertoire. Da die Konflikte, an denen das Kind seine Abwehrtätigkeit aufbaut, ursprünglich in der Beziehung zu den Eltern erlebte Konflikte sind, die schließlich im psychischen Binnenfeld ihren Niederschlag finden, indem sie internalisiert werden, ist es naheliegend, daß Abwehrvorgänge sowohl den Selbstanteil wie den Objektanteil verändern können, wie Hoffmann (1987) ausführt:

> "Abwehr entsteht im Rahmen einer beginnenden psychischen Struktur mit der Intention, dem Individuum Schmerz und Unlust zu ersparen. Der Rolle der realen Erfahrungen mit den sozialen Bezugspersonen und der Rolle der Phantasietätigkeit zur Vermeidung von Unlust bei deren Abwesenheit, käme dabei eine große Bedeutung zu". (S.33)

Er betont, daß die Verbindung von Entwicklungsvorgängen und Affektzuständen mit dem Abwehrkonzept voll auf der Linie moderner emotionspsychologischer Ansätze liegt, wie sie sich etwa bei Plutchik, Kellermann und Conte (1979) finden. Zudem sind einzelne Abwehrvorgänge an bestimmte Entwicklungsstadien der Objektbeziehung gebunden, z. B. Introjektion und Projektion an die Konstituierung eines Teilobjektes, Identifizierungsvorgänge können erst einsetzen, wenn das Objekt als Ganzes internalisiert ist. Daher ist es sinnvoll, den Entstehungszeitpunkt der Abwehrvorgänge zu berücksichtigen und sie in eine Entwicklungspsychologie einzubetten, die die Konstituierung des Selbst und der Objekte aufzuklären beabsichtigt. Die der Ich-Entwicklung eigene, autonome Dynamik ist mit dafür ausschlaggebend, wie ein frühes Trauma, z. B. ein Objektverlust verarbeitet werden kann (vgl. Stolorow, Lachmann 1975, 1978).
Hoffmann schlägt ausdrücklich die Einbeziehung selbstpsychologischer Konzepte in die Abwehrtheorie vor, bei der der Ausgleich narzißtischer Kränkungen und Beeinträchtigungen im Vordergrund steht:

"Es ginge also im weiteren Sinne um die Berechtigung einer erweiternden Auffassung der Inhalte, Affekte und Empfindungen. Ich gehe davon aus, daß ein Großteil der Abwehrvorgänge dazu dient, den Menschen vor Kränkungen, Verletzungen und Einbrüchen in sein Selbstgefühl zu schützen, wie umgekehrt ein stabiles Selbstwertgefühl die Notwendigkeit von Abwehroperationen herabsetzen dürfte" (Hoffmann 1987, S. 34).

Auf die Bedeutung der "adaptiven Bedürfnisse des Selbst" haben bereits Lichtenberg und Slap (1972) aufmerksam gemacht. Offen bleibt dabei, ob mit der Erweiterung der abzuwehrenden Inhalte die traditionellen Abwehrmechanismen ebenfalls erweitert oder überhaupt neu konzipiert werden müssen. Aus der Behandlung von Borderline-Patienten und narzißtischen Störungen, bei denen die Abwehr gegen schmerzhafte Affekte im Zusammenhang mit dem eigenen Selbst gerichtet ist, wissen wir, daß Vorgänge des symbiotischen Selbstschutzes, des Rückzugs, der Objektabwertung ebenso eine Rolle spielen wie die Bildung reaktiver Größenphantasien oder Spaltungsmechanismen (Kernberg 1979, Kohut 1973; bzgl. der Entwicklung eines Meßinstrumentes s. Deneke, Müller 1985). Allerdings bringt die Erweiterung auch Gefahren mit sich.
Bezweifeln läßt sich, ob es sinnvoll ist, die nach außen wirkenden "psychosozialen Anpassungsvorgänge", wie sie in den Konzepten der psychosozialen Kompromißbildung (Heigl-Evers, Heigl 1979) der Kollusion (Willi 1975) und der interpersonalen Abwehr (Mentzos 1977) Verwendung finden, noch unter den Abwehrbegriff zu subsumieren.

Die Argumente, die Mentzos für die Einbeziehung der intrapsychischen und interpersonalen Abwehr liefert, erscheinen uns allerdings plausibel. Mentzos zieht den Vergleich zwischen intrapsychischer und interpersonalen Abwehrkonstellationen in folgender Weise:

"Bei denjenigen intrapsychischen Abwehrmechanismen, bei denen auch Beziehungspersonen eine Rolle spielen, arbeitet der Abwehrprozeß mit "Manipulationen" der Objektrepräsentanzen; es handelt sich also um rein intrapsychische Vorgänge. Dagegen werden bei den interpersonalen Abwehrkonstellationen die realen "Objekte" (Beziehungspersonen) entweder so gewählt, daß sie die entsprechende Funktion in der Abwehrformation tatsächlich übernehmen, oder sie werden dazu gebracht, dies zu tun, also in diese Richtung, etwa durch Rollenzuweisung, manipuliert. Die Partner, die "Objekte", gehen als reale, faktisch wirksame Komponenten und nicht nur als im Ich des Betreffenden lokalisierte Repräsentanzen in die Abwehrkonstellation ein" (Mentzos 1977, S. 23).

Mentzos hat dabei nicht in erster Linie den Vorteil im Auge, den ein derartiges Argument den beiden Partnern bietet, um ihr Zusammenleben so zu regulieren, daß die individuellen unbewußten Konfliktanteile jedes einzelnen die Beziehung möglichst wenig gefährden. Neben diesem Gesichtspunkt der wechselseitigen Anpassung macht Mentzos vor allem darauf aufmerksam, daß reale Handlungen auch noch im Erwachsenenalter einen modifizierenden Einfluß auf intrapsychische Schemata haben können. In der Tat ist der Bereich des Handelns ein von der psychoanalytischen Abwehrtheorie vernachlässigtes Feld, das umso stärker von der Coping-Theorie beansprucht wird. Wir werden in unserem letzten Kapitel darauf zurückkommen, wie man beispielsweise Handeln im Dienste der Anpassung theoretisch fassen kann.
Ob es allerdings erforderlich ist, einen dritten Typus einer Abwehrform, nämlich die "psychosomatische Abwehr" abzugrenzen, wie Mentzos vorschlägt, möchten wir eher bezweifeln, zumal man dadurch einer metaphorisierenden Verwendung des Abwehrbegriffes Vorschub leisten würde. So läßt sich das plötzliche Auftreten von psychosomatischen Störungen bei relativ gesunden und erfolgreichen Menschen, die "relativ gut geglückte und andauernde interpersonale Abwehrkonstellationen" besitzen, wie Lidz (1969) beschreibt, unseres Erachtens im Rahmen der bestehenden Vorstellungen über das Zusammenwirken intrapsychischer und interpersoneller Abwehr erklären. Bei der Frage, warum eine psychosomatische und keine psychoneurotische Symptombildung erfolgt, begibt man sich nämlich auf eine andere Abstraktionsebene, auf die wir hier nicht eingehen wollen. Es scheint uns deshalb wichtig, Abwehr als Prozeß streng vom Ergebnis der Abwehrvorgänge zu unterscheiden, die wir in Form von Symptomen oder Charakterveränderungen vorfinden. Zweifellos spielen interpersonal organisierte Strategien der psychosozialen Anpassung bei der Bewältigung von kritischen Übergangsphasen im

Lebenszyklus (vgl. Steffens 1987) oder bei der Auseinandersetzung mit Krankheiten eine bedeutsame Rolle. Bergerhoff und Novak beschreiben in ihrem Beitrag (Kap. 3 in diesem Band), wie die Suche nach Unterstützung durch signifikante Bezugspersonen die Verarbeitung von Krankheitsereignissen entscheidend mitsteuert. Auch aus der Familienforschung ist bekannt, daß die in der Familie vorhandenen Ressourcen, die Fähigkeiten zur Problemlösung, mit darüber entscheiden, ob und wie Krisen oder Krankheiten bewältigt werden (Übersicht über die Familienstreßforschung bei McCubbin 1979).

6. Abwehrvorgänge aus der Sicht der "cognitive science"

Vorbemerkung: Wenn wir hier von einer "cognitive science" - Sicht sprechen, so benutzen wir eine Vokabel, die noch ungewohnt ist. Als Peterfreund 1971 seine Monographie "Information, System and Psychoanalysis" vorlegte, versuchte er eine Konzipierung der psychoanalytischen Theorie in Begriffen, die mit Schlagwörtern, wie Informationstheorie und Kybernetik, eine ungefähre Vorstellung von dem, was gemeint war, auch bei Psychoanalytikern evozierte. Heute hat sich dieses Feld als sog. cognitive science etabliert (s. d. Pfeifer & Leuzinger-Bohleber, 1987; v. Zeppelin & Moser, 1987), der u. E. weitere Anregungen für die Diskussion des Abwehrkonzeptes entnommen werden können.

In einer theoretisch sehr stringenten Diskussion des klassischen triebtheoretischen Modells des psychoanalytischen Abwehrkonzeptes macht Moser schon 1969 - im Rahmen von Vorarbeiten zu einer Computer-Simulation eines Abwehrmodelles (Moser et al.1969) - auf ein bisher nicht genügend beachtetes Problem aufmerksam. Wenn man die Vorstellung beibehält, daß Abwehrvorgänge immer dann eingesetzt werden, wenn intendierte Handlungen eine Wiederholung der infantilen traumatischen Situation herbeizuführen drohen, würde Wiederholung der traumatischen Situation bedeuten, daß das Ich partiell funktionsunfähig wird. Dem Eintreten dieses traumatischen Zustands wirken die Abwehrmechanismen entgegen. Auch wenn man den traumatischen Zustand nicht mehr wie Freud mit einer Reizüberflutung erklärt, sondern eine Überwältigung durch negative Affekte annimmt, erscheint diese Sicht doch sehr statisch. Moser unterstreicht deshalb, daß es nicht sinnvoll ist, von einer traumatischen Situation zu sprechen, sondern die traumatische Situation als einen zeitlich strukturierten Prozeß zu betrachten. Taucht nämlich eine potentiell bedrohliche Konfliktkonstellation auf, entscheidet die Verarbeitungskapazität des Ich darüber, ob der traumatische Zustand abgewendet werden kann oder nicht. Die Intensität der involvierten Kräfte, sprich: Reizüberflutung, ist von untergeordneter Bedeutung. Viel entscheidender ist demzufolge der Zeitfaktor. Wenn dem Ich Zeit zu einer entsprechenden Verarbeitung der traumatogenen Stimuli bleibt, kann es mittels Signalaffekten verhindern, daß das basale Sicherheitsgefühl verlorengeht. Äußere situative Faktoren interagieren dabei mit Affekten und Kognitionen. Reicht die Zeit zu einer adaptiven Bewältigung nicht aus, treten Notfallsicherungen ein. Ein starker Angstaffekt, die sogenannte automatisierte Angst, bewirkt unmittelbar eine Symptombildung beispielsweise in Form von Bewußtseinsstörungen. Bleibt dem Ich jedoch Zeit zu reagieren, läßt sich die Abwehrtätigkeit als ein zeitlich limitierter Prozeß in drei Phasen aufgliedern:

1. verhindert die Abwehrtätigkeit, daß das Ich in einen Zustand der traumatischen Hilflosigkeit gerät, der die Quintessenz des Traumas darstellt (dazu auch Rangell 1967),

2. stellt die Abwehrtätigkeit dennoch Bedingungen für eine Handlung her, die in entstellter Weise eine Befriedigung triebhafter Bedürfnisse gewähren (ein Gedanke, der sich auch bei Schafer 1968 findet),

3. setzen Phantasiebildungen ein, die Moser als inaktivierte Motivationsprogramme versteht.

Ohne auf das komplizierte, in der Sprachform einer Computer-Simulation abgefaßte Regulationssystem einzugehen, das Moser et al.1969 vorlegen, gewinnt man den Eindruck, daß diese sowohl kognitive wie affektive Prozesse einbeziehende Sichtweise die ich-psychologischen Überlegungen zur Abwehrtheorie fortführt. Das neu hinzugekommene Theorieelement bezieht die zeitliche Dimension der Abwehrprozesse ausdrücklich ein. Dadurch tauchen naturgemäß neue Begriffe auf, wie Informationsaufnahme, -verarbeitung oder "output", die sich ansatzweise jedoch auch in der klassischen Theorie finden. Die bereits erwähnte Feststellung von Löwenstein (1967), daß die Abwehrvorgänge Wahrnehmungen entstellen, Erinnerungen verfälschen oder Handlungen blockieren, ist nicht so weit entfernt von einer informationspsychologischen Formalisierung, wie sie Leigh und Reiser (1982) vorlegen (Abb. 1 siehe nächste Seite):

Nach diesem Schema beeinflussen Abwehrvorgänge 1. die Wahrnehmung, 2. die internen Verarbeitungsprozesse, 3. den Output und 4. das Ich selbst . Der Vorteil dieser Formalisierungen besteht weniger darin, dass sie den Weg für empirische Untersuchungen ebnen, die im

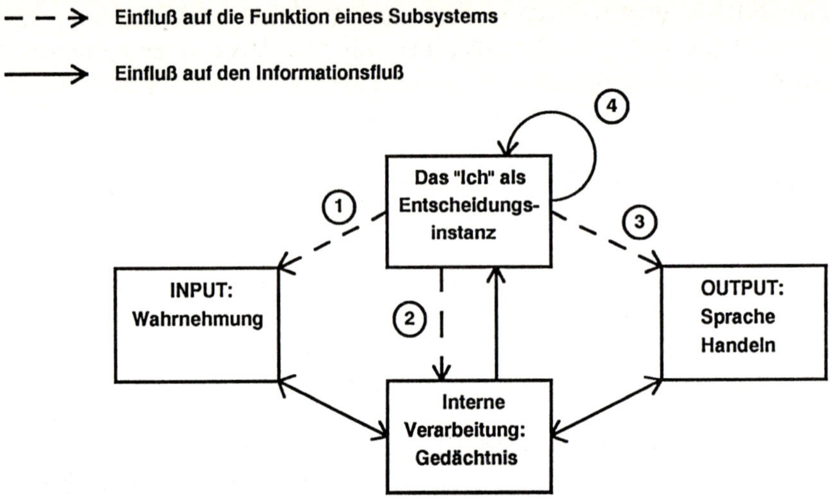

Abwehrmechanismen verändern hauptsächlich:

1. Wahrnehmung
2. Interne Verarbeitung
3. Sprache, Handeln
4. Entscheidungsvorgänge im "Ich"

A INPUT

Verleugnen
Verschieben
Projizieren
Introjizieren
Einengung der Aufmerksamkeit

B Interne Verarbeitung

Verdrängen
Rationalisieren
Intellektualisieren
Isolieren

C OUTPUT

kontraphobisches Verhalten
Ungeschehen Machen
Sublimieren
Agieren
Rückzugs- und Vermeidungsverhalten

D "Ich"

Regredieren
Identifizieren

Abb. 1: Klassifikation der Abwehrmechanismen (nach Leigh, Reiser 1982)

aktuellen Kontext gegenwärtiger Wissenschaft stehen, sondern daß sie auf einer Klärung der Theorie insistieren, deren Zustand seit langem nicht sehr zufriedenstellend ist.

7. Überlegungen zu einer Taxonomie der Abwehrmechanismen

Jeder Versuch, eine Taxonomie der Abwehrvorgänge vorzunehmen, muß auf dem Hintergrund der Widersprüche gesehen werden, die sich daraus ergeben, daß sich die theoretische Entwicklung der Psychoanalyse mittlerweile vom klassischen triebtheoretischen wie auch vom ichpsychologischen Modell partiell gelöst hat, in dem die Theorie der Abwehrmechanismen weiterhin verwurzelt ist. Die ersten Ansätze zu einer Taxonomie der Abwehrvorgänge finden sich in Anna Freuds klassischem Werk "Das Ich und die Abwehrmechanismen" (1936). Sie integrierte und erweiterte die Überlegungen ihres Vaters, der in der Verdrängung den fundamentalen Abwehrvorgang sah. Dabei ging sie von der damals noch unumstrittenen "Spezifitätshypothese" aus, nach der es eine Affinität zwischen den einzelnen Neurosen und bestimmten Abwehrmechanismen geben soll. Diese Spezifitätshypothese postuliert eine enge Verbindung zwischen unbewußten Triebwünschen und Vorgängen im Ich, die ein Bewußtwerden dieser unakzeptablen Triebregungen verhindern sollen. Pine (1970) prägte daher den Begriff der "drive-defense-relationship". Damit ist gemeint, daß Abwehrmechanismen, die sich gegen die Manifestation von Triebäußerungen richten, sich mit einer bestimmten Organisationsstufe des Ich derart eng verbinden, daß eine starre Beziehung zwischen Abwehroperation, Ichstruktur und Triebwunsch beim Auftauchen des spezifischen Konfliktinhalts vorliegen. Der neurotische Patient greift bei der Lösung seines neurotischen Konflikts auf Strategien zurück, die er ehedem als Kind benutzt hat, die aber inzwischen anachronistisch sind. Wenn z. B. ein zwangsneurotischer Patient eine Reaktionsbildung gegen aggressive Regungen entwickelt hat und überfreundlich oder überbesorgt erscheint, so könnte sich im Laufe einer Therapie herausstellen, daß er die Reaktionsbildung ursprünglich eingesetzt hat, um mit der Eifersucht auf die Geburt eines jüngeren Geschwisters fertigzuwerden. Als Kind fürchtete er, die Liebe der Eltern zu gefährden, wenn er seine aggressiven Regungen nicht kontrolliert. Als Erwachsener besteht diese Gefahr nicht mehr, trotzdem hält der Patient an der Phantasie fest, er könne die Liebe der Menschen riskieren, die ihm inzwischen etwas bedeuten, wenn er aggressiv wird.

Diese Spezifitätshypothese hat sich inzwischen, allerdings nur partiell, mit empirischen Verfahren belegen lassen (Ehlers 1984), es besteht

keine eins-zu-eins Zuordnung zwischen Abwehr und psychischem Konflikt. Es gibt verschiedene Lösungsmöglichkeiten für dieses Dilemma. Kris hat schon 1951 die Spezifitätshypothese insofern erweitert, als er ein simultanes Auftreten verschiedener Abwehrvorgänge postuliert. Jedes Individuum besitzt demnach ein spezifisches Abwehrmuster, das wie ein Fingerabdruck individuell-charakteristische Züge aufweist. Diese von Kris vorgeschlagene Modifikation soll erklären, warum beispielsweise die Verdrängung bei allen Neurosen vorzufinden ist und nicht spezifisch und ausschließlich bei Hysterien vorliegt.
Dadurch wird das Problem aber nur verlagert. Die Suche nach einer Taxonomie ist sowohl abhängig von den theoretischen Vorannahmen als auch Thema für eine empirische Fragestellung. Damit stellt sich die Aufgabe einer vernünftigen Operationalisierung. Suppes und Warren (1975) haben hierzu einen bemerkenswerten Vorschlag gemacht. Das gemeinsame aller Abwehroperationen ist aus ihrer Sicht die Transformation unbewußter Repräsentanzen. Die Repräsentanzen haben daher propositionalen Charakter. Sie bestehen aus Subjekt, Objekt und einer Handlung, die sich zwischen Subjekt und Objekt ereignet. Dementsprechend gibt es verschiedene Transformationsklassen, je nachdem, auf welchem Teil der unbewußten Proposition die Transformation operiert. Sie unterscheiden dementsprechend Subjekttransformationen, Objekttransformationen und Handlungstransformationen. Es läßt sich nicht übersehen, daß dieses Modell, wenn es nicht in empirisch überprüfbare Operationalisierungen mündet, auch zu unsinnigen und willkürlichen Transformationsklassen führt. So setzen Suppes und Warren die 8 basalen Einzeltransformationen zu insgesamt 29 verschiedenen Kombinationen zusammen. Man kann diese Vorstellung aber auch zur Grundlage einer Operationalisierung der klassischen Abwehrmechanismen machen, wie dies Ehlers (1984) in seiner Untersuchung getan hat.
In unserer Taxonomie der Abwehrmechanismen übernehmen wir die überzeugende Einteilung von Hoffmann (1987).

1. Die Erweiterung des Katalogs der Abwehrmechanismen

Da praktisch jeder intrapsychische Vorgang zur Abwehr eingesetzt werden kann, worauf Brenner (1981) hingewiesen hat, reicht eine Beschränkung auf die 10 klassischen Mechanismen, die Anna Freud beschrieben hat, nicht aus. So jedenfalls lautet die Argumentation der Befürworter für eine Erweiterung. Die klassischen Abwehrmechanismen sind bekanntermaßen:
Verdrängung, Regression, Reaktionsbildung, Isolierung, Ungeschehenmachen,Introjektion (Identifizierung), Projektion, Wendung gegen die eigene Person,Verkehrung ins Gegenteil, Sublimierung.

Grete Bibring und Mitarbeiter (1961) haben die bis heute umfangreichste Auflistung von Abwehrmechanismen vorgenommen. Sie beschreiben 26 basale und 19 komplexe Abwehrformen. Diese Zweiteilung erschien den Autoren notwendig, um die einfach strukturierten Abwehrformen, wie z. B. die Verleugnung, von komplexen Formen, wie z. B. der Identifizierung mit dem Aggressor, auseinanderhalten zu können. Zu den basalen Abwehrmechanismen zählen sie u. a. die Vermeidung, das magische Denken, die Affektüberflutung, die Somatisierung. Zu den komplexen Abwehrmechanismen werden z. B. Ästhetizismus, Clownerie und Spott sowie das Anklammern an das Objekt gerechnet.
Eine ähnlich umfassende Einteilung hat McLaughlin (1970) vorgelegt. Er kommt auf 22 primäre und 26 sekundäre Abwehrmechanismen. Vergleicht man die Arbeiten von Bibring und Laughlin, dann stellt man mit Erstaunen fest, daß eine Übereinstimmung offensichtlich nur in bezug auf die klassischen Abwehrmechanismen besteht. Hoffmann stellt hierzu die pikante Überlegung an, ob für diese Übereinstimmung die gemeinsame Autorität von Vater und Tochter Freud verantwortlich ist, die das wissenschaftliche Denken späterer Autoren eingeschränkt hat. Denn es gibt keine Kriterien, um die Vollständigkeit der von Anna Freud genannten Abwehrmechanismen zu erfassen. Vaillant (1971) mit 18 und Frazier (1975) mit 23 Abwehrmechanismen haben ebenfalls das "Register" der Abwehrmechanismen erweitert. Angesichts der Beliebigkeit der vorgeschlagenen Erweiterungen kann man sich natürlich auch fragen, ob es zumindest aus empirischen Gründen nicht sinnvoller ist, stattdessen die zugrundeliegenden Prinzipien zu erfassen, um die Zahl der Abwehroperationen empirisch begründbar zu reduzieren.

2. Die Reduzierung auf "basale" Abwehrformen

Die von Suppes und Warren vorgenommene semantische Strukturierung der Abwehrformen wurde bereits erwähnt. Eine ähnlich reduzierende Betrachtung der Abwehrvorgänge nahm Holland (1973) vor. Während Freud der Verdrängung eine Sonderrolle zugestand, mißt Holland diese Sonderrolle der Verschiebung zu. Dieser ebenfalls sehr formale Ansatz scheint insgesamt eher willkürlich und einer empirischen Überprüfung kaum zugänglich. Die Reduzierung der Abwehrformen liegt natürlich im Interesse der empirischen Forschung, die einen Kompromiß zwischen Reduzierung der Komplexität einerseits und klinischer Stimmigkeit andererseits anstrebt. Eine Übersicht über die bisher vorliegenden Ergebnisse und Instrumente der test- und experimentalpsychologischen Validierung des Abwehrkonstruktes finden sich bei Kline (1981,1984). Ein besonderes Interesse verdienen Fragebogen- und Ratingverfahren. Untersuchungen zur Kreuzvalidierung der vorwiegend im anglo-amerikanischen Sprachraum verwendeten Inventare haben allerdings ergeben, daß diese Instrumente offensichtlich recht Unterschiedliches messen (vgl. Massong et al. 1982). Gleser und Ihilevich haben bereits 1969 fünf Abwehrkategorien operationalisiert und mit dem DMI (Defense Mechanism Inventory) ein Papier - und - Bleistift-Verfahren konzipiert, bei dem der Proband bei vorgegebenen Geschichten aus Mehrfachantworten auswählen muß.Sie unterscheiden:

a) Wendung gegen das Objekt (sie enthält Verschiebung und Identifizierung mit dem Aggressor)
b) Projektion (dem Objekt werden negative Absichten oder Eigenschaften zugeschrieben)
c) Prinzipalisierung (Abspaltung von Affekten durch Intellektualisierung, Rationalisierung und Isolierung, also Vorgänge der Bildung allgemeiner Kategorien)
d) Wendung gegen das Selbst (Versuch der Konfliktbewältigung durch Wendung gegen die eigene Person)
e) Umkehrung (dem frustrierenden Objekt werden positive oder neutrale Absichten bzw. Eigenschaften zugeschrieben, z. B. durch Verleugnung, Verneinung, Reaktionsbildung).

Ehlers (1983; 1984) und Hentschel (1986) haben unabhängig voneinander das DMI (Defense Mechanism Inventory von Gleser und Ihilevich) (1969) für den deutschen Sprachraum adaptiert. Ehlers (1984) hat darüberhinaus mit dem KBAM ein Ratingverfahren entwickelt, das es sowohl dem Therapeuten selbst als auch dem geschulten Untersucher ermöglicht, mit Video oder Tonband aufgenommene Stunden oder Verbatimprotokolle zuverlässig einzuschätzen, so daß ein komplex zusammengesetztes Expertenurteil gebildet wird. Er behält die Definition der semantischen Struktur von Abwehrmechanismen bei, wie sie Suppes und Warren vorlegen, bezieht aber auch andere Gesichtspunkte mit ein. (vgl. Abb. 2 siehe nächste Seite)

3. Die Wertigkeit der Abwehrmechanismen

Gleichgültig, ob man eine Erweiterung oder Reduzierung der Operationen vornimmt, bleibt das Dilemma bestehen, daß Abwehr nicht per se pathologisch ist, wie Anna Freud bereits 1936 festgestellt hat. 1968 in "Wege und Irrwege der Kinderentwicklung" gibt sie 4 Dimensionen an, auf denen das Versagen der Abwehr, der Übergang von gesund nach krank, beschrieben werden kann. Es handelt sich um die Dimensionen:

1. Altersgemäßheit
2. Gleichgewicht
3. Intensität
4. Dauer

1. Wendung gegen die eigene Person:
S wendet Aggression (D) gegen sich selbst (O).

2. Introjektion:
S verbindet sich mit ganzem Objekt (O), das abgewehrten Triebimpuls (D) repräsentiert.

3. Identifikation:
S verbindet sich mit Teilfunktionen des Objektes (O), die Triebimpulse (D) repräsentieren.

4. Projektion:
S verschiebt eigene abgewehrte Triebimpulse (D) auf das Objekt (O).

5. Regression:
S gibt reife (z.B. genitale) Triebimpulse (D1) auf und zieht sich zurück auf frühe (z. B. prägenitale) Triebimpulse (D2).

6. Ungeschehenmachen:
S nimmt einen verbotenen Triebimpuls (D) gegenüber einem Objekt (O) zurück.

7. Reaktionsbildung.
S zeigt gegenüber Objekt (O) gegenteilige Einstellungen und Verhaltensweisen, als der verpönte Triebimpuls (D) erwarten ließe.

8. Verkehrung ins Gegenteil:
S zeigt gegenüber Objekt (O) gegenteiligen Triebimpuls (D), als auslösende Situation erwarten ließe.

9. Isolierung
S trennt zusammengehörige Einfälle oder Handlungen sowie Vorstellungen und Affekt, um Berührung des verpönten Triebimpulses (D) mit der eigenen Person (O) zu vermeiden.

10. Verzögerte Affektausbrüche:
S verzögert Affektausbruch, um Zusammenhang mit bedrohlichem Triebimpuls (D) oder Objekt (O) zu vermeiden.

11. Affektäquivalente dominieren:
S ist sich der affektiven Bedeutung einer den Affekt normalerweise begleitenden Körperreaktion nicht bewußt.

12. Verschiebung von Libido:
S besetzt eine weniger bedrohliche Vorstellung oder Handlung gegenüber einem Objekt (O) mit Triebenergie (D).

13. Verleugnung:
Subjekt (S) verleugnet das Vorhandensein einer bedrohlichen Empfindung oder Handlung bezüglich eines Triebimpulses (D) gegenüber sich selbst oder gegenüber einem äußeren Objekt (O).

14. Verdrängung
Subjekt (S) hat kein Bewußtsein (Erinnerung, Vorstellung, Gefühl) bezüglich eines verpönten Triebimpulses (D) gegenüber einem Objekt (O).

15. Rationalisierung:
Subjekt (S) verschleiert das Bestehen von Triebimpulsen (D) gegenüber einem Objekt (O) durch logisch und moralisch akzeptable Erklärungen.

Abb 2: Kurzdefinition von Abwehrmechanismen nach Ehlers (1983)

Mit *Altersgemäßheit* ist gemeint, ob die Abwehrformen, die zu einem gewissen Alterszeitpunkt normal sind, sich auf den späteren Entwicklungsverlauf störend auswirken.
Die Dimension *Gleichgewicht* bezieht sich auf den differenzierten Einsatz verschiedener Abwehrformen gegenüber verschiedenen Gefahren; man könnte auch von Flexibilität sprechen.
Die *Intensität* bezieht sich auf das Ausmaß der eingesetzten Abwehrformen;
die *Dauer* stellt die Frage, ob die Abwehr über die Gefahrensituation hinaus beibehalten wird.

Diese praxis- und kliniknahen Dimensionen bilden einen Anhaltspunkt, um die Unterscheidung zwischen Normalität und Pathologie ins Auge zu fassen. Aufgrund einer entwicklungspsychologisch orientierten Einschätzung der Abwehrmechanismen läßt sich so etwas wie eine Genealogie der Abwehrmechanismen, die zwischen frühen und späten, unreifen und reifen Abwehrformen unterscheidet, vornehmen. Bereits 1936 hat Anna Freud versucht, Gesundheit und Pathologie über die Art der verwendeten Abwehrmechanismen abzugrenzen. Auch Gill (1962) hat das Vorliegen unreifer Abwehr mit Pathologie assoziiert. Diese Theorie ließ sich in einer empirischen Studie von Vaillant (1971, 1977) bestätigen, der über vier Jahrzehnte die Lebensläufe von Harvard-Absolventen aus den frühen 40er Jahren verfolgte. Er stellte an seiner Stichprobe von knapp 100 Männern fest, daß sozial gut angepaßte und symptomfreie Männer (1/3 der Stichprobe) über deutlich reifere Abwehrmechanismen, wie z. B. Humor und Sublimierung verfügen, während das schlecht angepaßte und kränkere untere Drittel der Stichprobe demgegenüber unreife Mechanismen, wie Agieren, Rückzug in die Phantasie etc. aufweist. Allerdings muß kritisch angemerkt werden, daß Vaillant sich in erster Linie auf die Auswirkungen der Abwehr und damit für die soziale Anpassung interessiert, nicht jedoch den Abwehrprozeß als solchen thematisiert.

Aus Vaillants stimulierenden Untersuchungen (Vaillant 1977, 1983; Vaillant, Milofsky 1980; Vaillant, Drake 1985; Vaillant, Bond 1986) lassen sich folgende Konzequenzen ziehen:

1. Abwehrvorgänge sind hierarchisch organisiert. Reife Abwehrmechanismen lassen sich von unreifen Abwehrmechanismen unterscheiden.

2. Es bestehen Korrelationen zwischen der Verwendung unreifer Abwehrmechanismen und Persönlichkeitsstörungen (i. S. der Achse II der DMS III).
3. Ungünstige Faktoren der Kindheitsentwicklung sind nicht allein für das Persistieren unreifer Abwehrmechanismen ausschlaggebend, wie dies die psychoanalytische Theorie traditionellerweise nahelegt. Das personspezifische Abwehrmuster ist vielmehr späteren, modifizierenden Einflüssen zugänglich.
4. Der Aufbau der Abwehrorganisation ist eingebettet in die gesamte psychosoziale Entwicklung. So konnte Vaillant Reifungsprozesse bei der Verwendung der Abwehrmechanismen vor allem beim Übergang von der Adoleszenz ins Erwachsenenalter und in der Auseinandersetzung mit Entwicklungsaufgaben in der Lebensmitte (i. S. von Erikson) nachweisen. Dies zeigt, daß Abwehrvorgänge keine unveränderbaren, in der Kindheit und damit endgültig festgelegten Größen sind. Dennoch sind sie weitgehend stabil und eher dem "trait-Bereich" zuzuordnen.

Indem Vaillant zwar an einem trait - Konzept für die Abwehrkonfiguration festhält, aber die Bedeutung situativer Einflüsse im späteren Leben einräumt, betont er die Flexibilität der Abwehrorganisation.
Der bei Vaillant unübersehbare Widerspruch zwischen dem Festhalten an einem trait - Verständnis der Abwehr bei gleichzeitiger Öffnung für situative Momente hängt u. E. mit einer theoretischen Inkonsistenz zusammen, die sich vermutlich durch eine integrative Sicht von Abwehr und Bewältigung lösen lässt.

8. Die Verarbeitung belastender Lebensereignisse - ein Prozeßmodell

Unsere bisherigen Ausführungen haben gezeigt, daß die Abwehrtheorie sowie Ansätze zu ihrer empirischen Überprüfung zwar dynamische Überlegungen berücksichtigt, insofern es um die Auseinandersetzung mit widersprüchlichen intrapsychischen Vorgängen geht, daß Abwehr jedoch letztlich als etwas Statisches betrachtet wird. Ein einmal erreichtes neurotisches Gleichgewicht scheint ebenso stabil zu sein, wie eine geglückte psychosoziale Anpassung. Klinische Erfahrungen mit Patienten, die traumatisierenden Erfahrungen ausgesetzt sind, stellen diese Sichtweise aber in Frage. Da die Abwehrlehre ausdrücklich an neurotischen Konflikten gewonnen wurde und für ihr Verständnis formuliert wurde, ist zu überlegen, ob sie und wie sie gegebenenfalls modifiziert werden muß, damit sie auf die Auseinandersetzung mit belastenden Lebensereignissen, sei es Tod einer Bezugsperson oder eigene schwere körperliche Erkrankung, noch Anwendung finden kann. Wir wollen im folgenden nun das Konzept von Horowitz (1976, 1979, 1986), der das sogenannte "Streß-Response-Syndrom" bei Patienten als Antwort auf den plötzlichen unerwarteten Tod eines nahestehenden Menschen etc. untersucht hat, ausführlich beleuchten. Die Untersuchungen von Horowitz erscheinen uns paradigmatisch aus zwei Gründen:

1. eröffnen sie die Möglichkeit, den *Prozeß* der Re- und Destabilisierung nach einem traumatisch erlebten Ereignis mittels kognitionspsychologischer Konzepte zu studieren;

2. könnten seine Vorstellungen Modellcharakter besitzen für die empirische Untersuchung der psychischen Verarbeitung nach körperlichen Erkrankungen.

Horowitz knüpft in seinen Untersuchungen an die ursprüngliche Traumatheorie Freuds an, indem er die Auswirkungen von belastenden Lebensereignissen auf den Menschen studiert. Während in der Phasentheorie der Libido reale Ereignisse in den Hintergrund treten, weil der Übergang von einer Libidophase in die nächste per se eine kritische Schwellensituation darstellt, strebt er eine Integration von Realität und deren innerseelischer Verarbeitung und Interpretation an. Er greift damit ein entwicklungspsychologisches Paradigma der letzten Jahre auf, der zufolge die menschliche Entwicklung ein Prozeß der lebenslangen Re- und Neuorganisation ist. Auf einen Vergleich mit dem Lebenszyklus-Modell Eriksons muß hier allerdings verzichtet werden. Belastende Lebensereignisse, wie der Tod eines Ehepartners, erfordern eine Neu-Anpassung. Diese umfaßt die psychosoziale Anpassung an die veränderte Lebenssituation und eine innerseelische Reorganisation. Horowitz verwendet implizit eine Idee, die in dieser Form bei Freud nicht zu finden ist. Ohne dies ausdrücklich auszuformulieren, weist er der Auseinandersetzung mit kritischen Lebensereignissen eine gestaltende Bedeutung zu, die den strukturbildenden Vorgängen in der Kindheit zwar nicht ebenbürtig, aber vergleichbar ist. Die Entwicklung jenseits der Kindheit wandelt die Erfahrungen der Vergangenheit ab, modifiziert sie, formt sie um, nicht alles ist Wiederholung, was geschieht. Bei der Verarbeitung dieser Ereignisse spielen die in der Kindheit gewonnenen Abwehrmanöver eine untergeordnete Rolle.

Horowitz studiert dementsprechend die aktuellen Bewältigungs- und Anpassungsprozesse und fragt weniger danach, was an vergangenen Konflikten in der Gegenwart wieder auftaucht. Indem sich sein Interesse den kognitiven Vorgängen zuwendet, gewinnt der Begriff des "Schemas" einen großen Raum. Er verwendet diesen Begriff im Sinne Piagets und anderen Theoretikern der kognitiven Psychologie als eine systematische Repräsentation von Erfahrungen, die die Person mit sich selbst und mit wichtigen Bezugspersonen macht. Diese Schemata sind hierarchisch organisiert und bestimmen das Erleben und Handeln einer Person. Er unterscheidet Selbstschemata und Objektbeziehungsschemata (wie wir den Ausdruck "role-relationship" hier übersetzen), die im Laufe der Entwicklung in spezifischer Weise aufgebaut werden. Es bildet sich ein dominantes Selbstkonzept, das den Erfahrungsprozeß des Individuums organisiert. Als Gegenpol zu diesem dominanten Selbstkonzept beschreibt er latent wirksame, unbewußte Schemata. Horowitz nähert sich in seinen Überlegungen dem Konfliktbegriff G. S. Kleins (1976), der das ich-psychologische Konfliktkonzept im Rahmen seiner kognitiven Selbsttheorie aufgibt. Klein zufolge wird eine Inkompatibilität zwischen verschiedenen Aspekten des Selbst als Konflikt erlebt. Abwehrvorgänge setzen ein, um diese erlebte Diskrepanz zu beseitigen (vgl. Hohage 1985). Wenn Horowitz dominante und latente Selbstkonzepte gegenüberstellt, geht es genau um diese Inkompatibilität, die in der Auseinandersetzung mit belastenden Lebensereignissen wieder erlebt wird. Im Anschluß an ein belastendes Lebensereignis werden die inaktivierten, konfliktträchtigen Schemata nämlich wieder reaktiviert. Diese Schemata fungieren als Interpretationssysteme, denn erst aufgrund interpretativer Vorgänge werden Ereignisse subjektiv bedeutsam. Im Zuge der Verarbeitung des belastenden Lebensereignisses treten Zustände der Verleugnung auf, die sich mit Zuständen abwechseln, in denen schmerzhafte Affekte, Erinnerungen oder Vorstellungen das Bewußtsein beherrschen (intrusive experiences). Symptombildungen sind meist unvermeidlich, es können sich aber auch chronifizierende Symptome entwickeln. Das von Horowitz als "Streß-Response-Syndrom" beschriebene Störungsbild unterscheidet sich unseres Erachtens von einer traumatischen Neurose (vgl. dazu Lorenzer, Thomä 1965), weil die Störungen unmittelbarer mit der Verarbeitung eines Realtraumas verknüpft sind.

Mit dieser Sichtweise rekurriert er einerseits auf entwicklungspsychologische Vorstellungen, andererseits auf Freuds Konzept der "Trauerarbeit". Entwicklung in der Kindheit läßt sich als eine Form des produktiven Umgangs mit krisenhaften psychischen Situationen betrachten. Passagere Symptombildungen gehören zum Alltag der Kindheitsentwicklung. Ob sie dauerhaft werden und sich in ihnen eine pathologische Verarbeitung abzeichnet, läßt sich allein aus dem Fortgang des Entwicklungsprozesses ablesen. Dies trifft in gleicher Weise für Erwachsene sicherlich nicht mehr zu, dennoch ist der Grundgedanke auch auf die Erwachsenenentwicklung übertragbar. In kritischen Lebenssituationen

stellt sich keineswegs rasch und unmittelbar ein Gleichgewichtszustand wieder ein. Freud hat dies am Beispiel der Trauerarbeit zeigen können. Obwohl Horowitz auf Freuds Theorie nicht explizit eingeht, formuliert er dessen Konzept in neuen Begriffen. Er postuliert nämlich aufgrund experimenteller Untersuchungen, in denen Versuchspersonen visuellen Stimulationen mit Tabuthemen ausgesetzt wurden (Horowitz 1975), eine intrapsychische Tendenz, die er "Vervollständigungstendenz" nennt. Diese Vervollständigungstendenz, die an den Zeigarnig - Effekt erinnert, besagt, daß intrapsychische Vorgänge solange aktiviert bleiben, bis die zu verarbeitende Information in ein bereits vorhandenes intrapsychisches Schema integriert worden ist. Wahrnehmungen werden zunächst im aktiven Gedächtnis gespeichert und auf ihre Relevanz für das aktuell dominierende Selbstkonzept untersucht. Schließlich werden sie in die das aktuelle Erleben bestimmenden Selbst- und Objektschemata integriert. Das dominierende Selbstkonzept organisiert nach Horowitz die intrapsychischen Regulationsvorgänge. Belastende Lebensereignisse führen zu Diskrepanzen zwischen dem dominierenden Selbstkonzept und den neuen Informationen, die sich damit nicht vereinbaren lassen. Als Folge dieser Diskrepanzen treten schmerzliche Affekte auf, die als input in die weiteren Regulationsvorgänge eingreifen.
Für Horowitz sind die basalen Regulationsvorgänge diejenigen Kontrollmechanismen, die die Informationsverarbeitung auf verschiedene Weise beeinflussen. Sie sorgen für die Dosierung der anfallenden Informationen, wählen die Verarbeitungsebene und die Abfolge der Informationsverarbeitung in der Weise aus, daß der Integrationsprozeß ungestört zum Abschluß gelangen kann. Auch das Maß der dabei auftretenden Emotionen wird reguliert. Obwohl Horowitz selbst feststellt, wie weit entfernt wir beim jetzigen Stand der Theoriebildung von einem vollen Verständnis dieser Vorgänge sind, hält er es für unumgänglich, Abwehrvorgänge und Copingmechanismen als Ergebnis dieser Kontrollvorgänge anzusehen, wobei alle drei unbewußt ablaufen können. Dies bedeutet für die Bewältigungsreaktionen, daß auch sie nicht reflektiert und mit voller Absicht eingesetzt werden müssen. Wesentlich erscheint uns seine Feststellung, daß die Kontrollvorgänge herangezogen werden, um dasjenige Selbstkonzept bzw. diejenigen Konzepte der zwischenmenschlichen Beziehungen auszuwählen, die für die Interpretation der neu anfallenden Informationen von Bedeutung sind. Ziel der Kontrollvorgänge ist es, einen Zustand aufrechtzuerhalten, in dem sich die Person sicher fühlt.

Das Ergebnis der Auseinandersetzung mit dem belastenden Lebensereignis hängt davon ab, inwieweit es gelingt, die Auswirkungen dieses Ereignisses auf das dominierende Selbstkonzept und die Beziehungsmodelle in Einklang zu bringen. Horowitz wählt ähnlich wie Lazarus die Formulierung "goodness of fit". Die hierbei anklingenden normativen Gedanken, die den Verdacht aufkommen lassen könnten, daß es hierbei um eine reine "Anpassungstechnologie" geht, sollen hier nicht weiter verfolgt werden. Wir sehen jedenfalls den Fortschritt dieses Modells in einer dynamischen und prozeßorientierten Sicht von Anpassungsvorgängen, die im Anschluß an belastende Lebensereignisse auftreten und eine Veränderung in der Hierarchie der Selbst- und Beziehungskonzepte verlangen. Die Psychoanalyse hat wohl zu Unrecht behauptet, daß derartige innere Organisationsprozesse am Ende der Kindheit abgeschlossen sind und aufgrund dessen belastende Lebensereignisse, die im Erwachsenenalter auftreten, zu sehr unter dem Blickwinkel der Wiederbelebung infantiler Konflikte abgehandelt. Wie dieser *Prozeß* der Wiederbelebung im einzelnen abläuft und was in der aktuellen Situation darüber entscheidet, ob die Verarbeitung der Gegenwart auf dem Hintergrund der Vergangenheit in einem neurotischen Kompromiß endet, wurde bisher zu wenig reflektiert. Denkbar erscheint doch, daß Trennungs- oder Kastrationsängste durch situative Einflüsse ein in der Kindheit nie gekanntes Ausmaß erreichen können. Darüber hinaus muß man die protektiven Einflüsse der Umwelt stärker als bisher im ätiologischen Denken berücksichtigen (Tress 1986) und zugleich bedenken, daß die Entstehung einer Neurose durchaus ein längerfristiges Geschehen ist (wie Balint am Konzept der Organisation einer neurotisch bedingten Krankheit diskutiert 1965), bis dieser Prozeß in der Wahl eines Symptoms und einer endgültigen neurotischen Organisation einen vorläufigen Abschluß findet. Es scheint uns sinnvoll, davon auszugehen, daß die Entstehung einer Neurose nicht ausschließlich unter dem Einfluß der frühkindlichen Vergangenheit (z. B. der infantilen Neurose) erfolgt, spätere Einflüsse, besonders die der Adoleszenz, haben wesentliche Anteile an der Ausgestaltung der erwachsenen Lebensform (Krejci, Bohleber 1982). Deshalb muß der in der Neurose gefundene Kompromiß, der dem Subjekt zugleich eine wenn auch beschränkte, Anpassung sichert, im Laufe des Lebenszyklus speziell unter dem Einfluß belastender Lebensereignisse immer wieder neu hergestellt werden (vgl. Vaillant, Milofsky 1980). Eindrucksvoll ist nach wie vor Kurt Eisslers Auseinandersetzung mit der deutschen psychiatrischen Gutachterpraxis bei KZ-geschädigten Menschen, bei der deutlich gemacht wird, dass bestimmte belastende Lebenssituationen zur Zerstörung von Anpassungen führen können. Die These Eisslers "Die Ermordung von wie vielen seiner Kinder muß ein Mensch symptomfrei ertragen können, um eine normale Konstitution zu haben" (Eissler, 1963) beschreibt den einen Pol. Anderrerseits wissen wir auch, daß schwere körperliche Erkrankungen weder die Charakterstruktur noch die Psychodynamik bei neurotischen Patienten verändern.

Dies weist nun auf eine Schwäche des Ansatzes von Horowitz hin. Er differenziert nämlich nicht klar genug zwischen äußeren, realen Gefahren, die mit dem belastenden Lebensereignis in Verbindung stehen, und den neurotischen Ängsten, die in Verbindung mit der neurotischen Grundstruktur zu sehen sind. Nach diesen Überlegungen möchten wir uns nun der Copingtheorie zuwenden und ihre Bedeutung für die Auseinandersetzung mit körperlichen Erkrankungen diskutieren.

9. Das Bewältigungskonzept von Lazarus und seine Bedeutung für den Prozess der Krankheitsbewältigung

Die derzeit am besten elaborierte und am meisten diskutierte Copingtheorie stammt von Lazarus und seinen Mitarbeitern (Lazarus 1966,1981,1983; Lazarus, Launier 1978; Folkman, Schaefer 1979; Roskies, Lazarus 1980, 1981). Bevor wir zu dem speziellen Thema der Krankheitsverarbeitung kommen, möchten wir kurz die Theorie von Lazarus skizzieren, die insofern nicht leicht darzustellen ist, weil sie im Laufe der Jahre modifiziert wurde.
Lazarus entwickelte am Ende der 50er Jahre im Anschluß an seine Streßforschung seine Copingtheorie. Bald zeigte es sich, wie fruchtbar es war, Streß nicht mehr als ein isoliertes, das heißt vom Individuum isolierbares Ereignis zu untersuchen, das psychologische oder somatische Reaktionen hervorruft. Die Verknüpfung von Ereignis und individueller Reaktion führte Lazarus zur Verwendung des Begriffes der Transaktion. Bewältigungsvorgänge erfassen demzufolge die Wechselwirkung zwischen Umwelt und Person angesichts belastender Lebensereignisse. Diese Sichtweise machte eine Abkehr von der traditionellen lerntheoretischen Betrachtung von Stimulus und Response notwendig. Gleichzeitig bedeutete sie eine Abkehr von trait-Konzepten. Persönlichkeitseigenschaften, die eine Person mitbringt, interessieren Lazarus ebenso wenig wie die Motive der Person. Er fragt nicht, warum eine Person ein Ereignis grade auf diese und keine andere Weise zu bewältigen versucht; er will nur wissen, wie sie es macht, was sie tut, fühlt und wie sie handelt. Kognitive Vorgänge der Einschätzung und Bedeutungszuweisung rücken daher in den Vordergrund. Kognitionen entscheiden darüber, ob die Person ein Ereignis als Schaden, Verlust, Bedrohung oder Herausforderung einschätzt. Bewältigungsvorgänge setzen ein, wenn die Person wahrnimmt, daß Anforderungen z. B. eine Prüfungssituation, hochbedeutsam für sie sind und gleichzeitig Ressourcen stark beansprucht werden oder evtl. nicht ausreichen, mit anderen Worten, wenn die habitualisierten Verhaltensprogramme nicht greifen (vgl. McGrath 1970, Pearlin, Schooler 1978). Dementsprechend vollzieht sich in der Bewäl-

tigung eine neue Justierung zwischen Person und Umwelt. Diese Sichtweise wird mittlerweile von vielen akzeptiert, z. B. spricht Filipp (Braukmann, Filipp 1985) von der "Person-Umwelt-Passung" (s. auch oben). Die Loslösung des Bewältigungsverhaltens vom trait-Konzept hat zur Folge, daß Bewältigungsverhalten keine Klasse stabiler Verhaltensweisen darstellt. Die Korrelationen von Bewältigungsstrategien über verschiedene Situationen betragen höchstens .47 (Lazarus 1986). Es wird nicht untersucht, ob verschiedene Personen in verschiedenen Situationen ähnliche oder unterschiedliche Bewältigungsstrategien verwenden, sondern interessant ist, auf welche Bewältigungsformen ein Individuum in verschiedenen Situationen zurückgreift. Dabei besteht kein Zweifel darüber, daß ähnliche Prozesse nicht immer zum gleichen Ergebnis führen; umgekehrt kann das gleiche Resultat auf verschiedene Weise erzielt werden.

Der Bewältigungsprozeß setzt ein, wenn habitualisierte Verhaltensprogramme nicht mehr greifen. Er beginnt mit dem sogenannten primary appraisal. Die 'primary appraisal' umschließt kognitive und affektive Bewertungskomponenten. Im 'secondary appraisal' schätzt die Person die eigenen Ressourcen und die der Umwelt ab, die zur Bewältigung des Ereignisses zur Verfügung stehen. Reaktionsalternativen werden einbezogen. Diese zweite Phase des Bewältigungsprozesses stellt eine Beziehung her zwischen Anforderung, Mitteln der Bewältigung und erwartetem Ausgang. Anders formuliert: es wird eine optimale Relation zwischen Ziel, Mittel und Effekt angestrebt. Eingetretene Veränderungen der Situation oder zusätzliche Informationen gehen in die abschließende 'tertiary appraisal' ein. Es handelt sich dabei um kein stereotyp und streng sequentiell organisiertes Geschehen. So beeinflussen sich die beschriebenen Formen der Einschätzung. Die Einschätzung der Handlungskonsequenzen etwa verändert das Urteil über den Charakter der Bedrohlichkeit bzw. die Herausforderung des Ereignisses.

Lazarus unterscheidet zwei Ziele des Bewältigungsverhaltens: Die Selbstregulation, die die Ebene des subjektiven Erlebens und die somatischen Vorgänge umfaßt, und die Problemlösung, die eine Veränderung der Umwelt oder des eigenen Verhaltens intendiert. Auf die hier mitanklingende Konfundierung von Bewältigung und Gelingen soll hier nicht eingegangen werden (dazu ebenfalls Filipp, Klauer in diesem Band). Der entscheidende, wenn auch keineswegs überzeugende Kunstgriff von Lazarus besteht in der Reduzierung affektiver Prozesse als Neben- bzw. Endprodukte von Bewältigungsvorgängen. Auch wenn er betont, daß er die Hitze aus den Emotionen keineswegs herauslösen will, verlieren sie doch an Gewicht. In seinen empirischen Untersuchungen hat er problemzentriertes Coping und emotionszentriertes Coping unterschieden. Ersteres setzt ein, wenn die Aussicht besteht, Umweltbedingungen zu verändern, letzteres wird zur Bewältigung der auftauchenden Emotionen verwendet, wenn die Belastungssituation nicht geändert werden kann und z. B. ertragen werden muß.

Störungen des Bewältigungsprozesses sind auf drei Ebenen denkbar:

1. Störungen auf der Ebene des primary appraisal: die Person versagt bei der angemessenen Einschätzung des Ereignisses, unterscheidet nicht, ob das Ereignis Herausforderung oder Bedrohung nach sich zieht.

2. Störungen auf der Ebene secondary appraisal: diese Störungsebene betrifft vor allen Dingen die sozialen Fähigkeiten, die beispielsweise bei Kindern durch überbehütete Eltern untergraben werden können. Aber es sind auch andere Umweltbedingungen denkbar, die die secondary appraisal unangemessen werden lassen.

3. Mißverhältnis zwischen Handlung und Erleben (mind-action-disconnection). Diese Störung besagt, daß das Handeln nicht dem Empfinden oder den Intentionen der Person entspricht.

Unseres Erachtens birgt die Konzeption von Lazarus mehrere Gefahren in sich, auf die wir kurz eingehen wollen.

1. Indem Lazarus Bewältigungsverhalten als eine ständige kognitive Aktivität betrachtet, die sich auch auf alle alltäglichen Anpassungsleistungen erstreckt, läßt sich Bewältigungsverhalten kaum noch von anderen Verhaltensweisen abgrenzen (s. a. Braukmann, Filipp 1984): Wenn schließlich alles als Bewältigung verstanden werden kann, verliert dieses Konzept an heuristischem Wert. Auch bleibt unklar, woran man erkennt, ob und wann Bewältigungsverhalten aufhört. Während der Beginn durch die primary appraisal gekennzeichnet ist, fehlt eine vergleichbare Beschreibung der Vorgänge am Ende. Der Rückgriff auf das Herstellen einer Umwelt-Person-Passung reicht nicht aus. Dies führt uns zum nächsten Kritikpunkt.

2. Augenscheinlich kann Lazarus seine Forderung nicht durchhalten, sich ausschließlich auf die Beobachtungsebene zu konzentrieren. Es taucht unweigerlich die Frage nach dem Gelingen oder Scheitern des Bewältigungsprozesses auf. Für eine Klärung dieser Frage scheinen uns die bisher von Lazarus vorgelegten Kategorien nicht auszureichen. So wird nicht klar, was eigentlich geschieht, wenn das Bewältigungsverhalten nicht zu einer Selbstregulation oder zu einer

Problemlösung beiträgt. Es wäre eine Ergänzung in Richtung Symptomentstehung erforderlich.

3. Die intrapsychisch repräsentierten Vorerfahrungen kommen ebenso zu kurz wie der Einfluß, den das Bewältigen oder Nicht-Bewältigen von belastenden Ereignissen in der Vergangenheit auf die gegenwärtige Form des Bewältigungsverhaltens ausübt.

4. Seine Einschätzung der Emotionen scheint uns nicht nur problematisch im Hinblick auf die gegenwärtigen Entwicklungen der Emotionspsychologie (Buck 1984, Pfeifer und Leuzinger-Bohleber 1987), sie scheint auch nach logischen Gesichtspunkten nicht unbedingt einleuchtend. So könnte man argumentieren, daß das Primat kognitiver Vorgänge gleichbedeutend mit einer bereits zu Beginn einsetzenden Verleugnung der emotionalen Reaktionen ist.

5. Für einige Schwierigkeiten der Lazarus'schen Theorie scheint uns sein Verzicht auf die "Warum-Frage" verantwortlich zu sein. Das Ausklammern der Motive mag zwar den deskriptiven Ehrgeiz fördern, es werden aber auch wichtige Gesichtspunkte ausgeklammert.

Dennoch ist es ein unbestreitbarer Gewinn, die konkreten Bewältigungsvorgänge so detailliert wie möglich zu erfassen und damit gleichsam das Alltagsmoment möglichst exakt zu rekonstruieren. Noch entscheidender ist es aber, dass das Bewältigungsverhalten in der Lazarus'schen Theorie als ein *Prozeß* konzipiert wird, der sich zeitlich erstreckt. Sein Modell eignet sich von daher gut dafür, die Auseinandersetzung mit körperlichen Erkrankungen zu studieren, die sich ja über mehrere Phasen erstreckt.

10. Bewältigung und Abwehr bei körperlichen Krankheiten

Lindemann (1944) griff auf das von Freud 1917 beschriebene Konzept der "Trauerarbeit" zurück, als er im Anschluß an eine Brandkatastrophe das gehäufte Auftreten von Colitis ulcerosa beobachtete. Er machte das Mißlingen von Trauerprozessen hierfür verantwortlich. Die Umwelt kann zum Gelingen des Trauerprozesses ebenso beitragen, wie ihn durch aufgezwungene soziale Regeln untergraben. Der Hinweis auf die Trauerarbeit scheint uns deshalb wichtig, weil deutlich wird, daß emotionale Regungen auftreten müssen, damit Bewältigungsprozesse gelingen. Sie begleiten die anstehenden Veränderungen am Selbstkonzept bzw. die Neuformulierung wichtiger zwischenmenschlicher Beziehungen. Entscheidend dürfte dabei sein, ob die Krankheit das Selbstkonzept total oder nur partiell alteriert.

Gaus und Köhle (1986) betonen in diesem Sinne, daß Krankheiten häufig mit dem Verlust von Objekten verbunden sind - und so möchten wir ergänzen - auch narzißtische Kränkungen nach sich ziehen, da sie das eigene Selbst, z. B. durch Funktionseinschränkungen, verändern. Die Auseinandersetzung mit einer schweren körperlichen Erkrankung erfordert deshalb - so Gaus und Köhle - psychische Vorgänge, die der 'Trauerarbeit' entsprechen.

Bei schweren Körpererkrankungen besteht immer ein Konflikt zwischen der Anpassung an die Realität und dem Aufrechterhalten der intrapsychischen Balance. Vor allem müssen die schmerzlichen Affekte reguliert werden, die durch die Erkrankung mobilisiert werden. Es ist dabei an den körperlichen Schmerz ebenso wie an den seelischen Schmerz zu denken, der aus narzißtischen Kränkungen erwächst. Die hierbei auftretenden Vorgänge nur unter dem Gesichtspunkt der Abwehr zu betrachten, reicht ebenso wenig, wie sie nur unter dem Gesichtspunkt der Bewältigung zu klassifizieren.

Heim und Mitarbeiter (1978, 1979, 1983, 1985) greifen auf das theoretische Modell von Lazarus zurück, um den Prozeß der Krankheitsverarbeitung zu systematisieren. Sie haben dazu ein Schema entworfen, in dem sie Abwehrvorgänge und Bewältigungsmechanismen aufeinander beziehen.

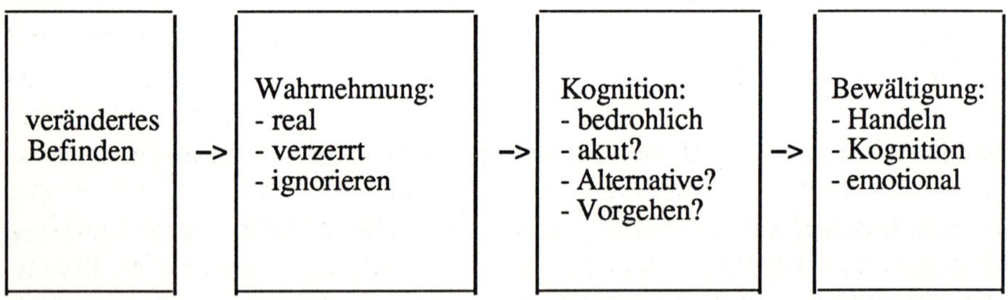

Abb. 3: Bewältigungsprozeß (modifiziert nach Heim 1983, 1985)

Das Schema verdeutlicht, daß im Zuge der Auseinandersetzung mit einer Krankheit eine vielgestaltige intrapsychische Arbeit geleistet werden muß. Diese Arbeit dürfte anders verlaufen, je nachdem, wie zentral bzw. peripher die vitalen Bedürfnisse und Wünsche des Selbst - die 'vital pleasures' im Sinne G. S. Klein (1976) - tangiert werden. Die vitalen Bedürfnisse des Selbst umfassen narzißtische, aggressive und libidinöse Interessen. Besonderes Augenmerk verdient die auf die gesamte Lebensspanne bezogene Abfolge der zentralen Interessen des Selbst, die den Blick für phasenspezifische Traumatisierungen schärft. Ein Kleinkind etwa ist durch die Einbuße der motorischen wie sensorischen Funktionslust als Folge einer schweren Krankheit besonders gefährdet. Auch für den Erwachsenen ist es nicht unerheblich, in welcher Phase seines Lebenzyklus ihn eine Krankheit trifft (vgl. Steffens 1987). (Abb. 4 siehe nächste Seite)

Sigmund Freud ist selbst ein Beispiel dafür, wie er in der Auseinandersetzung mit seiner Krebserkrankung in eine Krise geriet, als der Krankheitsverlauf vitale Interessen seiner Person in Frage stellte. So erfahren wir bei Schur (1973, S 504), daß er sich einer weiteren Operation nicht mehr unterziehen wollte, bis ihn seine Freunde zu einem Besuch bei Prof. Holzknecht, einem der Pioniere der modernen Radiologie, überredeten; dieser war selbst an einem Strahlenkrebs erkrankt und war ebenfalls bereits mehrfach operiert worden. Dieser Mann muß Freud nachdrücklich beeindruckt haben. Nach einem Gespräch mit ihm war er entschlossen, sich erneut einer Operation zu unterziehen, im Bewußtsein, daß er weiterhin unter starken Schmerzen auch nach der Operation leiden würde.

Wir haben dieses Beispiel deshalb gewählt, weil wir vermuten, daß für Freud die Vorstellung, unter dauernden Schmerzen leiden zu müssen, deshalb so unerträglich gewesen sein muß, weil entweder die Schmerzen oder die schmerzlindernden Opiate seine Fähigkeit, zu denken und wissenschaftlich zu arbeiten, zu zerstören drohten. Bei dieser Vorstellung begann er zu resignieren. Den Kampf gegen die Krankheit konnte er nur solange bestehen, solange er überzeugt war, daß die für sein seelisches Überleben zentralen Interessen nicht im Kern bedroht waren. Der Besuch bei Holzknecht, einem seiner eigenen ehemaligen Patienten, gab ihm offensichtlich neue Kraft, indem er sich mit der Unerschütterlichkeit dieses Mannes partiell identifizierte.

Das Syndrom der Hilf- und Hoffnungslosigkeit, das Schmale und Engel (Engel, Schmale 1967, Schmale 1972) beschrieben haben, zeigt, wie bei Bedrohung dieser "vitalen Interessen" die Auseinandersetzung mit einer

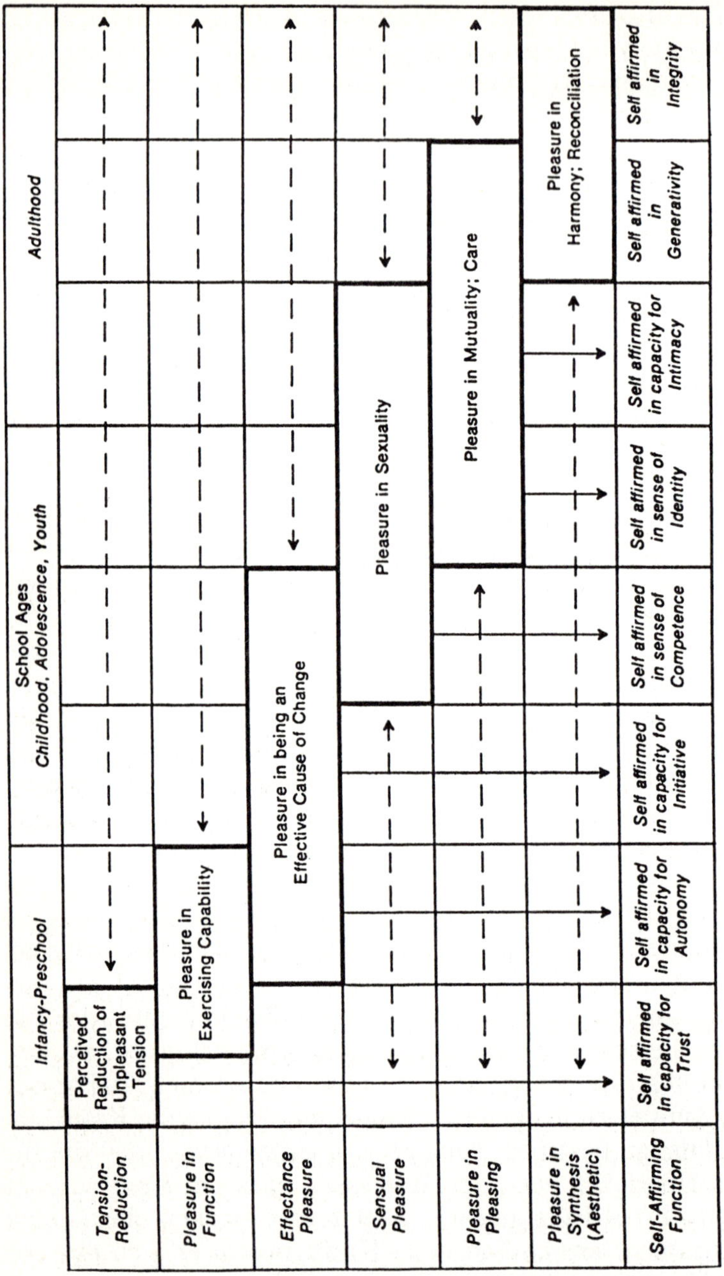

Abb. 4: "The vital pleasures and critical periods of ascendance." (nach Klein 1976)

lebensbedrohlichen Krankheit negativ beeinflust wird. Während die Aufrechterhaltung der "vitalen Interessen" gewissermaßen die progressive Seite der Auseinandersetzung mit der Krankheit betrifft, spielt "Hilf- und Hoffnungslosigkeit" auf einen regressiven Einbruch an, den das geschwächte Ich nicht mehr verhindern kann. Überhaupt dürfte es nötig sein zu untersuchen, wie das Ich im Krankheitsverlauf mit Regressionen umgeht, die die bisherige Hierarchie seiner "vitalen Interessen" in Frage stellt. Der Verlauf einer Krankheit mag es nämlich erforderlich machen, diese neu zu ordnen. Dabei korrespondieren den "vitalen Interessen" bestimmte Selbst- und Beziehungskonzepte. Ob die Neuordnung gelingt, sollte unseres Erachtens nicht an den Normen festgemacht werden, die die Gesunden definieren. Gerade die Behandlung schwerer Neurosen zeigt, daß eine restitutio ad integrum, die der Arzt für die biologische in gleichem Maße wie der Psychotherapeut für die seelische Störungen wünscht, nicht immer zu erreichen ist. Besonders die Untersuchung von langfristigen Folgeschäden bei Nazi-Opfern hat uns gelehrt, daß man die psychosoziale Anpassung nicht unabhängig von dem Ausmaß der Traumatisierung beurteilen und damit isoliert an der Symptomfreiheit messen darf (v. Baeyer, Häfner, Kisker 1964, Matussek 1971).

Um den Prozeß der Auseinandersetzung mit einer lebensbedrohlichen körperlichen Erkrankung zu erfassen, erweitern wir das von Horowitz vorgelegte Schema; wir halten es für sinnvoll, die Beeinträchtigung der "vitalen Interessen" durch die Krankheit und ihre Folgeerscheinungen zu berücksichtigen. (Abb. 5 siehe nächste Seite)

Ohne auf die Diskussion zum Thema "Verleugnung" (vgl. Breznitz 1983 sowie Beutel, Hasenbring in diesem Band) einzugehen, möchten wir festhalten, daß das Ich in der Initalphase der Erkrankung Abwehrmechanismen sowohl gegen die reale (äußere) Gefahr wie gegen die innere (phantasierte) Gefahr (z. B. Angst vor totaler Abhängigkeit, vor Fragmentierung des Selbst etc.) einsetzen muß. Neben der Verleugnung können durchaus auch andere Abwehrmechanismen Verwendung finden. Ziel der Abwehrtätigkeit ist es, die Funktionsfähigkeit des Ich - die konfliktfreie Ichsphäre im Sinne Hartmanns - möglichst weitgehend zu erhalten, damit eine situationsangemessene Bewältigung erfolgen kann. Die Abwehr unterliegt gewissermaßen einem Funktionswandel: Sie dient wie in der Kindheit dazu, die erreichte Differenzierung und Struktur vor einer Zerstörung zu schützen. Es leuchtet unmittelbar ein, daß in der Situation, in der konkrete Schritte zur vitalen Selbsterhaltung erforderlich sind, die Abwehr in erster Linie gegen eine Überflutung durch Affekte

Abb. 5: Prozeß der Auseinandersetzung mit einer schweren körperlichen Krankheit (modifiziert nach Horowitz 1979)

gerichtet ist. Eine Lockerung der Abwehr kann erst im weiteren Verlauf erfolgen. Dies führt zu einem Auftauchen von Angstinhalten und zeigt ein Nachlassen der akuten Realgefahr. Erst jetzt kann der mehr oder weniger langfristige Prozeß der Restitution beginnen, der ebenfalls von schmerzlichen Affekten begleitet ist und der erst zu einem Abschluß kommt, wenn eine neue, dauerhafte äußere und innere Anpassung erreicht ist. Die somato-psychische Wechselwirkung im Verlauf körperlicher Erkrankung erfordert geradezu eine Umkehr des geläufigen ätiopathogenetischen Denkens: nicht die seelischen Bedingungen sind es, die zu einer Symptombildung führen, sondern die eigenständigen somatischen Vorgänge erfordern eine psychologische Verarbeitung, die bis dahin vielleicht beherrschbare neurotische Konflikte zu (re-) aktivieren vermag. Vorgänge der Anpassung an die Folgen einer Krankheit haben als sekundäre Adaptionen einen eigenen Stellenwert. Über die Reichweite dieses Denkansatzes auch für die sog. genuin psychosomatischen Krankheiten verweisen wir hier auf einige Überlegungen von Thomä und Kächele (1988, Kap. 5) zur Psychosomatik eines Torticollis spasmodicus.

11. Überlegungen zur Integration von Abwehr und Bewältigung

Nach dieser Darstellung eines Prozeßmodells für die Verarbeitung körperlicher Krankheiten, ist es angebracht, Überlegungen zu einer möglichen Integration von Abwehr und Bewältigung zu skizzieren. Wir möchten von den verschiedentlich erwähnten unglücklichen Vermischungen von Abwehr und Bewältigung ausgehen. Unseres Erachtens haben die bisherigen Vorschläge, beispielsweise reife von unreifer Abwehr abzugrenzen, oder Abwehr als pathologischen Prozeß und Bewältigung als Gelingen zu betrachten, oder "good" und "bad" Coping zu unterscheiden, Verwirrung gestiftet. Wir halten es demgegenüber für sinnvoll, eine strikte Trennung von Bewältigung und Abwehr aufzugeben. Beide Vorgänge ergänzen sich, schließen sich keineswegs alternativ aus. Allerdings sind Abwehrvorgänge unbewußt motiviert, Bewältigungsvorgänge hingegen können zwar automatisiert und damit im deskriptiven Sinne unbewußt ablaufen, sie sind jedoch als Strategien des Ich nicht in unbewußten Konflikten verankert. Wir möchten die reale der neurotischen Angst gegenüberstellen, um zu verdeutlichen, was wir meinen. Lebensverändernde Ereignisse, wie z. B. eine schwere körperliche Erkrankung lösen Ängste aus, die sich auf reale Gefahren beziehen. Die Antizipation und das Erleben dieser realen Gefahren können gleichzeitig neurotische Ängste wecken. So kann eine bevorstehende Operation Kastrationsängste wachrufen, die die "Bewältigung" der Operation erschweren. Es zeigt sich erneut, wie doppeldeutig der Begriff "Bewältigung" verwendet werden kann. Diese Doppeldeutigkeit macht aber auch etwas deutlich: Die Person ist nämlich mit zwei unterschiedlichen Aufgaben konfrontiert. Der Kranke wird, da er nicht psychotisch ist, trotz seiner neurotisch gefärbten Angst auch die Realgefahr im Auge behalten. Wir schlagen deshalb vor, diejenigen Verhaltensweisen, die der Bewältigung der realen Situation dienen, als Bewältigungsverhalten zu klassifizieren, und die Vorgänge, die ein Aufflammen regressiver Ängste verhindern sollen, als Abwehrvorgänge. Mit anderen Worten treffen wir die Unterscheidung zwischen Abwehr und Bewältigung von der Auslösung her. Auch dabei geht es wiederum nicht um eine simple

Dichotomie, etwa in dem Sinne, daß Abwehrmechanismen intrapsychisch ablaufen und Bewältigungsverhalten ausschließlich Handeln ist. Mit dieser Definition von Bewältigung folgen wir ausdrücklich Hartmann (1939), der die "Realitätsbewältigung" ja als Ich-Interesse gesehen hat. Es ist zweifellos im Interesse des Ich, in der aktuellen Gefahrensituation zu verhindern, daß es von schmerzhaften und unerträglichen Affekten überwältigt wird und in regressiver Weise die Realität verzerrt. Bewältigungsvorgänge und Abwehrvorgänge müssen gerade *gleichzeitig* ablaufen, um die Anpassung zu sichern. Ziel der Abwehr ist es, eine Wiederbelebung der vergangenen traumatischen Situation zu verhindern und das Ich soweit funktionsfähig zu halten, daß für die Bewältigung der aktuellen Situation geeignete Strategien gefunden werden können. Dabei darf nicht übersehen werden, daß Abwehrvorgänge auch der aktuellen Bewältigung dienen können, wie z. B. die Verleugnung. Entscheidend ist, ob diese Abwehrvorgänge funktional eingesetzt werden und dadurch die Möglichkeiten zur Auseinandersetzung mit der Gefahrensituation verbessern. (siehe Abb. 6)

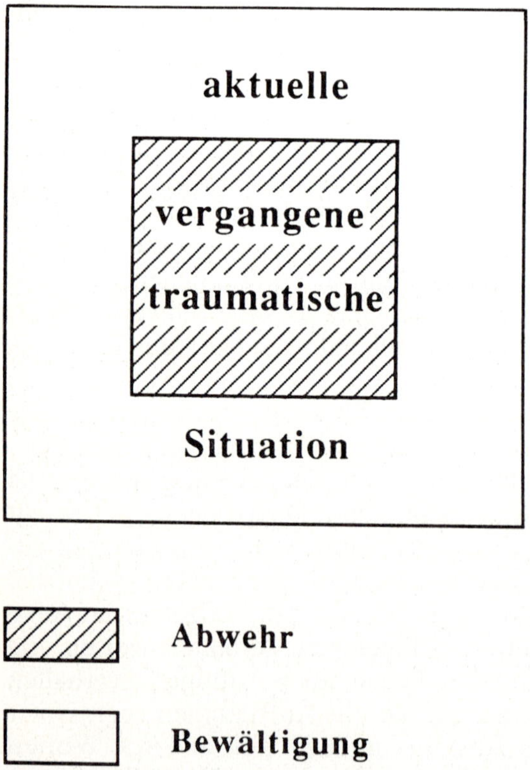

Abb. 6: Ineinandergreifen von Abwehr und Bewältigung

Gefahren entstehen aus zwei Quellen:

Erstens kann im Verlauf einer Erkrankung die Wiederbelebung einer infantilen traumatischen Erfahrung drohen, die bisher durch eine neurotische Charakterstruktur beispielsweise abgewehrt werden konnte. *Gegen* diese Wiederbelebung werden Abwehrvorgänge eingesetzt.

Zweitens kann nicht ausgeschlossen werden, daß durch eine Erkrankung eine traumatische Situation *neu* entsteht. So können die Ängste vor dem Verlassenwerden oder vor einer Fragmentierung des Selbst eine Intensität erreichen, der keine entsprechende Erfahrung in der Kindheit zugrundeliegt. Auch der schützende Einfluß der sogenannten "guten Introjekte" mag sich im ungünstigsten Fall als unzureichend erweisen.

Die sich anschließende Frage, ob neurotische Patienten, die körperlich erkranken, eine derartige Erkrankung eher schlechter bewältigen als Gesunde oder umgekehrt, soll hier ausgeklammert bleiben. Vielleicht beruht diese Fragestellung auch auf einer Simplifizierung, die wir gerade vermeiden möchten, indem wir die Auseinandersetzung mit einer Krankheit nicht ausschließlich auf dem Hintergrund infantiler Fixierungen abhandeln. Zweifellos tauchen im Verlauf einer schweren Erkrankung regressive und damit infantile Phantasien, Wünsche und Ängste auf. Der Gedanke an den eigenen Tod stellt die nie restlos aufgegebene infantile Omnipotenzphantasie radikal in Frage. Die Flexibilität des Ichs im Umgang mit der Regression spielt deshalb eine nicht zu unterschätzende Rolle. Ob das Ich eines Gesunden mit der Regression flexibler umzugehen vermag als das Ich eines neurotischen Patienten dürfte allerdings von sehr verschiedenen Einflüssen abhängen.

In diesem Zusammenhang möchten wir auf eine weitere Kategorie von Gefahr aufmerksam machen. Wenn wir davon ausgehen, daß eine lebensbedrohliche Erkrankung existentielle Ängste aufrührt, müssen wir uns darüber klar sein, daß diese Ängste uns von der Wiege bis zur Bahre begleiten. Ob die Todesangst auf Ängste der frühen Kindheit reduziert werden kann, oder ob sie einer eigenständigen Kategorie zugehört, wie Stern (1972) meint, ist allerdings nicht nur ein philosophisches Problem, sondern auch eine Frage der Handhabung im Umgang mit Patienten.

Zumindest sind Intensität und Qualität der auftretenden Schmerzerfahrungen, der anflutenden Angst nicht allein durch die vergangene Lebensgeschichte determiniert. Das Ich des Patienten ist nicht mehr dem kindlichen Ich vergleichbar, so daß die aktuell-situativen Umstände stärker ins Gewicht fallen. Vor allem in die Schmerzwahrnehmung gehen situative Komponenten mit ein. In letzter Konsequenz bedeutet dies, daß Extrem -Traumatisierungen im Erwachsenenalter zu neurotischen Neubildungen führen können, weil selbst intakte und gut angepaßte intrapsychische Strukturen unter ungünstigen Bedingungen destruiert werden können (vgl. Krystal 1968). Aus der Begutachtung von überlebenden KZ-Häftlingen wissen wir, daß "Brückensymptome" zwischen Traumatisierung und nachfolgenden seelischen oder psychosomatischen Beeinträchtigungen fehlen können. Vielmehr treten diese Symptome oft erst nach einer symptomfreien Latenzzeit auf. Wir wollen damit keineswegs das Menetekel der menschenfeindlichen Apparatemedizin beschwören. Dennoch muß die Frage gestellt werden, ob bzw. unter welchen Umständen der Verlauf lebensbedrohlicher Erkrankungen den Patienten extrem traumatisierenden Situationen aussetzt.

Manfred Bleuler (1974) hat auf einem ganz anderen Forschungsgebiet Beobachtungen gemacht, die in unserem Zusammenhang bedeutungsvoll erscheinen. Seine Untersuchungen an Kindern, die von einem schizophrenen Elternteil großgezogen wurden und später eine befriedigende psychosoziale Anpassung erreichten, zeigen, daß unter dieser Dauerbelastung ein gewisser "Stählungseffekt" eintritt. Diese Kinder wurden mit den Belastungen fertig, ohne selbst psychisch zu erkranken. Erst als Erwachsene können sie formulieren, daß sie dafür einen Preis zahlen mußten: richtig unbeschwert und heiter zu sein, gelingt den wenigsten von ihnen. Damit kommen wir wieder zurück auf die Verbindung zwischen Abwehr und Bewältigung. Wir haben bereits mehrfach betont, daß wir Bewältigungsverhalten nicht mit gelungener Bewältigung bzw. dem Meistern bedrohlicher Situationen wie Haan oder Horowitz gleichsetzen wollen. Wir schlagen vielmehr vor, Bewältigungsverhalten nicht vom Ergebnis, also nicht vom Ausgang der erfolgreichen oder nicht erfolgreichen Anpassung zu definieren. Indem wir sowohl kognitive und emotionale Vorgänge wie auch Handeln im Alltagsverständnis in die Definition von Bewältigung einbeziehen, begreifen wir alle Verhaltensweisen, die zwischen den "adaptiven Bedürfnissen des Selbst" und der äußeren Realität vermitteln, in einer ersten Annäherung als Bewältigungsverhalten. Ausgehend von der Unterscheidung zwischen "subjektiv und objektiv realitätsgerechtem Handeln", die Hartmann vorgenommen hat, schlagen wir eine Umformulierung vor. Hartmann, der auf den engen Zusammenhang zwischen Bewältigungsverhalten und Realitätsprüfung aufmerksam und den Begriff "realitätsgerecht" verwendet hat, vernachlässigt, daß die Wahrnehmung der äußeren Realität durch unbewußte Intentionen, die der inneren Realität entstammen, mitbestimmt ist. Es ist deshalb naheliegend, unter "subjektiv realitätsgerechten Handlungen" diejenigen Handlungen zu verstehen, die aus einer Einschätzung herrühren, in der die Realität aus unbewußten Gründen verzerrt wird. "Subjektiv realitätsgerechte Handlungen" tragen deshalb zu einer Stabilisierung einer regressiv verzerrten Realitätswahrnehmung bei. Das heißt nichts anderes, als daß Abwehrvorgänge Handeln und Kognition in diesen Fällen entscheidend mitbestimmen. Im Ergebnis werden die Befriedigungsmöglichkeiten eines Menschen eingeschränkt, um gleichzeitig die Selbsterhaltung zu sichern. Während der Akutphase einer schweren Erkrankung kann diese regressive Einstellung zur Wirklichkeit einen hohen Anpassungswert haben. Es geht darum, krank sein zu *dürfen* (vgl. Overbeck 1984). In dieser regressiven Position ist Bewältigungsverhalten als aktive Leistung des Ich nur begrenzt möglich. Es beschränkt sich z. B. auf die Kooperation in der Therapie. Um eine langfristige Integration des Krankheitseerlebens zu erzielen, sind jedoch "objektiv realitätsgerechte Handlungen" erforderlich. "Diese objektiv realitätsgerechte Handlungen" werden "den adaptiven Bedürfnissen des Selbst" gerecht, indem sie den übergeordneten lebensgeschichtlichen Kontext einbeziehen. Unseres Erachtens führt die Abgrenzung von subjektiv und objektiv realitätsgerechten Handlungen mitten in die Problematik der Unterscheidung von geeigneten bzw. ungeeigneten Bewältigungsstrategien (dazu Heim 1987). Wir halten es deshalb für unbedingt erforderlich, die Prozeßebene und die Ebene der Ziele bzw. Ergebnisse auseinanderzuhalten. Krankheitsverläufe bei lebensbedrohlichen Erkrankungen weisen eine Sukzession von verschiedenen objektiven Gefahren auf, die in unterschiedlichem Maße Anlaß für eine regressive Verzerrung und damit für das Auftauchen phantasierter Gefahren geben. Das Ich kämpft somit gleichzeitig an zwei Fronten:

1. Es muß die äußere Realität bewältigen, seine Realitätsprüfung und seine Handlungsfähigkeit aufrechterhalten oder wiederherstellen;

2. Es muß zwischen innerpsychischen Forderungen, die sich aus den triebhaften und narzißtischen Bedürfnissen der Person ergeben, und den Forderungen der Realität widersprechen, einen Ausgleich herstellen.

Damit legen wir eine ganzheitliche Auffassung des Ich zugrunde, der ein ganzheitlicher Situationsbegriff korrespondiert. Daraus folgt, daß Abwehr *und* Bewältigung durchaus nebeneinander angewendet werden. Bewältigung und Abwehr sind demzufolge nicht als Alternativen zu betrachten, die sich ausschließen, wie folgende Äußerung von N. Haan (1977) nahelegt: " the person will cope if he can, defend if he must, and fragment if he is forced". Damit geht gerade der von uns betonte ganzheitliche Charakter von Ich und Situation verloren. Betrachtet man den Sachverhalt mit der Brille der von Hartmann geschaffenen Kategorien, ist das Bewältigungsverhalten der "konfliktfreien Sphäre des Ich" zugehörig. Allerdings betrachten wir die Konfliktfreiheit im Gegensatz zu Hartmann als relativ und halten es für sinnvoller, das Ich als ein prozeßhaft organisiertes Regulationssystem zu verstehen. Unbenommen von diesen theoretischen Fragen hängt die Fähigkeit, die äußere wie die innere Realität situationsangemessen einzuschätzen, davon ab, ob und wie in einer gegebenen potentiell traumatischen Situation bis dahin unbewußte Konflikte tangiert werden.

Damit wird ein Vergleich zum Konfliktbegriff der Coping-Theorie erforderlich. Die Bewältigungstheorie von Lazarus benutzt einen in der Tat naiven Konfliktbegriff, in dem der Zusammenhang zwischen Ereignis und Einschätzung auf die Kategorien Herausforderung, Bedrohung und Gefahr reduziert wird. Die Lerngeschichte des Individuums wird zu wenig berücksichtigt. Diese Naivität öffnet jedoch zugleich den Blick für die Eigenständigkeit aktueller Situationen. Wir sehen eine Parallele im Situations- bzw. Konfliktbegriff von Lazarus und den Überlegungen von Hartmann. Hartmann weist dem Intellekt eine zentrale Bedeutung bei "der Bewältigung *neuer* Situationen" (Hervorhebung von uns) zu. Der Gedanke, daß Situationen neue Aspekte enthalten, wird bis heute in der Psychoanalyse zu wenig gewürdigt. Dies hat zur Folge, daß der unbewußte Konflikt immer als Reaktivierung eines *alten* Konfliktes, als Nachbildung eines in der Kindheit nicht bewältigten Konfliktes verstanden wird. Gerade lebensbedrohliche körperliche Erkrankungen können zu neuen Erfahrungen führen. Es treten bisher nie gefühlte Schmerzen auf, die Konfrontation mit einer fremdartigen, technologischen Krankenhauswelt erfordert spezielle Lernschritte. Zweifellos versucht ein Patient, diese neuartigen Eindrücke gemäß seinen frühen Erfahrungen zu interpretieren, aber die Interpretation erfolgt eben nicht ausschließlich nach dem Schema der Vergangenheit.

Es bietet sich also an, zwei Konfliktebenen zu unterscheiden: Die eine Ebene deckt sich mit dem bisherigen Verständnis des unbewußten Konfliktes, das auf den Annahmen beruht, daß inkompatible innerseelische Strebungen abgewehrt werden. In "neuen Situationen" können bisher verdrängte unbewußte Konflikte reaktiviert werden, so daß Abwehrvorgänge nötig sind, um einen Zustand traumatischer Hilf- und Hoffnungslosigkeit zu verhindern. Dieser *defensive* Aspekt sichert aber noch keineswegs die Anpassung! Die Abwehrleistung erbringt vielmehr die Voraussetzung für eine Auseinandersetzung mit dem "Neuartigen", das seinerseits widersprüchliche und das heißt konflikthafte Forderungen stellt. Das Ich muß in Situationen, die ihm nicht vertraut sind, Handlungsweisen ausprobieren, die der Anpassung dienen. Die schließlich verwendeten Strategien, seien sie kognitiv oder pragmatisch orientiert, ordnen wir dem Bewältigungsverhalten zu. Dabei meint

Ausprobieren keineswegs, daß völlig neue Strategien ausgedacht und angewendet werden. Das Ich greift vielmehr das Repertoire von sozial akzeptablen Verhaltensweisen auf, die situativ bereitgestellt werden, und verknüpft diese mit personenspezifischen Reaktionsweisen zu einem möglichst situationsadäquaten Verhalten. Damit wäre auch die mangelnde Stabilität des Bewältigungsverhaltens in verschiedenen Situationen erklärt. *Ausprobieren* ist dabei ein zentraler Aspekt des Bewältigungsverhaltens, der unserer Einschätzung nach bisher - auch von den Coping-Theoretikern - zu wenig beachtet wurde.

Bewältigungsverhalten trägt *flexibel* den Forderungen der Umwelt wie den intrapsychischen Gegebenheiten Rechnung. Ändern sich die Aussen- oder Innenbedingungen, müssen passende Strategien ausprobiert werden. Um diese situationsangemessen einsetzen zu können, ist eine andauernde Abschätzung der inneren wie der äußeren Realität erforderlich. Die dazu notwendige Flexibilität wird im psychoanalytischen Jargon als "Ich-Stärke" deklariert. Zu der Ich-Stärke gehört eine intakte Abwehr. Am Beispiel der Verleugnung läßt sich verdeutlichen, was gemeint ist. Nach der Diagnosestellung einer Leukämie z. B. steht Verleugnung im Dienste der Selbsterhaltung und ermöglicht dem Ich, adäquate Bewältigungsstrategien zu suchen und zu überprüfen. Wenn hingegen die Verleugnung nach Abklingen der akuten Realgefahr persistiert, in der es sinnvoll war, die Affektüberflutung zu verhindern, schränkt die Verleugnung das Ausprobieren angemessener Bewältigungsstrategien ein. So gesehen kann das Ich sogar in einen Konflikt zwischen Abwehr und Bewältigung geraten. Die exzessive Verwendung von Abwehr hat eine Einschränkung der konfliktfreien Sphäre des Ich zur Folge, so daß möglicherweise kein optimales Bewältigungsverhalten gefunden werden kann. Damit ordnen wir Abwehr den strukturell verankerten Ich-Prozessen zu, die bereits im Entwicklungsalter festgelegt werden und im Kern späteren Modifikationen weniger zugänglich sind. Bewältigungsverhalten hingegen ist funktional, und dementsprechend primär durch situative Einflüsse bestimmt. Erst das Ineinandergreifen beider Prozesse sichert die Anpassung der Person.

Unsere integrative Sicht verlangt nach einem Konfliktbegriff, der es ermöglicht, eine Brücke zwischen eher bewusstseinsnahen und dynamisch unbewussten Konflikten zu schlagen. Wir möchten uns an dieser Stelle mit einem kurzen Hinweis begnügen. Der von G. S. Klein ausgearbeitete und von Horowitz aufgegriffene Konfliktbegriff eignet sich möglicherweise, vorwiegend kognitiv sich auswirkende Dissonanzen von kognitiv-affektiven Dissonanzen zwischen Selbst- und Beziehungskonzepten zu unterscheiden, die die Identität erschüttern und sogar traumatische Qualität besitzen können. Erstere treten etwa bei der Auseinandersetzung mit allfälligen alltäglichen Konflikten auf. Zur Sicherung der Kohärenz im Erleben werden Bewältigungsvorgänge eingesetzt. Führen die auftretenden Dissonanzen jedoch zu einer nicht aufhebbaren Widersprüchlichkeit oder Ambiguität, die für das erlebende Ich unerträglich ist, werden Abwehrvorgänge ausgelöst. Hohage (1985) diskutiert ausführlich die Relevanz des Ambiguitätsbegriffs für die Theorie des unbewußten Konfliktes. Er betont dabei, daß gerade das Ertragen von Ambiguität und damit die Integration bisher nicht akzeptierter Selbstanteile Ziel der Aufdeckung unbewußter Konflikte in der Psychotherapie ist. Allerdings sind wir derzeit noch ein gutes Stück davon entfernt, ein klinisch überzeugendes Maß für die Intensität von Dissonanzen im Selbstkonzept zu besitzen. Die bisherige Selbstkonzeptforschung hat jedenfalls die Komplexität dieses Feldes aufgezeigt (Filipp 1979), wiewohl in letzter Zeit vielversprechende Ansätze in der Adoleszenzforschung zu verzeichnen sind (vgl. Hauser 1983).

Auf diesem Hintergrund bietet sich ein Ausweg aus dem Dilemma an, in das Vaillants Ergebnisse geführt haben. Abwehr und Bewältigung dienen als affektiv-kognitive Regulationsvorgänge dem gleichen Ziel. Anstatt sie voneinander scharf abzuheben, bietet unsere Lösung, sie als wechselseitig sich ergänzende Vorgänge zu betrachten, die Möglichkeit, den gleichen "Mechanismus", z. B. die Verleugnung, in seinem psychodynamischen wie situationsbezogenen Kontext zu studieren. Der Rückgriff auf die Verleugnung kann dementsprechend sehr wohl adaptiv sein, insofern wäre sie denn als Bewältigungsverhalten zu klassifizieren. Mit anderen Worten: Vorgänge, die als Abwehr im klassischen psychoanalytischen Sinne gelten, können funktionalisiert werden und für situative Auseinandersetzung Verwendung finden. Wenn sie über den situativen Einsatz hinaus benötigt werden, muß man jedoch nach dem psychodynamischen Kontext fahnden, um den unbewußten Konflikt aufzuklären, der im Hier und Jetzt einer lebensbedrohlichen Krankheit aktualisiert wird und mit habitualisierten Abwehrprozessen (wieder) in Schach gehalten werden soll.

Für die empirische Forschung wird es dabei vordringlich, eine geeignete Operationalisierung und geeignete Meßinstrumente zu entwickeln, die ermöglichen, das komplexe Ineinandergreifen von Abwehr *und* Bewältigung empirisch zu belegen.

Hier enden unsere Überlegungen. Wir sind uns dabei bewußt, wie viele Fragen wir unbeantwortet lassen oder neu aufwerfen. So scheint uns die Abhängigkeit des Bewältigungsverhaltens vom sozialen Kontext noch zu wenig berücksichtigt. Das Fehlen einer psychoanalytischen Handlungstheorie erweist sich als ein Manko, denn die Domäne der Bewältigungsstrategien liegt im Bereich des Handelns und der Kognitionen, die Handeln vorbereiten. Wir schließen uns Filipp an, die als Ziel des Bewältigungsverhaltens die Wiederherstellung der Handlungsfähigkeit der Person definiert. Die psychoanalytische Theorie hat sich den Blick auf die Handlungen eines Menschen bisher dadurch verstellt, daß diese entweder unter dem Gesichtspunkt untersucht wurden, ob sie zu einer Triebbefriedigung beitragen, oder es wird reduktionistisch der Einfluß unbewußter Konflikte auf Handlungsweisen im Konzept des "Agierens" betrachtet.

Handeln ist jedoch im Kern soziales Handeln und damit eingebettet in Normen und soziale Regeln. Das Bewältigungsverhalten kann deshalb nicht unabhängig vom Wunsch eines Menschen gesehen werden, sich mit den Normen seiner Umwelt zu identifizieren (vgl. Fürstenau 1965). Insofern wählt das Individuum sein Bewältigungsverhalten in Übereinstimmung mit den Normen und Erwartungen der Umwelt, z. B. auch der Institution Krankenhaus (vgl. Jordan in diesem Band) aus. Auch wird der kreative Anteil des Handelns bisher ungenügend gewürdigt. Diese Überlegungen lassen sich aber noch in eine andere Richtung weiterführen. Unsere bisherigen Erfahrungen mit Patienten nach einer Knochenmarktransplantation (KMT) machen nämlich eindrucksvoll deutlich, daß die KMT dem Patienten eine letzte Hoffnung auf sein Überleben bietet. Ohne diese Behandlung muß er früher oder später sterben. Dementsprechend kann der Patient den bedrohlichen Charakter dieses Eingriffs bewältigen, weil er durch ein derartiges Behandlungsverfahren wieder eine Überlebensperspektive erhält. Ob es ihm gelingt, auf Dauer eine Lebensperspektive zu entwickeln, dürfte eine entscheidende erklärende Valenz für die langfristige psychosoziale Anpassung besitzen. Es wäre dementsprechend nicht so wesentlich, Ereignissen der Vergangenheit und deren Einfluß auf die Bewältigung der KMT nachzugehen, als zu untersuchen, wie der Patient eine Lebensperspektive auch und gerade in der Auseinandersetzung mit seinem möglichen Tod aufbaut, bzw. warum dies im Einzelfall scheitert.

Das wissenschaftiche Interesse wendet sich aber nicht zufällig dem Studium des Bewältigungsverhaltens zu. Unsere technisierte Welt schafft Herausforderungen, denen die Menschen in mancherlei Hinsicht noch nicht gewachsen sind. Diente die Technik ursprünglich dazu, die Kräfte der Natur zu beherrschen, hat sie inzwischen eine Eigendynamik entfaltet, die ihrerseits bewältigt werden muß. Die hochtechnisierten Behandlungsmöglichkeiten konfrontieren Patienten wie Ärzte mit dem uralten Traum der Menschen, Macht über Leben und Tod ausüben zu können. Damit entstehen neue Bereiche der Verantwortung und Verpfichtung, um angesichts der sich ständig erweiternden Möglichkeiten die Folgen des eigenen Tuns abschätzen zu lernen.

Ein dreidimensionales Modell zur Klassifikation von Formen der Krankheitsbewältigung

SIGRUN-HEIDE FILIPP & THOMAS KLAUER

1. Krankheitsbewältigung als Gegenstand psychologischer Forschung

Zu den weit verbreiteten und gleichzeitig tiefgreifendsten kritischen Lebensereignissen des Erwachsenenalters gehört es, von einer schweren körperlichen Erkrankung wie Krebs, Herzinfarkt oder Multiple Sklerose betroffen zu sein. Erhebliche psychosoziale und emotionale Probleme sind im Verlauf solcher Erkrankungen eher die Regel als die Ausnahme, wenngleich sich diese Probleme nicht immer chronifizieren und ihre Vergleichbarkeit mit affektiven Störungen im psychopathologischen Sinne strittig bleibt (vgl. etwa Cassileth et al. 1984). Verschiedene Studien berichten zudem von erheblichen interindividuellen Unterschieden im Ausmaß psychischen Leidens auch innerhalb spezifischer Krankheitsgruppen (z. B. Robinson et al. 1985).

Bei der Suche nach Möglichkeiten psychologischer Hilfestellung für Patienten richtet sich die Aufmerksamkeit der Forschung vor allem auf mögliche Erklärungen für Belastungsunterschiede zwischen den Patienten. Mit dem ursprünglich in der Streßforschung angesiedelten, dann aber auch auf naturalistische Kontexte übertragenen Konzept des "Bewältigungsverhaltens" (Coping) wird im folgenden ein Konstrukt im Mittelpunkt stehen, das zunehmend als bedeutsam bei der Erklärung und/oder Vorhersage psychischer Folgen von Streß im allgemeinen und von körperlichen Erkrankungen im besonderen angesehen wird (Felton, Revenson 1984).

Im Gegensatz zu zeitlich umgrenzten medizinischen Belastungssituationen, wie etwa operativen Eingriffen (vgl. etwa Cohen 1980), sind schwere chronische Erkrankungen als "Bewältigungsgegenstand" bislang weit weniger intensiv empirisch untersucht. Dies mag u. a. darauf zurückzuführen sein, daß die letztgenannte Klasse gesundheitlicher "Stressoren" nicht nur hinsichtlich ihrer zeitlichen, sondern auch ihrer sozialen Dimension komplexer ist und auch qualitativ andere Anforderungsstrukturen umfaßt: Chronische Erkrankungen sind kaum als singuläre Belastungsereignisse aufzufassen, sondern stellen sich eher als "Kette" bedrohlicher und beanspruchender Erfahrungen in sehr vielen Lebensbereichen dar (vgl. Filipp, Aymanns, Klauer 1983). Da sich im Verlauf schwerer chronischer Erkrankungen oft Probleme nicht nur im gesundheitlichen Bereich ergeben, umfaßt "Krankheitsbewältigung" sehr viel mehr als nur die Auseinandersetzung mit direkt somatisch bedingten Anforderungen.

Die Fülle möglicher Forschungsfragen zur Krankheitsbewältigung kann dennoch drei Themenkomplexen subsumiert werden (vgl. Filipp, Aymanns, Klauer 1983). Ein erster Themenkomplex beinhaltet Ansätze, sowohl einzelne Bewältigungsreaktionen als auch komplexere Formen und Muster der Krankheitsbewältigung deskriptiv zu ordnen bzw. Kategorien zu formulieren, die eine systematische und hinreichend genaue Beschreibung dieses Beobachtungsgegenstandes ermöglichen.

Modelle der Krankheitsbewältigung, die allgemein auf schwere Erkrankungen bezogen sind (z. B. Heim, Augustiny, Blaser 1983; Moos, Tsu 1977) oder die Auseinandersetzung mit einer spezifischen Krankheitsform deskriptiv abbilden (z. B. Weisman 1979), sind hier ebenso einzuordnen wie Versuche, einzelne Strategien der Krankheitsbewältigung (z. B. Leugnung; vgl. Beutel 1985) zu umschreiben und gegen andere Mechanismen abzugrenzen. Auch die vielzitierten und profund kritisierten (Silver, Wortman 1980) Phasenmodelle der Auseinandersetzung mit Krankheit, die Variationsmuster im Bewältigungsverhalten über die Zeit thematisieren, sind den deskriptiven Ansätzen zuzurechnen.

Die so konstruierten Kategorien von Bewältigungsformen unterscheiden sich untereinander in verschiedenster Hinsicht, und die vergleichsweise geringe Zahl der bislang vorgestellten standardisierten Meßverfahren weist eben diese Heterogenität in ihren Konstruktionsgrundlagen auf. Spezifika der Streßbewältigung werden einerseits als Persönlichkeitsmerkmale angesehen und über dispositionsorientierte Verfahren zu messen versucht (z. B. Janke, Erdmann, Kallus 1985), andererseits versucht man, das sich in der konkreten Belastungssituation manifestierende Verhalten mit entsprechenden Inventaren zu erfassen (z. B. Felton, Revenson 1984; Folkman, Lazarus 1980), wobei Persönlichkeitsmerkmale des bewältigenden Individuums als nur eine unter mehreren Klassen möglicher Bedingungen für Unterschiede in den beobachtbaren Bewältigungsreaktionen aufgefaßt werden.

Ein zweiter Komplex von Forschungsthemen ist damit bereits angeschnitten: In welchem Maße sich Varianz in den Reaktionen auf Krankheit bzw. in Parametern des Bewältigungsverhaltens auf personale und situative Ausgangsvariablen zurückführen läßt, ist eine Frage von anwendungspraktischer Bedeutung. Die Erklärung dieser Unterschiede sollte als ein notwendiger Schritt gesehen werden, um Möglichkeiten zur Veränderung von Strategien der Krankheitsbewältigung aufzeigen zu können. Die Studien von Viney und Westbrook (1982, 1984), in denen Zusammenhänge zwischen individuellen Präferenzen für bestimmte Strategien der Krankheitsbewältigung und einer Reihe von demographischen und biographischen Faktoren sowie Krankheits- und Umweltmerkmalen nachgewiesen werden konnten, stehen exemplarisch für diesen Forschungsbereich.

Die evaluative Kennzeichnung verschiedener Auseinandersetzungsformen als z. B. "maladaptiv" oder "günstig" sollte nicht über apriorische Festlegungen etwa von Gruppen mehr oder minder erfolgreich bewältigender Personen, sondern auf der Grundlage empirischer Effektanalysen erfolgen, die den dritten Komplex von Forschungsfragen zur Krankheitsbewältigung bilden. Eine Forschungsstrategie, die die Konfundierung von Formen und Folgen der Krankheitsbewältigung vermeidet, würde darin bestehen, die erwähnten interindividuellen Unterschiede in Merkmalen der Anpassung an Krankheit auf Unterschiede in Merkmalen des aktuell beobachteten Bewältigungsverhaltens zurückzuführen. Als Anpassungsindikatoren können dabei zum einen Merkmale der psychischen Verfassung herangezogen werden (z. B. Aufrechterhaltung des Selbstwertgefühls, Krankheitsakzeptanz, Hoffnungslosigkeit, Aufrechterhaltung sozialer Beziehungen, etc.), zum anderen aber auch Merkmale des medizinischen Krankheitsverlaufs (z. B. Auftritt von Rezidiven oder Metastasen bei Krebspatienten). Gerade diese letztgenannten Merkmale sind in den vergleichsweise wenigen prospektiven Studien, die Fragestellungen dieses Types nachgingen, bevorzugt betrachtet worden.

2. Probleme der konzeptuellen Eingrenzung von Bewältigungsverhalten

Betrachtet man die Flut empirischer Einzelarbeiten der letzten Jahrzehnte, in denen der Begriff "Bewältigung" auftaucht, oder jene theoretischen Ansätze, die Bewältigung zum zentralen Forschungsgegenstand erhoben haben, so scheint dort der kleinste gemeinsame Nenner darin zu liegen, daß Bewältigungsverhalten eng mit dem Konzept "Streß" verknüpft wird. Die inflationäre Verwendung des Begriffs "Bewältigung" mag durch die wachsende Popularität des Phänomens "Streß" selbst und durch die zunehmende Beschäftigung mit seinen physischen und psychischen Folgen begünstigt worden sein.

Galt schon in der laborexperimentellen Streßforschung die Fluchtreaktion einer Ratte vor einem Stressor als "coping", ohne daß dort allerdings die Variabilität des Bewältigungsverhaltens im Zentrum des Interesses stand, so wird gerade in der naturalistisch orientierten Streßforschung, die bis hin zur Erforschung streßreicher bzw. kritischer Lebensereignisse ausgeweitet wurde (vgl. Dohrenwend, Dohrenwend 1974), diesem Gesichtspunkt besondere Beachtung geschenkt.

In dem Maße, in dem man auf Personseite die differentielle Verwundbarkeit für und Reaktivität auf streßvolle Erfahrungen erkannte, in dem Maße wurden Formen der Auseinandersetzung bzw. des Bewältigungsverhaltens als Erklärungskonzept für die unterschiedliche Wirkung solcher Erfahrungen herangezogen (z. B. Lazarus 1966; Filipp 1981). Bewältigung wurde damit zu einem wichtigen Bindeglied zwischen Stressor, subjektiver Streßbelastung und den jeweiligen Streßfolgen (um in der Terminologie der Streßforschung zu bleiben), und welche Effekte der Konfrontation mit spezifischen Stressoren zugeschrieben werden, sollte wesentlich durch die Formen des Bewältigungsverhaltens moderiert werden.

Um den Wert von "Bewältigung" als explanative und prognostische Kategorie zu prüfen, erscheint es - ungeachtet des Argumentes, daß jedes Verhalten auch im Dienste der "Bewältigung" stehen kann - als vorgelagerte Aufgabe erforderlich, dem Variantenreichtum des Bewältigungsverhaltens Rechnung zu tragen und Formen des Bewältigungsverhaltens nicht nur deskriptiv abzubilden, sondern auch klassifikatorisch zu ordnen.

Nun liegt auf der Hand, daß je nach gewählter rahmentheoretischer Orientierung die Beschreibung und Klassifikation von Bewältigungsverhalten ganz unterschiedlich ausfallen wird, und in der Tat sind die in der Literatur vorfindbaren Ansätze wegen der Heterogenität der zugrundeliegenden theoretischen Orientierung kaum ineinander überführbar.
Bewältigungsverhalten wird betrachtet aus der Perspektive (neo)behavioristischer (Levine, Weinberg, Ursin 1978), persönlichkeitspsychologischer (Byrne 1961) oder neopsychoanalytischer (Haan 1977) Ansätze; Modellvorstellungen der menschlichen Informationsverarbeitung

(Johnson 1975), der Aufmerksamkeitssteuerung (Miller 1980), der psychophysiologischen Selbstregulation (Schönpflug 1979) und des Problemlöseprozesses (Meichenbaum, Henshaw, Himel 1982) sind gleichermaßen anzutreffen wie attributionstheoretisch orientierte Ansätze (Wortman 1976), interaktionistische Modellvorstellungen (Lazarus, Folkman 1984) und handlungs-psychologisch orientierte Ansätze (Kommer, Röhrle 1981). Schließlich ist Bewältigungsverhalten auch Gegenstand soziologischer Modellbildung (Cobb 1976) und nicht zuletzt auch vieler populärwissenschaftlicher Abhandlungen.

Was uns als Variationen im Bewältigungsverhalten entgegentritt, ist also nicht nur Abbild unterschiedlicher Formen der Auseinandersetzung mit belastenden Ereignissen, sondern ist auch Ausdruck der unterschiedlichen theoretischen Zugangsweisen, mit denen sich verschiedene Autoren diesem Gegenstandsbereich nähern. Bleiben wir zunächst auf der Ebene der begrifflichen Präzisierung und betrachten wir beispielhaft in einzelnen Ansätzen, wie dort "Bewältigung" als Forschungsgegenstand ausgegrenzt wird.

Einer allgemeinen Definition von Ilfeld (1980) folgend umfaßt Bewältigungsverhalten alle spezifischen Reaktionen eines Organismus auf Streß, d. h. alle Versuche, Stressoren in den unterschiedlichsten Lebensbereichen sowie entsprechende emotionale Belastungen zu meistern. Das Streßkonzept schließt dabei externe Anforderungen gleichermaßen ein wie intrapsychische Belastungszustände. Sieht man diesen Ansatz stellvertretend für die verbreitete Auffassung, daß "Bewältigung" auf der Reaktionsseite das Pendant zu "Streß" auf der Stimulusseite ist, so zeigt sich hier zugleich die Schwäche dieser Forschungstradition: Die Konzeptualisierung in termini einer Reiz-Reaktions-Abfolge vernachlässigt den relationalen Charakter von "Streß", d. h. die Perspektive, daß Streß aus der Nicht-Passung von Anforderungen an das Individuum und seinen Handlungsmöglichkeiten resultiert.

Schon frühzeitig haben Hamburg, Hamburg und de Goza (1953) betont, daß Bewältigungsverhalten gleichzusetzen sei mit allen Aktivitäten, die ein Individuum einsetzt, um einer starken Bedrohung seiner psychischen Stabilität entgegenzutreten, und die ihm ein effektives Funktionieren ermöglichen. In Erweiterung dazu schlugen Friedman et al. (1963) vor, daß Bewältigungsverhalten insbesondere an den Veränderungen im Verhaltensablauf zu erkennen sei; es sei gleichzusetzen mit solchen Reaktionen auf Situationsfaktoren, die zu deren Meisterung beitragen, wobei auch intrapsychische Prozesse, die einer erfolgreichen Anpassung dienten, einzuschließen seien. Schließlich wird in der derzeit wohl populärsten Theorie zu Streß und Streßbewältigung, die Lazarus 1966 (vgl. auch Lazarus, Folkman 1984) vorgelegt hat, Bewältigungsverhalten umschrieben als "Problemlöseanstrengungen einer Person, die dann einsetzen, wenn Anforderungen, denen sie sich gegenüber sieht, von hoher Bedeutung für ihr Wohlbefinden sind (d. h. wenn in einer Situation Gefährdungen oder Beanspruchungen von beträchtlichem Ausmaß enthalten sind), und wenn diese Anforderungen ihre adaptiven Ressourcen anzugreifen drohen" (Lazarus, Averill, Opton 1974, p. 250).

Dominiert in den eben dargestellten Ansätzen die Auffassung, daß Bewältigungsverhalten durch seine auslösenden Momente, d. h. durch die unmittelbare Konfrontation mit Stressoren, Belastungen, Bedrohungen etc. definiert wird, so betonen andere Autoren die Effektivität des Bewältigungsverhaltens als wesentliches definitorisches Element. In diesen Ansätzen gilt als Bewältigungsverhalten nur jenes, welches für die Person eine protektive Funktion hat: "Bewältigung bezieht sich auf solches Verhalten, welches Menschen davor schützt, durch problematische soziale Erfahrungen psychisch belastet zu werden - auf ein Verhalten also, das den Einfluß, den Gesellschaften auf ihre Mitglieder haben, in bedeutsamer Weise moderiert" (Pearlin, Schooler 1978, p. 2). Der Begriff der Bewältigung erhält hier - wie es wohl auch im umgangssprachlichen Gebrauch mitenthalten ist - eine qualifizierende Eingrenzung und wird per definitionem gleichgesetzt mit dem Gelingen der Bewältigungsanstrengungen einer Person.

Nur am Rande sei vermerkt, daß die konzeptuelle Eingrenzung des Bewältigungsverhaltens durch sein faktisch erzieltes Ergebnis und/oder durch seine Folgen in hohem Maße die Gefahr zirkulärer Definitionen in sich birgt, weil die Frage, an welchen Kriterien denn der "Erfolg" des Bewältigungsverhaltens zu messen sei, nicht ausreichend reflektiert wird (vgl. Filipp, Ferring, Klauer 1986).

Wichtig erscheint uns zu betonen, daß innerhalb der Bewältigungsforschung dieser Differenzierung kaum Beachtung geschenkt und so bis heute eine eindeutige Sprachregelung verhindert wurde. Es ist ein fundamentaler Unterschied, ob man Bewältigungsverhalten schlechthin als Auseinandersetzung mit Belastungen oder Bedrohungen betrachtet, ohne konzeptuell einzuschließen, daß diese im Hinblick auf ein je avisiertes Ziel auch "erfolgreich" sind, oder ob man vom Bewältigungsverhalten nur dann spricht, wenn die in einer solchen Situation gezeigten Verhaltensweisen auch in der Tat eine schützende, lindernde, problemlösende oder belastungsreduzierende Funktion haben.

Galt unser Interesse bislang eher dem Abgrenzungsproblem erster Ordnung, d. h. dem Versuch, Bewältigungsverhalten von sonstigem Verhalten (im weitesten Sinne von Habituation, von Lebensstil etc.) zu unterscheiden, so lassen sich als Abgrenzungsproblem zweiter Ordnung alle Versuche auffassen, die "Bewältigung" (im Sinne gelungener Bewältigung) konzeptuell trennen von "schlechter Bewältigung" oder "Nichtbewältigung".

Zu denken ist hier insbesondere an die von Haan (1977) unter Rückgriff auf ichpsychologische Grundannahmen eingeführte Unterscheidung des "coping vs. defending", d. h. also der Bewältigung und der Abwehr. Als zentrales differenzierendes Merkmal wird hier eingeführt, in welchem Maße die Person fähig und/oder bereit ist, die situativen Anforderungen "realitätsangemessen" wahrzunehmen und mit wohlkoordinierten Verhaltensprogrammen darauf zu reagieren. Eine realitätsangepaßte, aktive und in sich koordinierte Bearbeitung dieser Anforderungen wird als "Bewältigung" (Coping) bezeichnet, während eine realitätsverzerrende, unkoordinierte Bearbeitung der Anforderungen "Abwehr" darstellen soll. Von diesen beiden Formen der Auseinandersetzung hebt Haan als dritte Kategorie die "Fragmentierung" ab, eine Form der Auseinandersetzung, die als unflexibel, irrational gesteuert und als Ausdruck pathologischer Zustände gedeutet wird. Die Tatsache, daß der Veridikalität der Situations- und Problemwahrnehmung und somit dem "Realitätsbezug" in der Auseinandersetzung mit Belastungssituationen ein so zentraler Stellenwert eingeräumt wird, wurde insbesondere von Lazarus (1981) nachdrücklich kritisiert. In der Tat ist die Überlegenheit der einen oder anderen Form der Auseinandersetzung nicht nur zu relativieren in bezug auf das je gewählte Kriterium (z. B. subjektives Wohlbefinden vs. Gefährdung der Gesundheit), sondern auch zu relativieren in bezug auf den Zeitpunkt, an dem man die Prüfung des "Bewältigungserfolgs" vornimmt (siehe hierzu die eindrucksvollen Meta-Analysen von Mullen, Suls 1982; Suls, Fletcher 1985).

Wie der oft zitierte Sammelband von Coelho, Hamburg und Adams (1974) zeigt, wird im Kontext der Bewältigungsforschung häufig auch der Begriff "Anpassung" gebraucht, und in den frühen Ansätzen der Lebensereignisforschung sollte die Belastungswirkung von kritischen Ereignissen mit der Höhe der erforderlichen "Neuanpassung" korrespondieren (siehe Filipp 1981). Will man Bewältigung und Anpassung konzeptuell voneinander trennen, so scheint dies am besten zu gelingen, wenn man beide in termini der Person-Umwelt-Passung konzipiert, wie dies French, Rodgers und Cobb (1974) vorgeschlagen haben. Versuche der Wiederherstellung eines gestörten Passungsgefüges werden vor diesem Hintergrund danach unterschieden, mit welchem relativen Anteil Veränderungen in dem einen und/oder anderen Teilsystem (Person, Umwelt) vollzogen werden.

Die hier nur knappe Darstellung einzelner Konzeptualisierungsansätze innerhalb der Bewältigungsforschung sollte erkennbar werden lassen, daß Probleme in diesem Forschungsbereich nicht nur aus einer oft unzureichenden Begriffsexplikation resultieren, sondern daß die rahmentheoretischen Grundlagen, auf denen Bewältigungsverhalten konzipiert und analysiert wird, so sehr voneinander abweichen, daß man über "Bewältigung" strenggenommen nur theorieimmanent sprechen kann bzw. sollte. In unseren eigenen Arbeiten präferieren wir eine an passungstheoretischen Überlegungen orientierte Konzeption:

Bewältigung steht als summarisches Konzept für alle Verhaltensweisen, die im Umfeld von raumzeitlich umgrenzten Belastungssituationen die je individuelle Auseinandersetzung mit diesen Situationen markieren. Belastungssituationen sind solche, in denen die Handlungsfähigkeit einer Person bedroht ist bzw. deren Verlust antizipiert oder als bereits eingetreten erlebt wird. Verlust oder Bedrohung der Handlungsfähigkeit werden als Folge von Eingriffen in das Person-Umwelt-Passungsgefüge verstanden, die eine Restrukturierung diesesGefüges erfordern.

Ungeachtet der Vielfalt seiner Erscheinungsweisen ist Bewältigungsverhalten immer ausgerichtet auf die Wiederherstellung der Person-Umwelt-Passung, d. h. auf die Wiederherstellung oder Aufrechterhaltung der Handlungsfähigkeit und der physischen und psychischen Unversehrtheit. Welche einzelnen Verhaltensweisen dabei beobachtbar werden, hat in erster Linie damit zu tun, welche subjektive (d. h. durch das betroffene Individuum eingeschätzte) Instrumentalität einzelne Reaktionen für die Erreichung solcher Zustände besitzen. Ob einzelne Bewältigungsreaktionen "angemessen" sind oder nicht, ist eine nachgeordnet zu prüfende Frage. Diese kann nur vor dem Hintergrund explizit definierter Kriterien, worin im einzelnen eine gelungene Person-Umwelt-Passung zu erkennen sei und worin sich physische und psychische Unversehrtheit manifestieren sollen, beantwortet werden. Eine Konfundierung von "Coping" als deskriptiver Kategorie mit seiner Qualifizierung als "erfolgreiches" Coping muß in zirkulären Definitionen enden. Bewältigungsverhalten sollte weiterhin durch qualitative und/oder quantitative Veränderungen im Verhaltensstrom einer Person deutlich werden und somit ein diskontinuierliches Moment erkennen lassen. Schließlich umfaßt Bewältigung immer einen Prozeß von unterschiedlicher zeitlicher Erstreckung, wobei dieses Geschehen umso länger andauert, je tiefgreifender die Person-Umwelt-Passung gestört und je umfassender dieses Gefüge restrukturiert werden muß. Daß die Frage, inwieweit das Individuum auf personale und soziale Ressourcen im Bewältigungsprozeß zurückgreifen kann, in diesem Zusammenhang gleichermaßen bedeutsam ist, sei nur am Rande vermerkt.

3. Versuche der Ordnung und Klassifikation des Bewältigungsverhaltens

In der Literatur findet man eine Fülle taxonomischer Ansätze, die eine mehr oder minder große Anzahl inhaltlich unterscheidbarer Bewältigungsformen aufführen. Dabei imponiert zunächst einmal die Vielfalt der sprachlichen Etikettierung von Bewältigungsformen. Umgekehrt gilt, daß nicht alle begrifflich identischen Bewältigungsformen gleiches darstellen, sondern sie erhalten oft erst durch ihren spezifischen theoretischen Bezugsrahmen ihre Bedeutung, wie man dies am Beispiel der Kategorie "Leugnung" erkennen kann (vgl. hierzu die Kontroverse zwischen Lazarus und Haan, siehe etwa Lazarus 1984).

Will man nun bestimmen, welche Gemeinsamkeiten in scheinbar oder tatsächlich unterschiedlichen Reaktionsweisen liegen und wie sich die Vielfalt von Bewältigungsreaktionen ordnen läßt, so kann man entweder grundlegende Aspekte zu seiner inhaltlich-thematischen Differenzierung theoriegestützt a priori formulieren oder auf empirisch-induktivem Wege eine a posteriori-Klassifikation von Bewältigungsreaktionen anstreben. Beide Vorgehensweisen lassen sich in der Literatur finden.

Als Beispiel für eine theoretisch verankerte Klassifikation von Bewältigungsreaktionen sind alle Ansätze zu nennen, die sich auf die psychoanalytische Konzeptbildung berufen und die die klassischen Abwehrmechanismen (Projektion, Umkehrung, Rationalisierung, Verleugnung usw.) als unterschiedliche "kognitive Bewältigungsformen" darstellen (z. B. Houston 1982).

Eine weitere theoretisch begründete Differenzierung von Bewältigungsformen, die zugleich eine der traditionsreichsten Konzeptualisierungen in diesem Bereich ist, liegt in der Unterscheidung von "repressing" und "sensitizing". Diese auf die frühen Arbeiten zur Wahrnehmungsabwehr zurückgehende Konzeptbildung ist bekanntlich in psychodynamischen Persönlichkeitstheorien enthalten und wurde unlängst von

Krohne und Rogner (1982) als "zentrales Konstrukt der Bewältigungsforschung" bezeichnet.

Die Mehrzahl der Versuche, Bewältigungsreaktionen inhaltlich zu kategorisieren, scheint aber weitgehend ohne explizit formulierten theoretischen Rahmen vorgenommen zu werden. Typisch hierfür ist etwa der Versuch von Weisman (1979), insgesamt 13 verschiedene Formen der Krankheitsverarbeitung zu postulieren und voneinander abzugrenzen. An keiner Stelle wird die Ableitung dieser Bewältigungsformen oder ihre Klassifikation begründet, so daß die vorgenommenen Unterscheidungen allenfalls im Nachhinein auf ihre Angemessenheit überprüft werden können.

Auch das von Folkman und Lazarus (1980) vorgelegte Verfahren, die "Ways of Coping Checklist", stellt eine eher willkürliche Auflistung von insgesamt 68 Bewältigungsreaktionen dar, die lediglich unter dem formalen Gesichtspunkt der problem- bzw. emotionszentrierten Bewältigung a priori ausgewählt wurden. Eine weitere inhaltliche Unterteilung in Subskalen wird dann anhand faktorenanalytisch gewonnener Ergebnisse vorgenommen. Eine deutschsprachige Version der "Ways of Coping Checklist" (siehe Braukmann, Filipp 1983), die im Rahmen unseres Forschungsprojektes zur "Entwicklungspsychologie des Erwachsenenalters" bei Männern eingesetzt wurde, zeigte, daß sowohl eine zweifaktorielle Lösung, die deutlich problem- und emotionszentrierte Bewältigungsformen abzubilden scheint, wie auch eine sechsfaktorielle Lösung akzeptiert werden kann. Zieht man jedoch in Betracht, daß faktorenanalytisch bestimmte Formen des Bewältigungsverhaltens wegen der Populationsabhängigkeit der Befunde ohnehin keine weiterreichende Gültigkeit beanspruchen dürfen, dann erscheint dieser Zugang einer a posteriori-Klassifikation wenig befriedigend.

Einen anderen Zugang wählen Horowitz und Wilner (1980), die aus klinischen Interviews mit Menschen in Krisensituationen zunächst eine Fülle von Bewältigungsreaktionen registriert und diesen Pool inhaltsanalytisch geordnet haben. Diese Arbeiten mündeten in die Konstruktion eines standardisierten Bewältigungsfragebogens, in dem drei Formen der Bewältigung unterschieden werden: (1) Hinwendung zu anderen Aktivitäten und Einstellungen, (2) Aktives Durcharbeiten des Ereignisses und (3) Aufsuchen sozialer Kontaktpersonen.

Während sich die Arbeitsgruppe von Horowitz mit dramatischen Ereignissen und ihrer Bewältigung beschäftigt, werden in der Untersuchung zur "Struktur von Coping" von Pearlin und Schooler (1978) ausschließlich Alltagsbelastungen thematisiert. Nicht nur muß man vermuten, daß man zu unterschiedlichen Klassifikationen des Bewältigungsverhaltens kommt in Abhängigkeit von der Belastungsintensität, sondern auch, daß je nach Lebensbereich, in dem die Belastung lokalisiert ist, andere Formen der Bewältigung erkennbar werden. Insbesondere Ilfeld (1980), der die Daten von Pearlin und Schooler einer Reanalyse unterzog, zeigt anhand faktorenanalytischer Befunde auf, daß die Dimensionalität des Bewältigungsverhaltens stark zwischen den betrachteten Lebensbereichen (z. B. finanzieller Bereich, sozialer Bereich) variiert.

Es ist daher zu vermuten, daß sich nicht nur aus methodischen Gründen (z. B. wegen der Populationsabhängigkeit der Befunde), sondern auch wegen der Bereichsspezifität von Bewältigungsreaktionen eine allgemein gültige Klassifikation von Bewältigungsreaktionen nur sehr schwer erstellen läßt.

Unseres Erachtens führen empiristische Ansätze, wie sie hier beispielhaft genannt wurden, kaum weiter, solange sie nicht theoretisch gestützt sind und die Klassifikation von Bewältigungsreaktionen nicht auf grundlegendere Konzepte der Verhaltensbeschreibung und -erklärung bezogen wird.

4. Ein dreidimensionales Modell zur Klassifikation von Bewältigungsreaktionen

Wir haben argumentiert, daß man Bewältigungsverhalten nach inhaltlich-thematischen Gesichtspunkten nur dann sinnvoll ordnen kann, wenn man ein theoretisch begründetes Ordnungsgerüst zugrundelegt, in welches grundlegende Konzepte, die einer Differenzierung von Bewältigungsreaktionen dienlich sein können, Eingang finden sollten.

Im Rahmen unseres Projektes zur "Psychologie der Krankheitsbewältigung" stellte sich für uns die Aufgabe, Bewältigungsreaktionen zu erfassen, ohne dabei der Gefahr einer willkürlichen Auflistung der unterschiedlichsten Reaktionsweisen zu erliegen; vielmehr erschien uns eine a priori-Modellbildung erforderlich. Als taxonomisches Klassifikationsschema sollte dieses Ordnungsgerüst zum einen eine eindeutige Abbildung beobachtbarer Bewältigungsreaktionen gewährleisten (mutuelle Exklusivität der Kategorien), zum anderen sollte es eine Vielzahl beobachtbarer Bewältigungsreaktionen klassifikatorisch fassen können (Exhaustivität). Empiristisch-dimensionsanalytisch ermittelte (z. B.

Felton, Revenson 1984) wie klinisch-induktiv gewonnene (z. B. Weisman 1979) Kategoriensysteme leisten dies in aller Regel nicht.

In das von uns vorgeschlagene Modell wurden drei Basisdimensionen (Verhaltensebene, Soziabilität, Aufmerksamkeitsorientierung) aufgenommen und zur Klassifikation von Bewältigungsverhalten herangezogen (Abb. 1 siehe nächste Seite). Die Kombination dieser drei hypothetisch orthogonalen Dimensionen ergibt $2^3 = 8$ theoretisch homogene Gruppen von Bewältigungsreaktionen, die als Subskalen in den von uns entwickelten Fragebogen zur Krankheitsbewältigung (FEKB; vgl. Klauer, Filipp 1986) eingegangen sind.

Der relativ allgemeine Charakter dieser Basisdimensionen, die im folgenden kurz erläutert werden, erlaubt unseres Erachtens die Verwendung dieses zunächst im Hinblick auf den spezifischen Belastungskontext "Krankheit" formulierten Modells auch zur Systematisierung individueller Reaktionen auf eine Vielzahl anderer Typen von Stressoren.

4.1 Verhaltens-/Kontrollebene

Die Unterscheidung der Verhaltensebene, auf der sich Bewältigungsreaktionen manifestieren können, ist in der Coping-Forschung relativ geläufig (vgl. Lazarus, Launier 1978) und hat darüber hinaus eine lange Tradition in der Unterscheidung zwischen "offenem" und "verdecktem" Verhalten. Die Frage, ob Prozesse der Auseinandersetzung als beobachtbare Verhaltensakte oder aber als innerpsychische Reaktionsmodi ablaufen, wird nicht nur in der Bewältigungsforschung im engeren Sinne, sondern auch in verschiedenen kontrolltheoretischen Ansätzen diskutiert (z. B. Rothbaum, Weisz, Snyder 1982). So ist das Phänomen der "illusionären Kontrolle" auch im Kontext der Krankheitsbewältigung mehrfach beschrieben und analysiert worden (vgl. Taylor 1983); auch und gerade in den Situationen, in denen direktes Handeln nicht möglich oder erschwert ist, gelingt es Personen, durch eine Vielzahl "kognitiver Manöver" ihre Wahrnehmung von Kontrolle über (Umwelt)- Ereignisse noch aufrechtzuerhalten. Insofern ist es angezeigt, Regulationsprozesse in der Auseinandersetzung mit Krankheit oder anderen kritischen Lebenssituationen in der Tat auf beiden Ebenen zu vermuten und zu erfassen.

	Aufmerksamkeitsorientierung			
	ereigniszentriert		ereignisdistanziert	
	Soziabilität		**Soziabilität**	
	hoch	niedrig	hoch	niedrig
Kontrollebene				
innerpsychisch	z. B. sozialer Vergleich mit anderen Patienten (-++)	z. B. Selbstinstruktion zu kämpferischer Haltung z. B. temporaler Vergleich (--+)	z. B. Neubewertung der sozialen Bezugspartner (-+-)	z. B. Beschäftigung mit religiösen Themen (---)
aktional	z. B. Anschluß an Selbsthilfegruppen (+++)	z. B. Selektive Informationssuche über das Ereignis (+-+)	z. B. Suche nach sozialem Anschluß (++-)	z. B. Realisieren bislang hintangestellter Pläne (+--)

Abb. 1: Klassifikation von Bewältigungsreaktionen

4.2 Soziabilität

Die Dimension der Soziabilität soll Varianten des Bewältigungsverhaltens zwischen den Polen "sozialer Rückzug/Abkapselung" vs. "aktives Aufsuchen/Einbeziehen anderer" abbilden. Die Bedeutung dieser Dimension ergibt sich schon aus der Tatsache, daß potentiell belastende Ereignisse ja in aller Regel nicht auf isolierte Individuen, sondern auf soziale Gebilde (Mikrosysteme) treffen. Somit lösen sie vermutlich nicht nur beim direkt betroffenen Individuum, sondern auch bei Personen der sozialen Peripherie Auseinandersetzungsaktivitäten aus, die sich zum einen als Bewältigungsverhalten, zum anderen als Unterstützungsverhalten im Sinne eines dynamischen "social support"-Begriffs beschreiben lassen (vgl. Cohen, Wills 1985). Daß Bewältigungsverhalten z. B. im Familiensystem wechselseitig aufeinander bezogen und seine Effektivität letztlich wohl immer auch sozial-interaktiv bedingt ist, legen neuere, gerade auf den Belastungskontext "Krankheit" bezogene Ansätze nahe (vgl. Aymanns 1986; Wortman 1984).

Eine grundlegende Klassifizierung des Bewältigungsverhaltens kann also danach erfolgen, inwieweit andere Menschen in den Bewältigungsprozeß mit einbezogen werden oder nicht. Gemeint ist dabei weniger die soziale Verflechtung im Sinne einer Determinante des Bewältigungsprozesses (obschon dies natürlich aus objektiven Merkmalen der sozialen Situation und ihrer internen Repräsentation ableitbar ist). Vielmehr soll eine Variable des Bewältigungsverhaltens selbst im Sinne der (direkten oder mentalen) Nutzung des sozialen Umfeldes beschrieben werden. Soziale Vergleichsprozesse als Möglichkeiten der Bedrohungsminimierung (vgl. Taylor 1983) sind auf dieser Dimension gleichermaßen abzubilden wie verschiedene Modalitäten des aktiven Hilfesuchens und des Initiierens von hilfreichen Ressourcen (Filipp, Aymanns 1987).
Im übrigen hat auch die Forschungsgruppe um Lazarus ihren Katalog von Bewältigungsformen kürzlich um die faktorielle Dimension "Suche nach sozialer Unterstützung" erweitert (Folkman et al. 1986).

4.3 Aufmerksamkeitsorientierung

Appetenz und Vermeidung, Hinwendung zu und Abkehr von bedrohlichen Stimuli bilden eine weitere Grundqualität menschlichen Verhaltens, die vor allem in motivationstheoretischen Ansätzen wie etwa der Feldtheorie Lewins, der Theorie der Leistungsmotivation nach Atkinson oder in der Anreiztheorie Klingers eine besondere Rolle spielen (vgl.

Kuhl 1983). Als ein grundlegendes Konzept scheint sich also das der Aufmerksamkeitsorientierung anzubieten: Unlängst hat Lantermann (1982) außerhalb der Bewältigungsforschung in überzeugender Weise dargestellt, welch hohen heuristischen Wert Aufmerksamkeitsorientierung (als dispositionales Konstrukt konzipiert) für die Rekonstruktion von Handlungsabläufen besitzt.

Auch innerhalb der Bewältigungsforschung selbst scheinen sich zum einen die Versuche zu mehren, Bewältigungsverhalten in termini der Aufmerksamkeitssteuerung abzubilden und Grundformen der Bewältigung danach zu unterscheiden, welche Aspekte der Person-Umwelt-Beziehung in den Aufmerksamkeitsfokus gerückt sind. Bei näherer Analyse zeigte sich zudem, daß sich auch eine Reihe anderer Unterscheidungen von Bewältigungsformen unter Rekurs auf eine aufmerksamkeitspsychologische Konzeptbildung darstellen läßt.

Explizit haben Averill und Rosenn (1972) sowie Cohen (1980) die Begriffe "Vigilanz" und "Vermeidung" (bzw. Nicht-Vigilanz) zur Kennzeichnung von zwei grundlegenden Formen des Umgangs mit Bedrohung aufgegriffen. Miller (1980) hat durch die Unterscheidung von "monitoring" und "blunting" zu verdeutlichen versucht, daß sich im Umfeld von Belastungssituationen zwei gegensätzliche Formen der Informationsverarbeitung erkennen lassen, die unterschiedliche Formen der Bewältigung darstellen. Zu erwähnen ist in diesem Zusammenhang selbstverständlich auch die Unterscheidung von "Informationssuche" und "Vermeidung", die schon frühzeitig von Janis (1958) vorgenommen wurde. Schließlich beruht auch die gebräuchliche Unterscheidung von Bewältigungsformen nach "repressing" und "sensitizing" (z. B. Krohne, Rogner 1982) von ihrer Tradition her auf einer explizit kognitionspsychologischen Konzeptbildung, wie die frühen Arbeiten von Bruner, Postman (1947) zeigen.
Die hier genannten Grundformen der Auseinandersetzung mit Belastungssituationen stellen also, in unterschiedlichem sprachlichen Gewande, nichts anderes dar als Formen der Abkehr bzw. Zuwendung zu belastungsrelevanten Informationen ("ereigniszentriertes" vs. "ereignisdistanziertes") Bewältigungsverhalten. Selbstverständlich gehen damit unterschiedliche Bewältigungsreaktionen einher, die gleichwohl in anderen Ansätzen nicht mehr weiter differenziert werden.

Nur am Rande sei schließlich vermerkt, daß die Differenzierung von "Bewältigung" und "Abwehr" sich letztlich auch vor diesem Hintergrund rekonzeptualisieren läßt; und besonders innerhalb der neopsychoanalytischen Konzeptbildung werden natürlich auch attentive Prozesse als Ich-Mechanismen thematisiert.

Die offenbar weithin akzeptierte und verbreitete Dichotomisierung des Bewältigungsverhaltens nach dem Aufmerksamkeitsfokus hat bislang eine Vielzahl von Studien angeregt. So scheint es als gesichert zu gelten, daß die Möglichkeit zur Aufmerksamkeitsabkehr (etwa durch Vorgabe von Dias oder anderer optischer Reize) die Toleranz für Schmerzen erhöht und die subjektive Belastung reduziert, also in diesem Falle durchaus funktional für die Steuerung der eigenen Befindlichkeit ist. Andere Untersuchungen verweisen darauf, daß induzierte Aufmerksamkeitsabwehr und das systematische Vorenthalten belastungsrelevanter Informationen je nach Kontext und personaler Ausgangslage zu einer Belastungserhöhung führen können und daß dieses "Ausblenden" (blunting) somit auch eine sehr unangemessene Bewältigungsform darstellen kann (zusammenfassend Miller 1980).

Problematisch erscheint allerdings, daß in der Literatur Aufmerksamkeitssteuerung seltener als kategorial unterscheidbare Bewältigungsform beschrieben wird, sondern individualtypische Bewältigungsstile postuliert werden, die eine Typisierung von Personen nach der Art ihres Bewältigungsverhaltens erlauben sollen. Diese Implikation ist hier ausdrücklich ausgeschlossen. Für die Untersuchung realer langfristiger Bedrohungen wie etwa schwerer chronischer Erkrankungen scheint es wenig hilfreich, von einem "Entweder-Oder" der Aufmerksamkeitsorientierung auszugehen, sondern vielmehr angebracht, Oszillationen des Aufmerksamkeitsfokus zu vermuten. Verschiedene empirische Einzelarbeiten stützen zudem die These, daß eine flexible Aufmerksamkeitsorientierung auch im Auseinandersetzungskontext "Krankheit" ein Kennzeichen effektiven Bewältigungsverhaltens darstellen kann.

5. Probleme der Erfassung von Formen der Krankheitsbewältigung

Neben allgemeinen Meßproblemen, die sich u. a. aus den erwähnten Divergenzen in der "Coping"-Konzeptbildung ergeben, bestehen bei der Konstruktion "verhaltensnaher" direkter Maße des Bewältigungsverhaltens einige weitere spezifische Schwierigkeiten, die eingehend andernorts diskutiert werden (vgl. Braukmann, Filipp 1983). Zumindest einige Überlegungen sollen dargestellt werden, die bei der Entwicklung standardisierter Verfahren mit dem Ziel, Formen der Krankheitsbewältigung zu erfassen, zu berücksichtigen sind.

Das Ziel der Standardisierung, nämlich Bewältigungsverhalten in verschiedenen Belastungssituationen (oder bei verschiedenen Krankheitsgruppen) in bezug auf einen konstanten Itempool zu vergleichen, läßt sich nur bedingt mit der Zielsetzung vereinbaren, auch Situations-, Krankheits- oder Beanspruchungsspezifika in den Items abzubilden, um so eine hohe "Passung" der Items im Hinblick auf die Auseinandersetzungssituation des bewältigenden Individuums zu erreichen. Mit anderen Worten: Idealiter sollten die als Fragebogenitems operationalisierten Bewältigungsreaktionen einerseits auf alle krankheitsspezifischen Anforderungen bzw. Formen der psychischen Belastung durch Krankheit "passen" (und somit relativ unspezifisch formuliert werden); andererseits ist für die valide Erfassung von Bewältigungsprozessen die Erhebung auch solcher Reaktionen unerläßlich, die nur im Vis-a-vis bestimmter Anforderungen aktualisiert werden (und als anforderungsspezifische Fragebogenitems auch nur explizit auf diese Anforderungen bezogen semantisch sinnvoll sind). Braukmann und Filipp (1983) bezeichnen dieses Problem als "Repräsentativitäts-Validitäts-Dilemma".

Interaktionistische und transaktionalistische Konzeptionen von Bewältigungsprozessen, die aus theoretischen Gründen immer stärker favorisiert werden, bringen weitere nur schwer lösbare Probleme für die Erfassung von Bewältigungsverhalten und für die Bewertung des Erhebungsinstrumentes mit sich. Wenn, wie es insbesondere die transaktionale Perspektive nahelegt, krankheitsspezifische Anforderungen und individuelles Bewältigungsverhalten (nicht zuletzt durch ihre wechselseitige Beeinflussung) permanenter Veränderung unterworfen sind, dann sind Einpunktmessungen des Bewältigungsverhaltens lediglich "Momentaufnahmen". Meßwiederholungen könnten, auch wenn sie in kurzfristiger zeitlicher Abfolge vorgenommen werden, deutliche Hinweise auf eine hohe Variabilität in den Antwortkonfigurationen erbringen. Bedenkt man ferner, daß Bewältigungsverhalten immer eine Konstellation vieler Handlungen darstellt, so erscheint einsichtig, daß etwa gängige Reliabilitätskonzepte wie Stabilität, Äquivalenz und Konsistenz (vgl. Michel, Conrad 1982) und entsprechende statistische Parameter wie Testwiederholungs- oder Testhalbierungskoeffizienten an Relevanz für die Einschätzung der Güte der Erhebungsinstrumente verlieren.

Aktivitäten im Zuge der Krankheitsbewältigung unterscheiden sich durch ihre Gerichtetheit und Intentionalität, nicht aber phänomenal von anderen Verhaltensformen (vgl. Braukmann, Filipp 1984). Für die standardisierte Erfassung von Bewältigungsverhalten bedeutet dies, daß via Instruktion und/oder Itemformulierung die Konfundierung von Bewältigungsverhalten mit anderen Verhaltensqualitäten ohne adaptive Funktion vermieden werden muß, um die innere Validität des Instruments abzusichern. Zieht man in Betracht, daß die Bewußtseinsfähigkeit eigenen Bewältigungsverhaltens zumindest zweifelhaft ist (vgl. Asendorpf 1981) und selbstreflexive Prozesse in diesem Zusammenhang keineswegs generell zu vermuten sind, so gilt auch hier, daß bislang die Möglichkeiten und Ansätze der Konzeptbildung die Möglichkeiten der Operationalisierung von "coping" - zumindest mittels self-report-Verfahren - deutlich übersteigen. Ob die in vielen Forschungsprojekten eingeschlagene Richtung der Erfassung von Bewältigungsprozessen durch Interviews eine bessere Alternative darstellt (vgl. Heim et al. 1983), läßt sich mittels empirischer Daten jedenfalls bislang nicht entscheiden.

Coping als soziales Handeln. Versuch einer soziologischen Ortsbestimmung

PETRA BERGERHOFF & PETER NOVAK

1. Chronische Krankheit und Bewältigung

Im folgenden wird der Versuch unternommen, den Bewältigungsprozeß chronischer Krankheit einer systematischen Betrachtung zu unterziehen, d. h. auf dem Hintergrund einer allgemeinen soziologischen Theorie Bedingungsfaktoren und Effekte dieses Prozesses zu bestimmen und zu begründen.

In den letzten Jahrzehnten ist eine Zunahme von Patienten mit chronischen Krankheiten, auch bei Kindern und Jugendlichen zu beobachten. Damit einher gehen die Erweiterung der medizinischen Erforschung dieser Krankheiten, die Erweiterung von Diagnose- und Therapiemöglichkeiten. Weniger Aufmerksamkeit wurde dabei bisher den psychosozialen Auswirkungen chronischer Krankheiten auf das Leben der Betroffenen gewidmet. Hauptsächlich interessierten bei der Erforschung dieses Aspektes chronischer Krankheit drei zentrale Fragestellungen (vgl. Friedrich, Kleinspehn, Ziegler 1980, 3f):

1. die Frage nach der psychosozialen Genese der Krankheit,
2. die Frage nach dem Arzt - Patient - Verhältnis und
3. die Frage nach dem Krankheitsprozeß vor Eintritt in das medizinische Handlungsfeld.

Als vierte Fragestellung ist in der letzten Zeit die nach der Krankheitsbewältigung bzw. -verarbeitung - insbesondere chronischer Krankheiten, bei denen keine "restitutio ad integrum" möglich ist - hinzugekommen, m. a. W.: Wie löst der (chronisch) Kranke die Aufgabe, die physischen, psychischen und sozialen Momente seiner Krankheit so zu verarbeiten, daß die Krankheit in seine innere und äußere Realität integriert wird (a. a. O., 7)?

Gerhardt (1986) unternimmt in ihrer Untersuchung eine Klärung des Verhältnisses von Krankheit und ihrer Bewältigung: Sie unterscheidet (1) Krankheit als "alternative" Reaktion auf eine Belastungssituation, nachdem alle Bewältigungs- oder Coping-Strategien gescheitert sind, (2) Krankheit und Coping als parallele, voneinander unabhängige "Größen", d. h. Krankheit entwickelt sich unabhängig von den Copingfähigkeiten einer Person, und (3) Krankheit und Coping im Verhältnis sequentieller Ergänzung, d. h. Krankheit als Auslöser einer Störung im Lebenszusammenhang und Coping als Reaktion auf diese Belastung (a. a. O., 30ff).

Im Rahmen des Ulmer Forschungsprojekts wird Coping im letztgenannten Sinne verstanden: Die Erkrankung an einer der verschiedenen Leukämieformen und an Panmyelopathie und die spezielle Behandlung durch Knochenmarktransplantation sind als die Auslöser einer erheblichen Störung im Lebenszusammenhang anzusehen, wobei die Lebensbedrohung durch Krankheit und Behandlung (zuerst einmal) im Mittelpunkt steht; es gibt aber außerdem Belastungen anderer Bereiche, die auch nach einer erfolgreichen Knochenmarktransplantation - zumindest eine Zeitlang - weiterbestehen, wie z. B. der Verlust bzw. die Unterbrechung von Berufstätigkeit oder Ausbildung, eingeschränkte soziale Kontakte zu bisherigen Bezugspersonen, Anpassungen an Veränderungen im Krankheitsverlauf (vgl. zu den vielfältigen durch Krankheit verursachten Problemen des täglichen Lebens Strauss 1975, 7f). Die Knochenmarktransplantation beseitigt - im geglückten Fall - das lebensbedrohende Moment dieser äußerst belastenden Situation, dennoch ist der betroffene Patient mit einer Reihe von z. T. dauerhaften Einschränkungen wie z. B. Sterilität, Infektanfälligkeit, geringe körperliche Belastbarkeit konfrontiert.
Mit "Coping-Strategien" werden Reaktionsweisen bezeichnet, die der betroffene Kranke zur Bewältigung dieser verschiedenen bedrohlichen Aspekte der Situation einsetzt.

Zur Definition und Erforschung von Coping hat es in den letzten 10 Jahren eine Reihe von Ansätzen gegeben (vgl. Beutel 1985, 178f): Coping wurde als biologische Verhaltensanpassung, als Problemlösungsverhalten und Konflikt-Management konzeptualisiert; es wurde unterschieden zwischen "psychologischem" - wohl eher "psychischem" - und "sozialem Coping", wobei "psychisches Coping" den kognitiv-evaluativen Bewältigungsprozeß kennzeichnet und "soziales Coping" auf aktiv eingreifendes Handeln in der Umwelt abhebt (vgl. Gerhardt 1986, 34f). Weiterhin wurde unterschieden zwischen "privatem Coping" als Bewältigung des häuslichen oder geselligen Alltags und "sozialökonomischem

Coping" als Verhaltensweisen zur Sicherung der wirtschaftlichen und sozialen Existenz (a. a. O., 35).

Mit der Entscheidung für oder gegen eine bestimmte Definition von Coping oder Klassifikation von Coping-Verhaltensweisen ist die Frage nach dem theoretischen Bezugsrahmen verbunden, der Definitionen, Klassifizierungen etc. begründet. Zudem stellen theoretische Ansätze die Struktur für die praktische Forschungsarbeit, d. h. für die Formulierung von Fragestellungen und für die Festlegung von Untersuchungsschwerpunkten.

Im folgenden soll daher ein allgemeines theoretisch-methodisches Konzept vorgestellt werden, das Ansatzpunkte zur Lösung der genannten Aufgaben und zur Integration verschiedener inhaltlicher Perspektiven bietet. Mit der Wahl eines allgemeinen theoretischen Ansatzes ist die Hoffnung verbunden, das Hauptproblem bereichsspezifischer Theorien zu lösen - nämlich auftretende Anomalien und Abweichungen vom Erklärungsansatz nur adhoc "erklären" zu können, den Ansatz lediglich fallweise erweitern zu können bzw. durch eine andere Bereichstheorie "total" ersetzen zu müssen.

2. Krankheitsbewältigung als soziales Handeln

Der vorgeschlagene Entwurf basiert auf einer allgemeinen Theorie sozialen Handelns, die sowohl "Mikroprozesse" als auch "Makrophänomene" zu erklären versucht. Methodologisch orientiert sich diese Theorie am Programm des methodologischen Individualismus, d. h. im Mittelpunkt der Theorie stehen Empfinden, interessegeleitetes Handeln und Lernen von Individuen; theoretische Basis ist eine "kognitive Theorie des Lernens und Handelns von Personen, die Lernen und Handeln von Personen auch als Bewußtseinsvorgänge erfaßt und dennoch prinzipiell an der Idee der Reaktionsverursachung festhält" (Esser 1980, 14; zu diesem theoretischen Ansatz vgl. auch Langenheder 1975; Oeter 1984; Franz 1986).

"Handeln" wird nach diesem Konzept definiert als "alle motorischen und nicht-motorischen Aktiviäten (kognitiver oder evaluativer Art) einer Person, die die faktischen oder vorgestellten Beziehungen zwischen der Person und ihrer Umwelt (irgendwie) verändern" (Esser 1980, 182). Eine entsprechende Definition für "Coping" könnte lauten: Unter "Coping" sind alle motorischen, kognitiven und evaluativen Aktivitäten einer (kranken) Person zu fassen, die die - faktisch vorhandenen oder

vorgestellten - belastenden/bedrohlichen Beziehungen zwischen der Person und ihrer Umwelt (irgendwie) verändern.
Inwieweit diese Veränderungen auf "Beseitigung" bzw. "Reduzierung der Bedrohung" festgelegt werden müssen, soll weiter unten behandelt werden (s. 2.2).

Nach dieser Definition kann man Coping auch als flexible Anpassung an gegebene Lebensumstände, als "Person-Environment-Fit", begreifen (French, Rogers, Cobb 1974).

Die Determinanten des (Bewältigungs-) Handelns bestehen aus Faktoren der Person des Handelnden, Faktoren der Krankheit und Behandlung sowie der Umgebung des Handelnden (Familie, Freunde, Krankenhaus etc.). Solche Elemente der Person-Krankheit-Umgebungs-Relation sind zum einen der faktische Krankheitszustand, der faktische Zustand der Umgebung und die faktische Position des Handelnden in ihr; zum anderen gehören die Vorstellungen, Bewertungen und Wahrnehmungen der Umgebung und der Krankheit durch den Handelnden dazu, und zwar einschließlich gedanklicher Vorwegnahmen zukünftiger Beziehungen zwischen Handelndem, Krankheit und Umgebung.

2.1 Person, Krankheit und Umgebung als Bedingungsfaktoren

2.1.1 Personale Bedingungen

Die Wahrscheinlichkeit, daß ein bestimmtes (Bewältigungs-) Handeln gezeigt wird, hängt auf der personalen Ebene von folgenden Variablen ab (vgl. Esser 1980, 182f):

- dem Anreizwert einer Zielsituation: *.i.Situation:Zielsituation; Motivation,*
- den subjektiven kognitiven Erwartungen über Handlungs-Situations-Verknüpfungen: *Kognition,*
- den subjektiv geschätzten "Kosten" der Handlung: *Widerstand.*

Motivation

Esser (a. a. O., 183) stellt zum Thema "Motivation" zwei Grundannahmen auf: Die erste besagt, daß Individuen eine Reihe von - kurz- oder langfristig befriedigbaren - Bedürfnissen haben wie z. B. Hunger, Macht, materielle Sicherheit, sozialer Kontakt; die zweite Grundannahme geht davon aus, daß sich ein Handelnder in jeder Situation bestimmte Zielsituationen vorstellt. Dies soll an einem Beispiel verdeutlicht werden, womit nicht der Anspruch verbunden ist, die wichtigste Situation in der "Geschichte" eines Leukämie-Kranken zu thematisieren, sondern lediglich die Absicht, theoretische Überlegungen und Zusammenhänge zu illustrieren:

Ein an Leukämie Erkrankter beschäftigt sich ca. 5 Monate nach einer komplikationslosen Knochenmarktransplantation mit der Frage der Wiederaufnahme der Berufstätigkeit und stellt sich diese (Ziel-) Situation vor. Die Zielsituation hat für den betreffenden Kranken eine bestimmte Valenz (Anreizwert). Die Größe oder Stärke der Valenz bestimmt sich folgendermaßen:

- Die Zielsituation wird vom Handelnden in einzelne Situationselemente zerlegt. Für den Leukämie-Kranken könnten diese Elemente so aussehen:

  Element 1: "Ich sehe meine alten Arbeitskollegen wieder."
  Element 2: "Ich kann etwas Sinnvolles tun und werde dafür bezahlt."

Aber auch:

  Element 3: "Dann gibt es möglicherweise wieder Schwierigkeiten mit dem Kollegen XY."

- Diese Einzelelemente der Zielsituation werden vom Handelnden dahingehend bewertet, inwieweit sie zur Befriedigung seiner Bedürfnisse (z. B. sozialer Kontakt) beitragen. Die Bedürfnisse oder auch Motive haben eine bestimmte Intensität (Motiv-Intensität).

Nach diesen Ausführungen ist Handeln um so wahrscheinlicher, je stärker die Valenz ist, d. h. je intensiver die Bedürfnisse des Handelnden sind und je größer der subjektiv geschätzte Beitrag der Zielsituationselemente für die Befriedigung der Bedürfnisse ist.

Kognition

Die zweite personale Variable besteht aus Vermutungen des Handelnden "über die Übergangswahrscheinlichkeit von einer Situation in eine andere bzw. über den Übergang einer Handlung (als Situationsbestandteil) in eine andere Situation" (a. a. O., 183). Am Beispiel illustriert: Der Leukämie-Kranke kann in der Situation "weitgehende Genesung" vermuten, daß diese Situation mit einer gewissen Wahrscheinlichkeit in die Zielsituation (Wiederaufnahme der Berufstätigkeit) übergeht. Diese Vermutung ist eine subjektive Einschätzung, die aufgrund bestimmter Erfahrungen oder Vertrauen bzw. Mißtrauen zustande kommt; sie kann von der Sicherheit bestimmt sein, daß die Situation "weitgehende Genesung" in die Zielsituation übergeht ("Mein Gesundheitszustand ist soweit wieder hergestellt, daß einer Berufstätigkeit nichts im Wege steht."); sie kann aber auch von der Sicherheit bestimmt sein, daß die Situation "weitgehende Genesung" nicht in die Zielsituation übergeht ("Meine Gesundheit ist zwar wieder weitgehend normal, aber meinen Arbeitsplatz bekomme ich nicht wieder; der ist mittlerweile von jemand anderem besetzt."); sie kann schließlich beinhalten, daß die Zielsituation durch die Situation "weitgehende Genesung" völlig indeterminiert ist ("Ob ich meinen Arbeitsplatz wiederbekomme, hängt von ganz anderen Dingen als meinem Gesundheitszustand ab").

Handeln ist um so wahrscheinlicher, je enger verbunden Handlung und Zielsituation subjektiv eingeschätzt werden.

Die zweite Kognitions-Variable ("Attribuierung"), die Esser (a. a. O.,183) auch den Kontroll- oder Attribuierungsaspekt der Handlung nennt, stellt eine Konkretisierung der ersten Kognitions-Variablen dar: Esser (a. a. O., 183) differenziert die kognitiven Erwartungen bzgl. der Übergangswahrscheinlichkeit einer Situation in eine Zielsituation nach folgenden zwei Aspekten:

- Der Handelnde nimmt an, daß das Eintreten der Zielsituation als Folge eigener Handlungsaufwendungen möglich ist ("Ich kann etwas unternehmen, um die Sicherung meines Arbeitsplatzes (oder den Krankheitsverlauf) zu beeinflussen."). Dieser Aspekt wird als subjektive Handlungswahrscheinlichkeit bezeichnet (a. a. O., 183).
- Der Handelnde nimmt an, daß die Zielsituation ohne eigenes Zutun eintritt bzw. unabhängig von Handlungsaufwendungen nicht eintritt ("Daß ich mich um (m)einen Arbeitsplatz kümmere, lohnt sich nicht; da habe ich keine Chance." Oder: "Daß ich mich an die Anweisungen des Arztes halte, hat sowieso keinen Sinn, bei dieser Krankheit gibt es kein Entrinnen."). Dieser Aspekt wird als subjektive Situationswahrscheinlichkeit bezeichnet (a. a. O., 183).

Handeln ist um so wahrscheinlicher, je größer die subjektive Handlungswahrscheinlichkeit und je geringer die subjektive Situationswahrscheinlichkeit ist. M.a.W.: Je mehr der Handelnde annimmt, sein eigenes Handeln trage zur Verwirklichung der Zielsituation bei, desto eher wird er auch handeln.

Widerstand

Die dritte Grundvariable - Widerstand - wird auch als Kostenaspekt der Handlung bezeichnet (a. a. O., 184). Hier fließen ein:

- die Alternativsituationen, die mit der Zielsituation gleichzeitig nicht realisiert werden (z. B. wäre es dem Leukämie-Kranken nach Wiederaufnahme der Berufstätigkeit nicht mehr möglich, den ganzen Tag mit seinen Kindern zu verbringen),
- der Aufwand der Handlung (z .B. die Suche nach einem neuen Arbeitsplatz, wenn der alte nicht mehr verfügbar ist; der Gang zum Arbeitsamt; die Wiedereingewöhnung im Betrieb),
- der Anreizwert der Situationen, die mit dem Handeln und dem Erreichen der Zielsituation gleichzeitig realisiert werden (z. B. der Ärger mit dem Kollegen XY).

Diese Nebenfolgen sowie die Gesamtgröße aller Anreizwerte der Nebenfolgen (Widerstand) können sowohl positiv (negativer Widerstand: Es ist kein hemmender Widerstand vorhanden, die Handlungstendenz verstärkt sich) als auch negativ (großer Widerstand) sein.

Handeln ist um so wahrscheinlicher, je geringer der Widerstand ist.

Esser steht mit der Explikation relevanter personaler Bedingungsfaktoren des (sozialen) Handelns in der Tradition derjenigen Motivationstheoretiker, die Motivation zum Handeln durch Erwartung und Anreiz zu erklären suchen (vgl. z. B. Tolman 1926; Lewin 1942; Spence 1956; Mowrer 1960; Vroom 1964). Der zentrale Gedanke dabei ist, daß Individuen Voraussicht haben und sich in ihrem Verhalten von antizipierten Zielzuständen leiten lassen.

Heckhausen (1980, 619ff; Heckhausen, Rheinberg 1980) bietet nun ein Motivationsmodell an, das es erlaubt, personale Handlungsdeterminanten auf sinnvolle Art miteinander zu verknüpfen.

Diesem Motivationsmodell entsprechend schlägt er vor, die Abfolge einer Handlungsepisode in folgende Elemente zu untergliedern:

- Situation
- Handlung
- (Handlungs-) Ergebnis
- (Handlungsergebnis-) Folgen.

Diese einzelnen Stationen werden von Erwartungen überbrückt:

- *Situations-Ergebnis-Erwartungen:* Diese sind Vermutungen, "daß eine gegebene Situation von sich aus zu bestimmten Ergebnissen führt, wenn man den Ereignissen ihren Lauf läßt und nicht eingreift" (Heckhausen, Rheinberg 1980, 15). Diese Kategorie von Erwartungen korrespondiert mit Essers Begriff der subjektiven Situationswahrscheinlichkeit.

- *Handlungs-Ergebnis-Erwartungen:* Diese sind Annahmen darüber, inwieweit eigenes Handeln den Lauf der Dinge verändern und erwünschte Ergebnisse herbeiführen kann - bei Esser mit "subjektive Handlungswahrscheinlichkeit" bezeichnet.

- *Ergebnis-Folge-Erwartungen:* Diese sind Erwartungen, die die - hoch oder niedrig - bewerteten Folgen des Ergebnisses betreffen. Hier gehen sowohl der bei Esser diskutierte Anreizwert der Zielsituation als auch die mit dieser Zielsituation verbundenen Nebenfolgen ein.

Eigenes Handeln wird erst dann eingesetzt, "wenn das Ergebnis des Handelns Folgen hat, die als positiv eingeschätzt werden, und wenn das dafür nötige Ergebnis durch eigenes Handeln erreichbar erscheint" (a. a. O., 16). Für die Analyse des Motivationszustandes von Individuen formulieren Heckhausen und Rheinberg (a. a. O., 19) eine aussagenlogische Sequenz von Fragen, Antworten und Handlungsentscheidungen (Abb. 1 siehe nächste Seite).

Auf das obige Beispiel des Leukämie-Kranken "übersetzt", könnte diese Sequenz von Fragen und möglichen Antworten sowie Handlungsentscheidungen folgendermaßen aussehen:

1. Frage: Erscheint dem Leukämie-Kranken durch die Situation (weitgehende Genesung) das Ergebnis (Wiederaufnahme der Arbeit) bereits festgelegt? Wenn z. B. durch den Arbeitgeber gesichert ist, daß der genesene Patient jederzeit seine Arbeit wiederaufnehmen kann, muß er (zuerst einmal) nichts unternehmen, um die Wiederaufnahme seiner Berufstätigkeit vorzubereiten.

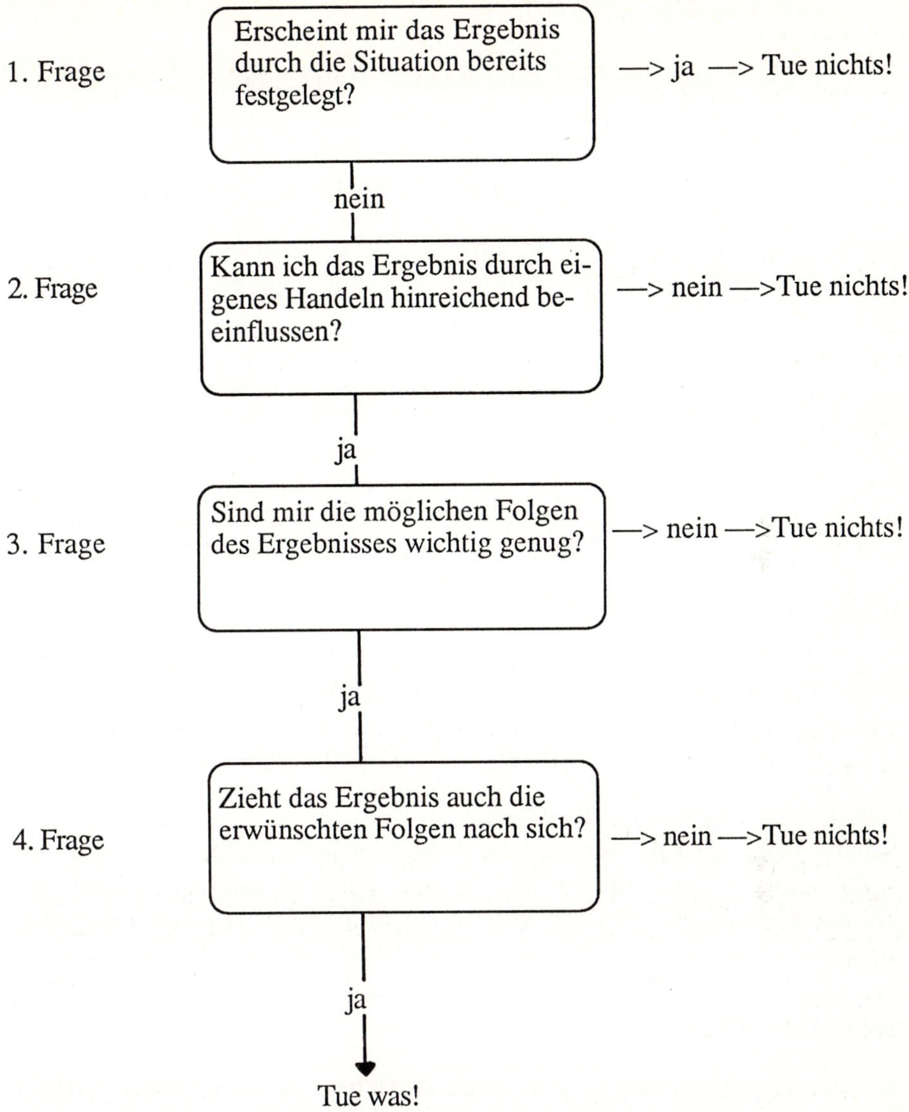

Abb.1: Kognitionen und Handlungsentscheidungen

Ist dies nicht der Fall, stellt sich die

2. Frage: Kann der Leukämie-Kranke das Ergebnis (die Wiederaufnahme der Arbeit) durch eigenes Handeln beeinflussen? Wenn z. B. sein Arbeitsplatz nicht gesichert war und seiner Ausbildung entsprechende Stellen auf dem Arbeitsmarkt nicht angeboten werden, kann er zu der Überzeugung gelangen, daß es nicht in seiner Macht steht, die Situation seiner Erwerbslosigkeit zu ändern. Glaubt er jedoch, durch Initiative und Suchaktivitäten eine Stelle finden zu können, gilt es, noch einen weiteren Sachverhalt abzuklären:

3. Frage: Sind dem Leukämie-Kranken die möglichen Folgen (z. B. neue Kontakte, Einkommen in einer bestimmten Höhe) des Ergebnisses (Wiederaufnahme der Berufstätigkeit) wichtig genug? Wenn der Leukämie-Kranke z. B. sein soziales Netzwerk für ausreichend groß und die Beziehungen für befriedigend hält oder die materielle Existenz durch die finanzielle Situation der Familie ausreichend abgesichert ist, so sind ihm die Folgen der Arbeits-Wiederaufnahme möglicherweise nicht attraktiv genug.

Sollte dies doch der Fall sein, so bleibt die letzte Frage:

4. Frage: Zieht das Ergebnis (Wiederaufnahme der Arbeit) auch tatsächlich - in seinen Augen - die erwünschten Folgen (neue Kontakte, bestimmtes Einkommen) nach sich?
Schätzt der Leukämie-Kranke die Arbeits-Wiederaufnahme so ein, daß er an seinem Arbeitsplatz relativ isoliert sein und das Gehalt unter den Erwartungen liegen wird, so wird seine Bereitschaft zu handeln gering bleiben. Glaubt er hingegen, daß der Wiedereintritt ins Arbeitsleben mit den erwünschten Folgen verbunden sein wird, wird seine Bereitschaft, in dieser Richtung aktiv zu werden, steigen.

Das Heckhausensche und das Essersche Modell bilden kognitive Prozesse eines "vernünftigen" Zweckhandelns nach, und es könnte der Eindruck entstehen, als liefen diese Prozesse immer in aller Ausführlichkeit und Bewußtheit beim Handelnden ab. Das bewußte Abwägen von Erwartungen, Folgen etc. ist jedoch keine Voraussetzung für die Brauchbarkeit dieser Modelle; so können z. B. und werden kognitive Prozesse in alltäglichen vertrauten Situationen durchaus ohne eine solche Bewußtheit und sehr schnell ablaufen. Andererseits können in Situationen, die den Handelnden emotional besonders stark berühren, Impulshandlungen zustande kommen, in denen Teilprozesse übersprungen und z. B. bestimmte Nebenfolgen nicht berücksichtigt werden. Außerdem bedeutet "vernünftig" immer "vernünftig aus Sicht des Handelnden" (vgl. auch Langenheder1975, 40ff, der die meßtechnischen Schwierigkeiten bei der Erfassung intrapsychischer Prozesse thematisiert).

2.1.2. Krankheits- und Behandlungs-Bedingungen

Krankheit und Behandlung wurden eingangs als die Auslöser erheblicher Störungen im Lebenszusammenhang eines Menschen bestimmt: Von Bedeutung bei der Analyse des Bewältigungsprozesses ist die Berücksichtigung der Art der (chronischen) Krankheit, die ganz spezifische Möglichkeiten und Hindernisse für den Kranken impliziert. Chronische Krankheiten können unterschieden werden "nach der Art der Prognose, nach dem Grad der Behinderung, nach der sichtbaren oder nicht sichtbaren Schädigung, nach den Folgeproblemen und -notwendigkeiten und schließlich auch nach ihrer gesellschaftlichen Einschätzung und Beurteilung" (Friedrich, Kleinspehn, Ziegeler 1980, 8). Nach der Klassifizierung chronischer Krankheiten durch Friedrich, Kleinspehn und Ziegeler (a. a. O., 8f) steht bei dem Ulmer Forschungsprojekt eine "fatale Krankheit(en) mit einem progredienten Verlauf" im Mittelpunkt (a. a. O., 9), deren Fortschreiten jedoch nach der geglückten Behandlung "Knochenmarktransplantation" gestoppt werden kann.
Die Krankheit legt dem Patienten aber auch dann gesundheitliche Beschränkungen auf: Es kann zu Komplikationen, wie akuten und/oder chronischen Transplantat-gegen-Wirt-Reaktionen (graft versus host disease, GVHD) bzw. Transplantatabstoßungen kommen; ebenso besteht die Gefahr einer Wiederbesiedlung des Empfänger-Knochenmarks und der lymphopoetischen Organe (z. B. Lymphknoten, Milz) des Empfängers. Auch die Behandlung ist - neben dem lebensbedrohenden Aspekt - mit massiven körperlichen Beeinträchtigungen verbunden: Teil der Vorbereitungen ist die sog. supraletale Konditionierung, die Ganzkörperbestrahlung und Zytostatikatherapie bei Leukämie; sofort einsetzende Reaktionen sind Mundtrockenheit, Parotitis, Erbrechen und Durchfall; nach ca. 5 Jahren tritt in etwa 25 % der Fälle eine Strahlenkatarakt auf. Die überlebenden Patienten müssen sich regelmäßig einer ambulanten Kontrolle unterziehen.

Diese wenigen Beispiele mögen verdeutlichen, daß die Patienten immer wieder mit - z. T. neuen - Situationen konfrontiert werden, die es zu bewältigen gilt und daß der faktische Krankheitsverlauf (Dauer der Grunderkrankung, Komplikationen während und nach der Behandlung), aber auch die subjektive Einschätzung durch die Patienten den Coping-Prozeß beeinflussen.

2.1.3. Umgebungs-Bedingungen

Neben den innerpsychischen Bedingungen und den Krankheits- und Behandlungs-Bedingungen, die das (Bewältigungs-) Handeln beeinflussen, ist ein dritter Aspekt in den Umfeldbedingungen - denjenigen Bedingungen, die die mittelbare und unmittelbare Umgebung des Handelnden charakterisieren - zu sehen. Diese Bedingungen können folgendermaßen beschrieben werden (vgl. Esser 1980, 179): Die Eigenschaften der Umwelt umfassen sowohl die (faktischen oder perzipierten) Möglichkeiten und Handlungsbarrieren "neuer" Umgebungssysteme oder Netzwerke, mit denen der (chronisch) Kranke aufgrund seiner (Kranken-) Situation (z. B. Krankenhaus, Ambulanz, Mitpatienten) bzw. aufgrund seiner Reintegrationsbemühungen ins "normale" Leben (z. B. Selbsthilfegruppen, Institutionen der Arbeitsvermittlung und -beratung) in Berührung kommt, als auch die unmittelbare (faktische oder perzipierte) Bezugsumgebung des Kranken, wie z. B. Familie, Freunde, Verwandte, (ehemalige) Arbeitskollegen.

Der handlungstheoretische Ansatz untergliedert die Umgebungs-Bedingungen in:

- Opportunitäten (1)
- Barrieren (2)
- Alternativen (3).

(1) Opportunitäten sind im Esserschen Sinne "Handlungsangebote", also Bedingungen, die ein (Bewältigungs-) Handeln unterstützen, erleichtern. Hierunter fallen z. B. Unterstützungsangebote durch die Familie und /oder andere Bezugspersonen, formale Hilfen zur Rehabilitation bzw. Reintegration.

(2) Handlungsbarrieren können sowohl materieller als auch sozialer Art sein. Materielle Barrieren sind z. B. die räumliche Distanz zu vorhandenen Arbeitsplatzangeboten, fehlende finanzielle Ressourcen, Barrieren sozialer Art z. B. soziale Isolation, Angst im Umgang mit Leukämie-Kranken seitens bestimmter Kontaktpersonen etc.

(3) Alternativen (nicht-reintegrativer, nicht-rehabilitativer Art) wären z. B. Angebote zum Festhalten an der Krankenrolle durch die Familie.

Da die Konstrukte "soziales Netzwerk" und "soziale Unterstützung" in der Diskussion über Krankheit und ihre Bewältigung eine zunehmend zentrale Rolle spielen, sollen im folgenden diese Konzepte etwas näher betrachtet werden - allerdings ohne den Anspruch, sämtliche damit verbundenen theoretisch-inhaltlichen und meßtheoretischen Probleme "auflösen" zu wollen.

Soziales Netzwerk und soziale Unterstützung

Grundgedanke aller Überlegungen zu den Funktionen und Effekten sozialer Netzwerke und sozialer Unterstützung als einer speziellen Form sozialer Beziehungen ist die Annahme, daß der Wunsch nach sozialen Kontakten ein Grundbedürfnis des Menschen ist (vgl. Maslow 1954; Schachter 1959). Weiterhin wird - meist implizit - angenommen, daß Individuen in schwierigen Situationen (Krankheit, life events, Streß) dieser sozialen Kontakte besonders bedürfen und die Sozialbeziehungen - sofern sie vorhanden sind - hilfreich bei der Bewältigung der schwierigen Situation sind.

Eine Reihe sozialwissenschaftlicher Studien beschäftigt sich mit dem Zusammenhang von sozialer Unterstützung und Streßreduzierung bzw. mit dem Beitrag sozialer Unterstützung zur Krankheitsbewältigung und zur Erhaltung der Gesundheit (vgl. auch die detaillierte Literaturübersicht von Leppin 1985, 97ff). Berkman und Syme (1979) z. B. wiesen in ihrer Follow-up-Studie über neun Jahre nach, daß Personen ohne Sozialkontakte und Beziehungen zur Gemeinde mit größerer Wahrscheinlichkeit sterben als jene mit ausgedehnteren Kontakten. Dieses Ergebnis zeigte sich unabhängig vom subjektiv eingeschätzten physischen Gesundheitszustand zum Zeitpunkt der Ersterhebung (1965), dem sozioökonomischen Status, gesundheitsbeeinträchtigendem Verhalten wie Rauchen, Alkoholkonsum und übermäßigem Eßverhalten sowie vom Ausmaß sportlicher Aktivitäten und von der Inanspruchnahme präventiver Gesundheitsdienste. Hammer (1983) untersuchte in ihrer Studie den Einfluß von Kern-Netzwerken und ausgedehnten sozialen Netzwerken auf Krankheit bzw. Gesundheit und kam zu dem Ergebnis, daß die Anfälligkeit eines Individuums für Krankheiten von der Struktur der beiden Netzwerktypen abhängt: Sind Kern-Netzwerk und ausgedehntes soziales Netzwerk so geschaffen, daß bei Verlust einer engen Bezugsperson kein adäquater Ersatz aus dem weiteren Netzwerk gestellt werden kann, so erhöht sich die Anfälligkeit für Krankheiten (vgl. auch Pilisuk, Froland 1978).
In diesem Zusammenhang wird also soziale Unterstützung und die Beschaffenheit von sozialen Netzwerken als Prävention vor Belastungssituationen bzw. als Entlastung in Belastungssituationen konzipiert; im letz-

teren Fall fungiert soziale Unterstützung als "Puffer". Wie Leppin (1985) zeigt, ruft eine kritische Durchsicht entsprechender Forschungsarbeiten Verwirrung hervor: soziale Unterstützung als intervenierende Variable, soziale Unterstützung als Hauptfaktor, soziale Unterstützung als beides, die Relevanz sozialer Unterstützung - verglichen mit Persönlichkeitsfaktoren - entkräftende Ergebnisse, soziale Unterstützung als Indikator psychischer und physischer Erregung etc. (a. a. O., 134). Als Ursache für diese Verwirrung müssen die unterschiedlichen Definitionen, Operationalisierungen und Konzeptualisierungen angesehen werden, die es erschweren bzw. unmöglich machen, die jeweiligen Ergebnisse miteinander zu vergleichen.

So definiert Cobb (1976) soziale Unterstützung als "information that leads a person to believe that he or she is cared for and loved, esteemed and part of a network of communication and mutual obligation" (a. a. O., 300), und hebt damit die subjektive Wahrnehmung einer Person von sich selbst als Empfänger positiver Affekte hervor. Gottlieb (1983) sieht soziale Unterstützung als "expression of the ongoing interdependence between people (which) consists of verbal and/or nonverbal information or advice, tangible aid or action and that is proffered by social intimates, inferred by their presence and has beneficial emotional or behavioral effects on the recipient" (a. a. O., 28f) und betont dabei den Interdependenz-Charakter dieser Sozialbeziehung. Es ließen sich noch eine Reihe von Definitionen anführen, die jeweils unterschiedliche Aspekte bzw. Dimensionen herausstellen. Diese Definitionen haben u. a. die Gemeinsamkeit, daß sie relativ vage sind und in ihrem Definiens weitere theoretische Konstrukte enthalten, bei denen nicht von einem definitorischen Konsens ausgegangen werden kann. Die "Vielfältigkeit" in der Begriffsbestimmung setzt sich - zwangsläufig - in den Operationalisierungsansätzen fort: Einmal wird soziale Unterstützung über Charakteristika des sozialen Netzwerkes erfaßt, insbesondere über demographische Variablen, wie z. B. Familienstand (vgl. hierzu die kritischen Betrachtungen von Friedrichs und Kamp 1978; Hirsch 1981); ein anderes Mal wird der Schwerpunkt auf die Richtung der sozialen Unterstützung (gegebene vs. erhaltene Unterstützung) gelegt. Oder es werden verschiedene inhaltliche Aspekte operationalisiert (emotionale, instrumentelle Unterstützung, Unterstützung durch das Geben von Informationen oder Wertschätzung, subjektiv wahrgenommene vs. objektiv geleistete Unterstützung).

Thoits (1982) weist in diesem Zusammenhang auf ein weiteres Problem hin: Häufig werden konzeptionell und bei der Operationalisierung life events und Veränderungen in der (unterstützenden) Sozialbe-

ziehung nicht auseinandergehalten; der Verlust des Partners z. B. läßt sich als life event, aber auch als Verlust einer unterstützenden Beziehung interpretieren. Es wird also notwendig, neben dem Effekt von life events auf Streß deren potentielle Auswirkungen auf die unterstützenden Sozialkontakte zu kontrollieren.
Um die sogenannte Puffer-Hypothese "soziale Unterstützung als Entlastung in Belastungssituationen" bestätigen oder falsifizieren zu können, müssen die hier skizzierten methodologischen Probleme gelöst werden.

Ein weiterer Aspekt, der im Zusammenhang mit dem Thema 'soziale Unterstützung' geklärt werden muß, ist die Bedeutung bzw. Verknüpfung von sozialer Unterstützung und sozialen Netzwerken. Soziale Netzwerke, also das Geflecht qualitativ unterschiedlicher Sozialbeziehungen, werden von vielen Autoren als Quelle sozialer Unterstützung angesehen. Dabei wird angenommen, daß das Vorhandensein bestimmter Netzwerk-Merkmale indikativ für ein Potential unterstützender Sozialkontakte ist (Eckenrode, Gore 1981). Folgerichtig bezieht sich die Operationalisierung auf eine Charakterisierung von Netzwerken nach strukturellen Merkmalen, wie z. B. Größe und Dichte des Netzwerkes, nach Art der Einzelbeziehungen (Intensität, Dauerhaftigkeit, Multidimensionalität, Kontakthäufigkeit, Homogenität etc.) und nach dem normativen Kontext der Beziehung (Verwandtschaft ersten und zweiten Grades, Freunde, Nachbarn, Arbeitskollegen). Die entsprechenden Untersuchungen sind jedoch nur partiell erhellend für die Klärung des Zusammenhangs von sozialem Netzwerk und sozialer Unterstützung einerseits und der Bewältigung chronischer Krankheit andererseits. Morgan, Patrick und Charlton (1984) z. B. untersuchten den normativen Kontext sozialer Netzwerke bei Behinderten und fanden heraus, daß der dominante Netzwerktyp bei dieser Population das Verwandtschafts-Netzwerk ist. Dieses Ergebnis bleibt jedoch auf der deskriptiven Ebene und läßt die Frage nach der Relevanz des Netzwerktyps für Art und Ausmaß sozialer Unterstützung sowie für die Bewältigung der Belastungssituation unbeantwortet. Zieht man das Untersuchungsergebnis Wellmanns (1979) hinzu - er konnte den Bedeutungsverlust der Gemeinde im sozialen Netzwerk der Bewohner von East York, einem Vorort von Toronto, aufzeigen: Verwandte und Nachbarn werden bei der Wahl intimer Bezugspersonen durch Freunde und Arbeitskollegen ersetzt -, so ließe sich - posthoc und spekulativ - die Vermutung aufstellen, daß Individuen in Belastungssituationen über ein eingeschränktes Netzwerk, nämlich ein Verwandten-Netzwerk, verfügen, während Individuen ohne erkennbare Belastung ein Freundes-Netzwerk haben. Abgesehen davon, daß diese Annahme nur empirisch zu überprüfen ist, bleibt die Frage nach der Konsequenz einer solchen "Konfiguration" auf die Bewältigung von Belastungssituationen.

Diese kurze Betrachtung zur Forschungssituation über soziale Netzwerke und soziale Unterstützung sollte deutlich machen, daß verschiedene konkurrierende Einzelhypothesen über den Zusammenhang von Sozialkontakten und der Bewältigung von Streß, Belastungssituationen und Krankheit existieren, daß aber in viel geringerem Ausmaß versucht wird, diese Phänomene mit Hilfe eines Hypothesensystems zu untersuchen: entweder indem "soziale Unterstützung" zum Gegenstand systematischer Erklärung gemacht wird (wobei auch hier ein handlungstheoretischer Ansatz denkbar und sinnvoll erschiene) oder indem "soziale Unterstützung" in ein umfassendes Explanans eingefügt wird.

Im Rahmen des hier vorgestellten handlungstheoretischen Ansatzes zur Erklärung von Bewältigung chronischer Krankheit stellt "soziale Unterstützung" ein Element des Explanans dar, ist also als ein Bedingungsfaktor gekennzeichnet. Die Anlage des Ulmer Forschungsprojektes als Langzeitstudie bietet die Möglichkeit, Veränderungen von Art und Ausmaß sozialer Unterstützung im Verlauf der Krankheit und Behandlung zu erfassen und zu kontrollieren. Dabei sollte die Fragestellung berücksichtigt werden, inwieweit sich Krankheit und Organisation der Sozialbeziehungen wechselseitig beeinflussen.

2.2 Coping-Prozess und Coping-Ergebnis

"Coping" ist eingangs als die Aufgabe des Kranken definiert worden, die physischen, psychischen und sozialen Momente seiner Krankheit so zu verarbeiten, daß die Krankheit in seine innere und äußere Realität integriert wird (s. 1.). Mit diesem Ansatz kann der Coping-Prozeß auch als ein Integrationsprozeß beschrieben werden, dessen Ergebnis eine vollständige oder partielle Integration darstellt.
In diesem Zusammenhang wird häufig ein Begriff angesprochen, der auf den Gedanken der Integration abzielt: der Begriff der "Rehabilitation". Damit ist aus soziologischer Sicht nicht nur ein Prozeß (bzw. Prozeßergebnis) gemeint, der sich ausschließlich auf eine Wiedereingliederung in das Berufsleben richtet, sondern breite Lebensbereiche der Person einschließt (vgl. Gerhardt 1986, 39ff): "Ausbildung und Umschulung, körperliche Funktionstüchtigkeit, psychische und soziale Anpassung, berufliche Fähigkeiten sowie Freizeittätigkeiten" sollen als Bestandteile des Rehabilitationsprozesses gelten (a. a. O., 39).

Der Ansatz der Handlungstheorie bietet eine Strukturierungshilfe für diese verschiedenen Rehabilitationsaspekte: Er unterscheidet Angleichungs- oder Anpassungszustände in folgenden Bereichen (vgl. Esser 1980, 221):

- *Kognitive Angleichung:* Dieser Aspekt bezieht sich auf personale Merkmale des Kranken, konkret: instrumentelle Fähigkeiten, wie z. B. Verhaltenssicherheiten, bestimmte Fertigkeiten des Alltagsmanagements, berufliche Fähigkeiten.

- *Identifikative Angleichung:* Auch dieser Aspekt beschreibt die Angleichung im Bereich personaler Merkmale und bezieht sich auf zentrale Wertungen des Individuums. Insbesondere von Bedeutung sind hier Selbstwertgefühl und Selbsteinschätzung (vgl. hierzu auch Dimatteo, Hays 1981; die beiden Autoren führen als Ergebnis-Variablen unter dem Rubrum "sozioemotionale Genesung" z. B."eine größere Lebenszufriedenheit und Glücklichsein", "erneuerte Selbstschätzung", "reduzierte Ängstlichkeit" an).

- *Soziale Angleichung:* Diese Dimension bezeichnet eine Angleichung an relationale Merkmale und kann z. B.durch die stabile Einbindung in "alte" und "neue" soziale Netzwerke, die (Wieder-) Aufnahme und Stabilisierung sozialer Kontakte spezifiziert werden.

- *Strukturelle Angleichung:* Dieser Aspekt beschreibt die Statusdimension der Angleichung; hier spielen z. B.die (Wieder-) Eingliederung in das Berufsleben und die Teilhabe am institutionalisierten Leben eine Rolle.

Ein weiterer Bereich, der bei einer Differenzierung des Rehabilitations-Begriffs nicht fehlen darf, ist der körperliche Aspekt:

- *Körperliche Angleichung:* Hier interessiert, wieweit die physische Gesundheit des Kranken wiederhergestellt ist, körperliche Beeinträchtigungen reduziert bzw. beseitigt sind. Dimatteo und Hays (1981) nennen hier z. B."größere physische Mobilität" und "geringer Bedarf an Medikamenten, insbesondere Schmerzmitteln".

Nun beschreiben diese Aspekte der Angleichung Zustände, die nicht zwangsläufig alle zur gleichen Zeit erreicht werden (können). Man kann annehmen, daß körperliche und kognitive Angleichung quasi eine Vorbedingung für strukturelle und soziale Angleichung (Sicherung der sozialökonomischen Existenz und der Sozialbeziehungen) bilden und die

Anpassungsleistung auf der identifikativen Ebene quasi die "Endstufe" bildet.

Esser (1982, 282) unterscheidet im Zusammenhang mit Eingliederung - hier: Rehabilitation - eine weitere Dimension, nämlich den Grad der Spannungsfreiheit der Angleichung , für den er den Begriff "Integration" reserviert hat. Dabei werden folgende Differenzierungen vorgenommen:

- *Personale Integration:* Hier bezieht sich die Spannungsfreiheit, das Gleichgewicht, auf die Orientierungen des Individuums. Personale Integration existiert dann, wenn es zwischen den verschiedenen Orientierungen der Person (z. B.Selbstwertgefühl, Einschätzung der Leistungsfähigkeit und der körperlichen Belastbarkeit) keine Spannungen, Dissonanzen oder Widersprüche gibt.

- *Soziale Integration:* Sie liegt dann vor, wenn sich die sozialen Beziehungen der Person zu anderen Personen im Gleichgewicht befinden.

(Die dritte Differenzierung, die Esser macht, die "systemische Integration" - der Gleichgewichtszustand der Interdependenzverhältnisse verschiedener Gruppen -, kann in diesem Zusammenhang unberücksichtigt bleiben.)

3. Zusammenfassung

Coping bzw. Bewältigung chronischer Krankheit wird als ein Prozeß aus Handlungen beschrieben, die die faktischen oder vorgestellten belastenden Beziehungen zwischen dem Handelnden und seiner Umwelt verändern. Unter "Handeln" werden dabei nicht nur motorische, sondern auch nicht-motorische - kognitive und evaluative - Aktivitäten gefaßt. Diese Definitionen erlauben es, sowohl Aspekte psychischen und sozialen Copings als auch Aspekte privaten und sozialökonomischen Copings zu erfassen.

Rehabilitation als Ergebnis des Bewältigungsprozesses erstreckt sich auf weite Lebensbereiche des Individuums; es wird unterschieden zwischen körperlicher Angleichung (Gesundheitsstatus), kognitiver Angleichung (Fertigkeiten und Fähigkeiten), identifikativer Angleichung (Selbstwertgefühl, zentrale Werte und Normen), sozialer Angleichung (Aufnahme und Stabilisierung sozialer Kontakte), und struktureller

Angleichung (Wiedereingliederung in das Berufsleben, Teilhabe am institutionalisierten Leben).

Außerdem wird in diesem Zusammenhang der Aspekt der Spannungsfreiheit - Integration - berücksichtigt: Personale Integration existiert dann, wenn sich die verschiedenen Orientierungen des Individuums im Gleichgewicht befinden; soziale Integration liegt dann vor, wenn sich die sozialen Beziehungen der Person zu anderen Personen im Gleichgewicht befinden.

Den Coping-Prozeß determinierende Faktoren sind Spezifika der Krankheit und Behandlung, personale Merkmale des Individuums und Eigenschaften der mittelbaren und unmittelbaren Umgebung.

Mit diesem theoretischen Ansatz wird zum einen ein Rahmen für die Organisation der konkreten soziologischen Forschungsarbeit angeboten und zum anderen die Möglichkeit gegeben, verschiedene Konzepte, wie z. B. zum sozialen Netzwerk und zur sozialen Unterstützung sowie zum Selbstkonzept zu integrieren und deren Bedeutung für die Bewältigung chronischer Krankheiten zu überprüfen.
Einer der wichtigsten nächsten Schritte ist die Weiterentwicklung des hier skizzierten Modells mit dem Ziel, einzelne - durch den Krankheits- und Behandlungsverlauf bestimmte - Phasen des Coping- bzw. Rehabilitationsprozesses zu definieren und die für diese Stadien relevanten Prädiktor- und Kriteriums-Variablen zu operationalisieren.

Spezifische und generelle Aspekte der Verarbeitung chronischer Erkrankungen

MANFRED BEUTEL

Einleitung

In den vergangenen 20 Jahren hat das Streß-Coping-Paradigma ältere Streßtheorien weitgehend abgelöst (Lazarus 1966). Es hatte sich gezeigt, daß sich psychische Reaktionen nicht einfach durch das Ausmaß erfahrener Belastungen erklären ließen, sondern auch bei gleicher Belastungsintensität große interindividuelle Unterschiede vorhanden waren. Bei hoher Belastungsintensität fanden sich insbesondere bei einigen Personen Leistungssteigerungen, bei anderen -verminderung, insgesamt eine erhöhte Variabilität von Leistungen. Mittlerweile hat das Streß-Coping-Paradigma eine derartige Ausweitung erfahren, daß kaum ein Lebensbereich oder eine Belastungssituation denkbar ist, die nicht in Zusammenhang mit Verarbeitungsprozessen gebracht wurde. Dabei wird im allgemeinen davon ausgegangen, daß nicht mehr Art, Häufigkeit oder Intensität von Streßperioden selbst, sondern *wie* Personen Belastungen wahrnehmen und bewältigen, entscheidend sind für das Gelingen der Anpassung.

Der Begriff *Coping* ist im deutschen Sprachraum noch wenig gebräuchlich und könnte sinngemäß etwa durch "Bewältigung" übersetzt werden. Zusammen mit dem bekannteren Konzept der Abwehrmechanismen werden hier Bewältigungs- oder Copingprozesse unter dem Begriff der Adaption, spezieller (bezogen auf somatische Erkrankungen) der Krankheitsverarbeitung subsumiert.
Ein besonderes Augenmerk richteten neuere Copingansätze auf die Erforschung der Verarbeitung chronischer Erkrankungen, da es sich um große Patientenkollektive handelt, die intensivsten Belastungen ausgesetzt sind. Zugleich waren die große sozialmedizinische Bedeutung chronisch körperlicher Erkrankung und die zuvor ungeahnten Belastungen durch Weiterentwicklung medizinischer Behandlungsverfahren bei diesen Krankheitsgruppen zunehmend ins öffentliche Bewußtsein gerückt worden. Die differenzierte Untersuchung von Adaptionsprozessen

brachte eine positive Sichtweise von Krankheitsverarbeitung, eine stärkere Konzentration auf Stärken und Ressourcen des Patienten und seines sozialen Umfeldes sowie erfolgreiche Adaptionsprozesse. Nicht zuletzt wurden Defizite in der psychosozialen Versorgung chronisch Kranker deutlich und Anstöße für verbesserte Versorgungspraxis gegeben. Deutlich wurde jedoch auch die Komplexität von Adaptionsprozessen, selbst dort, wo man von relativ uniformen Belastungen (z. B. "Dialysestreß") und Reaktionsformen (z. B. Verleugnung) ausgegangen war.

Trotz detaillierter Kenntnisse von Belastungsformen bei sepzifischen Krankheitsgruppen hat die Erforschung der Krankheitsverarbeitung bislang mehr Fragen aufgeworfen als schlüssige Antworten zu geben vermocht. Dies betrifft u. a. den methodischen Zugang zur Erfassung von Krankheitsverarbeitungsprozessen, die Prädiktion des Gelingens von Adaption, die Identifikation von Risikogruppen, die Einbeziehung somatischer Bindeglieder zwischen Belastungs- und Verarbeitungsformen sowie die Entwicklung spezifischer psychosozialer Hilfen und Interventionsformen. Strittig ist, gerade angesichts der Tendenz zur Erforschung zunehmend speziellerer und seltener Krankheitsbilder, die Frage nach der Spezifität und Generalität von Belastung und Verarbeitungsformen. Diese Frage erscheint von besonderer Bedeutung für die Integration bisheriger, zum Teil wenig überschaubarer Einzelergebnisse im Sinne übergreifender Modelle der Krankheitsverarbeitung, aber auch für die Entwicklung konkreter Forschungsstrategien.

Im folgenden sollen zunächst psychosoziale Belastungen anhand von vier der meistbeforschtesten bzw. häufigsten Gruppen chronischer Erkrankungen, Krebs, Herzinfarkt, Rheuma sowie Niereninsuffizienz diskutiert werden. Anschließend soll ein Überblick über einige gängige Annahmen hinsichtlich der Spezifität von Reaktionen und Verarbeitungsformen gegeben, die Problematik von Vergleichsuntersuchungen diskutiert und schließlich ein Überblick vorliegender Vergleichsuntersuchungen gegeben werden.

1. Psychosoziale Belastungen chronisch Kranker

Allgemeine Belastungen durch chronische Erkrankungen wurden wiederholt, vorwiegend aus klinischer Perspektive, beschrieben (Cohen, Lazarus 1980, Heim 1986). Sinnvoll erscheint es, diese durch situative Variablen zu ergänzen, die sich in der experimentellen psychologischen Streßforschung als bedeutsam erwiesen haben, wie Kontrollierbarkeit,

Vorhersagbarkeit, etc. Tabelle 1 präsentiert einige *gemeinsame* Belastungen chronischer Erkrankungen.

Tab. 1: Allgemeine Belastungen chronisch Kranker

1. Weitgehende Irreversibilität bzw. Progredienz
2. Unvorhersagbarkeit des Krankheitsverlaufs
3. Reduzierte körperliche Leistungsfähigkeit
4. Bedrohung körperlicher Integrität
5. Langdauernde Abhängigkeit von medizinischen Spezialisten
6. Hospitalisierung und Trennung von Angehörigen
7. Vielfältige Verluste in persönlicher und sozialer Hinsicht
8. Begrenzte Zukunftsperspektive

Hervorzuheben ist, daß es sich bei chronischen Erkrankungen i. d. R. nicht um ein einmaliges Ereignis oder einen stationären Zustand handelt, sondern um ein weitgehend *irreversibles* Geschehen, in dessen Verlauf immer wieder Phasen erneuter Krankheitsaktivität, Progredienz des Leidens oder akute Komplikationen auftreten können. Dementsprechend ist der Verlauf *unvorhersagbar*. Neben einer allgemein *reduzierten* körperlichen (oft auch psychischen) *Leistungsfähigkeit* finden sich *Bedrohungen körperlicher Integrität* (durch operative Eingriffe, entstellende Folgen der Krankheitsprogredienz, etc.). Die *langandauernde Abhängigkeit* von medizinischen *Spezialisten* kann erhebliche zwischenmenschliche Konflikte hervorrufen, *Hospitalisierung* und langandauernde Trennung von *Angehörigen* soziale Bindungen beeinträchtigen. Symbolische oder reale, persönliche und soziale *Verluste* bezüglich gesundheitlichen Einbußen, Körperbild, hochgeschätzten Rollen, Aktivitäten des täglichen Lebens, Sozialkontakten, beruflichem Status gehen mit *begrenzten Zukunftsperspektiven* einher.
Demgegenüber scheint eine Reihe von Belastungen eher *krankheitsspezifisch* zu sein. Eine Übersicht gibt Tabelle 2.

Tab. 2: Spezifische Belastungen chronisch Kranker

Belastungen	*Eher charakteristisch für*
Negative soziokult. Stereotypien	Krebs
Kurze Antizipationsdauer	Herzinfarkt
Lebensbedrohung	Krebs, Herzinfarkt, Niereninnsuffizienz
Chronische Schmerzen	Rheuma, Krebs
Körperliche Immobilisierung	Rheuma
Körperliches Stigma	Krebs, Rheuma
Zentralnervöse Defizite	Niereninsuff., Krebs
Eingreifende diagnostische Verfahren	Krebs
Diagnostische Unsicherheit	Krebs
Vitale Apparateabhängigkeit	Niereninsuffizienz
Aversivität der Therapie	Krebs, Niereninsuffizienz
Diät-/Flüssigkeitsrestriktion	Niereninsuffizienz

Negative soziokulturelle *Stereotypien* betreffen vor allem Krebserkrankungen und enthalten u. a. Gleichsetzung mit Unheilbarkeit, Heimtücke, Ansteckungsgefahr, etc., während Herzinfarkt z. T. mit positiven Konnotationen ("Managerkrankheit") verbunden wird. Herzinfarkt wird vor allem durch ein *akutes* Auftreten des meist heftigen Infarktschmerzes (abgesehen von den in der Regel übersehenen Prodromi) und eine kurze *Antizipationsdauer* bis zur Einleitung der Therapie charakterisiert, während dies bei der chronischen Niereninsuffizienz Jahre in Anspruch nehmen kann. Eine *Lebensbedrohung* als Konfrontation mit der Möglichkeit des eigenen Todes (angesichts akuter Komplikationen oder dem Tod eines Mitpatienten) oder der (statistisch) begrenzten Lebenserwartung besteht bei Krebs, Herzinfarkt und terminaler Niereninsuffizienz. *Chronischer Schmerz* bedeutet vor allem für Krebs- und Rheumakranke häufig eine unausweichliche Beeinträchtigung, die zwar in der Intensität schwanken kann, sich aber weder spontan zurückbildet noch durch ärztliche (und nichtärztliche) Intervention dauerhaft beseitigt werden kann. Die körperliche *Immobilisierung,* die bei allen Schwerkranken eintreten kann, steht bei rheumatoider Arthritis im Vordergrund, wenn beispielsweise selbst einfachste Verrichtungen des täglichen Lebens (z. B. Ankleiden, Mahlzeiten einnehmen) nicht mehr ohne fremde Hilfe möglich sind.

Sichtbare körperliche *Stigmata* finden sich bei Krebspatienten in Abhängigkeit von Therapie (z. B. Gewichtsverlust, Haarausfall) und Tumorwachstum, bei Rheumapatienten regelmäßig in fortgeschrittenen Stadien. Folgen sichtbarer Stigmata sind negative Reaktionen des sozialen Umfeldes, Selbststigmatisierung, sozialer Rückzug, etc. (Strauss, Glaser 1975).

Fehlende Hinweisreize auf das Ausmaß der Beeinträchtigung können demgegenüber (z. B. Herzinfarktpatienten) zu Diskrepanzen zwischen der reduzierten Leistungsfähigkeit des Patienten, den Anforderungen der Umwelt und den eigenen Leistungserwartungen führen und somit die Adaption erschweren (Falvo et al. 1982).

Zentralnervöse Einschränkungen treten häufig nach langjähriger Dialysebehandlung auf, bei Tumorpatienten auch nach Chemotherapie, Bestrahlung oder Gehirnmetastasen und können Verarbeitungsmöglichkeiten begrenzen. Trotz eingreifender *diagnostischer Maßnahmen* (vor allem bei Krebspatienten) bleibt häufig eine beträchtliche diagnostische und prognostische *Unsicherheit.* Geradezu paradigmatisch ist die vitale *Apparateabhängigkeit* für Nierenpatienten, während dies bei Herzinfarktpatienten meist nur die Akutphase (Schrittmacher, Reanimation) betrifft. Sowohl bei Dialysepatienten als auch bei Krebskranken wird die *nebenwirkungsreiche Therapie* als extrem belastend erlebt, was in vielen Fällen schwierige ethische und Entscheidungskonflikte (bezüglich Lebensqualität versus Überlebensdauer) aufwerfen kann. Speziell die Dauerdialysebehandlung führt zu massiven, kontinuierlichen Einschränkungen hinsichtlich verfügbarer Zeit, Mobilität, vor allem auch *Diät-* und *Flüssigkeitsrestriktion.* Am wenigsten ist bisher über die Auswirkungen der häufig vorliegenden *Multimorbidität* (z. B. Diabetes mellitus, Herzinfarkt, terminale Niereninsuffizienz) bekannt, zumal diese Patienten in der Regel aus Untersuchungsstichproben aus methodischen Gründen ausgeschlossen werden.

2. Psychosoziale Reaktionen und Verarbeitungsformen

Nach wie vor strittig ist, inwieweit Reaktionen und Verarbeitungsformen chronisch Kranker eher spezifisch für bestimmte Krankheitsgruppen oder allgemein gültig für chronisch Kranke sind. Vertreter einer *Spezifitätsauffassung* gehen davon aus, daß bestimmte prämorbide Persönlichkeitszüge zu einer bestimmten Erkrankungsform prädisponieren und im Verlauf der Erkrankung erhalten bleiben. Eines der bekannteren Beispiele sind die Theorien der sogenannten "Krebspersönlichkeit", die u. a. durch depressive Züge, verbunden mit einer besonderen Verwundbarkeit gegenüber Verlusterlebnissen, mangelnden aggressiven Ausdruck und Verarbeitungsstile wie Verleugnung u. ä. charakterisiert wird (Bahnson 1986; Grossarth-Maticek et al. 1985, zusfd. Fox 1982).
Allerdings erscheinen die postulierten Persönlichkeitszüge in sich sehr heterogen und allgemein beschrieben und erlauben keine zufriedenstellende Abgrenzung zu anderen Krankheitsbildern. So findet sich mangelnder aggressiver Ausdruck bei Rheumakranken (Raspe 1986), abgewehrte Abhängigkeitsbedürfnisse auch bei Herzinfarktpatienten (Bräutigam, Christian 1981). Als einer der entscheidenden Risikofaktoren und charakteristischen Verarbeitungsstile von Herzinfarktpatienten wurde das sogenannte Typ-A-Verhalten angesehen, das unterschiedlich, zumeist jedoch durch Kompetivität, Feindseligkeit und Zeitnot charakterisiert wird, dessen Spezifität für Herzinfarkt jedoch gleichfalls unbewiesen ist. Annahmen einer spezifischen Persönlichkeitsstruktur spielen bei Nierenpatienten dagegen eine geringe Rolle.

Problematisch ist bei den genannten Ansätzen in besonderem Maße die empirische Fundierung, da sie sich fast ausschließlich auf retrospektive Untersuchungen stützen, bei denen kaum zwischen Reaktion bzw. Folgen der Erkrankung und vorbestehenden Persönlichkeitseigenschaften unterschieden werden kann (Scherg 1986). Offen bleibt auch, inwieweit die postulierten Persönlichkeitsmerkmale etwa bei anderen Gruppen chronisch Kranker anzutreffen sind.
Autoren wie Spergel et al. (1978) postulieren demgegenüber aufgrund ähnlicher Testprofile bei Untersuchungen an verschiedenen Gruppen chronisch Kranker eine sogenannte *"Persönlichkeit des chronisch Kranken"*. Diese wird u. a. durch erhöhte Depressivität, Somatisierung bzw. Hypochondrie und Verleugnung aufgrund von Testwerten des MMPI charakterisiert (vgl. Osberg et al. 1982) und als relativ uniforme Folge verschiedenster Formen chronischer Erkrankung angesehen. Andererseits vernachlässigen diese und ähnliche Untersuchungen (z. B. Butler et

al. 1982) gerade solche krankheitsbezogenen und situativen Variablen, die von großer Bedeutung für die Adaption sind.

3. Zur Problematik von Vergleichsuntersuchungen

Die eingangs gestellte Frage nach der Spezifität von Belastungen und Reaktion ist zunächst dahingehend zu erweitern, (1) wieweit Belastungen, Reaktionen und Verarbeitungsformen spezifisch für bestimmte Krankheits- und Behandlungsformen, (2) für bestimmte Krankheitsgruppen, (3) oder allgemein für chronisch Kranke gültig sind. Befunde, beispielsweise über psychische Belastungen chronisch Kranker, sind *ohne* Kontrollgruppe kaum interpretierbar, und es läßt sich nicht einmal bestimmen, wieweit sie sich von der Normalbevölkerung unterscheiden (Koch 1982). Die Mehrzahl der Untersuchungen an chronisch Kranken arbeitet jedoch ohne Kontrollgruppe. Dies traf beispielsweise auf 35 von 61 deutschsprachigen Krebsuntersuchungen der letzten 10 Jahre zu, die Mödinger (1985) zusammenstellte und dürfte für angelsächsische Untersuchungen ähnlich sein.

So wünschenswert die Durchführung von Vergleichsuntersuchungen zur Klärung dieser Fragen sein mag, so schwierig gestaltet sich die Wahl geeigneter *Vergleichsgruppen* angesichts der beträchtlichen Variabilität von Belastungen bei den unterschiedlichen Formen der Erkrankungen. Mögliche Vergleichsgruppen für chronisch Kranke sind gesunde Kontrollgruppen bzw. Normen der Testverfahren, akut Kranke, chronisch psychisch Kranke, Untergruppen chronischer Erkrankungen, verschiedene Behandlungsformen oder verschiedene chronische Krankheitsgruppen.

Gesunde Kontrollgruppen bzw. *Testnormen* Gesunder sind nur bedingt geeignet, da diese nicht den extremen Belastungen ausgesetzt sind, wie sie mit chronischen Krankheiten verbunden sind. Aus ähnlichen Gründen ist auch die Validität standardisierter Testverfahren für chronisch Kranke angezweifelt worden. Während Unterschiede zwischen Gesunden und chronisch Kranken erwartet und auf die Belastung durch die Erkrankung zurückgeführt werden, entsteht ein erheblicher interpretativer Spielraum, wenn - wie in vielen Untersuchungen - *kein* Unterschied zwischen Lebensqualität, psychischen Beeinträchtigungen etc. gefunden wird. Dies wird dann - je nach theoretischer Position des Autors - als Indiz für massive Verleugnung (z. B. Strauch-Rahäuser et al. 1977) oder gelungene Bewältigung (De Haes, Van Knippenberg 1985) gewertet.

Der Vergleich mit *akut kranken* medizinischen oder chirurgischen Allgemeinpatienten ermöglicht zwar die Untersuchung von Auswirkungen von Hospitalisierung, operativen Eingriffen, etc. (z. B. Wengle et al. 1985). Die Patienten können aber in der Regel nach der Unterbrechung durch die Erkrankung ihr bisheriges Leben - im Gegensatz zu chronisch Kranken - in gewohnter Form weiterführen. Derartige Vergleichsuntersuchungen sind angesichts der Heterogenität der gewählten Gruppen aber von begrenztem Nutzen, solange nicht deutlich wird, hinsichtlich welcher *speziellen Dimension* die genannten Gruppen verglichen werden sollen (z. B. hinsichtlich Auswirkungen der Hysterektomie; Lalinec-Michauld, Engelsmann 1985).

Demgegenüber leiden zwar *chronisch psychisch Kranke* an einer chronifizierten Erkrankung, die einschneidende Veränderungen in vielen Lebensbereichen mit sich bringen kann, unterscheiden sich jedoch hinsichtlich des Stellenwertes psychischer Störungen (als Ursachen oder als Symptome der Erkrankung) und damit häufig einhergehenden defizitären intrapsychischen und sozialen adaptiven Ressourcen. Dennoch wurde die Mehrzahl der bei chronisch Kranken bevorzugt angewendeten Meßverfahren an dieser Population entwickelt (z. B. MMPI), was Zweifel an der Validität der Vorgehensweise hervorruft (vgl. Yanagida, Streltzer 1979).
In der Regel werden *Untergrupppen* chronisch Kranker als repräsentativ für die gesamte Krankheitsgruppe behandelt und die Ergebnisse generalisiert, ohne deren Repräsentativität zu prüfen. So werden unsere Kenntnisse über Folgen und Verarbeitungsprozesse bei Krebskranken vorwiegend durch Erhebung an Brustkrebspatientinnen gestützt. Demgegenüber geben Vergleichsuntersuchungen an Untergruppen (z. B. Brust- versus Genitalkrebs; Herschbach et al. 1985) wichtige Hinweise über Spezifika einzelner Erkrankungsformen. Ähnliches gilt für den Vergleich verschiedener *Behandlungsformen,* wobei unterschiedliche Selektionskriterien zu berücksichtigen sind.

Vergleichsuntersuchungen an verschiedenen Gruppen *chronisch Kranker* sollten versuchen, spezifische Belastungsformen (Tab. 2) zu berücksichtigen. Bei diesen wie allen anderen Vergleichsuntersuchungen sollte eine systematische Beschreibung von Variablenbereichen wie soziodemographische Variablen, Stichprobenselektion, Grunderkrankungen, orientiert an medizinisch gängigen Klassifikationssystemen, Zusatzerkrankung(en), Erkrankungsdauer bzw. Zeitraum seit Diagnosestellung, Schwere oder Prognose der Erkrankung, Behandlungsformen und Erhebungssetting detailliert berichtet werden. Nur so ist ein Vergleich und, was besonders wünschenswert wäre, eine Replizierbarkeit der Untersuchung gegeben. Sofern - auch angesichts unterschiedlicher epidemiologischer Krankheitsmerkmale - eine *Parallelisierung* der Untersuchungsgruppen nicht möglich ist, sollte, wie in einigen neueren Untersuchungen, eine *statistische Kontrolle* relevanter Variablen durchgeführt werden. Grenzen der Parallelisierung ergeben sich dort, wo ein striktes Vergleichbarmachen auch die psychologischen Besonderheiten der Krankheitsgruppen eliminieren würde.

4. Überblick über Vergleichsstudien

Aufschluß über Reaktionen und Verarbeitungsformen chronisch Kranker gibt eine Reihe vorwiegend neuerer Vergleichsuntersuchungen, die mit Hilfe einer computergestützten Literatursuche (DIMDI) systematisch erfaßt wurden. Ausgewählt wurden Studien, die mindestens zwei der hier diskutierten Krankheitsgruppen einschließen. Wenngleich die Befunde der einzelnen Studien z. T. recht komplex sind, deuten 8 der 15 Vergleichsuntersuchungen eher auf Unterschiede, 7 weitere hingegen auf keine Unterschiede zwischen psychischen Reaktionen und Verarbeitungsformen der untersuchten Gruppen chronisch Kranker hin. Andere Vergleichsuntersuchungen sind wegen unzureichender Deskription von Stichprobe und Vorgehensweise bei Post-Hoc-Vergleichen (Butler et al. 1982, Ziegler et al. 1985) oder mangelnder statistischer Auswertung (Wengele et al. 1985) kaum interpretierbar und werden daher nicht näher dargestellt. Tab. 3 a und 3 b geben eine Übersicht über Vergleichsuntersuchungen bezüglich der psychischen Reaktion, Tab. 4 bezüglich der Ausprägung von Verleugnung, Tab. 5 hinsichtlich Kontrollüberzeugungen und Kausalattributionen. (Tab. 3a, 3b, 4 und 5 siehe nächste Seiten)

Ein höheres Ausmaß psychischer Belastungen und Depressivität berichten Lungenkrebspatienten verglichen mit Herzinfarktpatienten (McCorkle, Quint-Benoliel 1983). Bei Finn et al. (1974) erscheinen demgegenüber Krebspatienten gleichermaßen ängstlich wie Herzinfarktpatienten. Feifel et al. (1973) fanden keinen Unterschied zwischen selbstberichteter Todesangst bei Krebs-, Herzinfarktpatienten und Gesunden. Dagegen deuten eher projektive Verfahren auf eine höhere Todesangst bei den terminal Kranken.

Auch nach Kontrolle der Altersunterschiede fanden Robinson und Wood (1983) keinen Unterschied hinsichtlich Todesangst bzw. Furcht vor dem eigenen Tod zwischen Rheuma-, Krebs-, Diabetespatienten und Gesunden. Herzinfarktpatienten werden als depressiver (Raith et al.)

Tab. 3a: Unterschiedliche psychische Reaktionen chronisch Kranker

Autor/ Jahr	Stichproben /Zeitpunkt	Methoden	Ergebnisse
Laborde & Powers, 1980	20 Dialyse-Pat.(Dauer 32 Monate an Dialyse) 20 Arthrose-Pat.(große Gelenke, Wirbelsäule; seit 6 J. hospitalisiert)	Life-Satisfactionscale (Cantril, 1963)	Höhere aktuelle Lebenszufriedenheit bei Dialyse Patienten.
Raith et.al., 1981	392 Herzinfarkt- Patienten (50 J.;) 221 vegetat.-funkt. Patienten (39 J.;) 301 rheumatische Patienten (50 J.); 128 Leberpat. (44 J.); 102 Magen-Darm-Erkrankungen (männl.Pat., 2.Wo. Kuraufenthalt) 136 gesunde Männer (48 J.);	BDI, (Beck Depression Inventory,} Depressionsskalen von Stocksmeier, Scheid, FPI , (Freiburger Persönlichkeitsinventar) (Depression)	(Chronisch) Kranke depressiver auf allen 4 Verfahren als Kontrollgruppe; Herzinfarkt-Pat. am depressivsten, gefolgt von Magen-Darm-Erkrankungen. Rheuma-Pat. am wenigsten depressiv. Ältere Patienten (außer veget.-funkt.) depressiver.
McCorkle & Quint-Benoliel 1983	56 (21 weibl., 35 männl.) Lungenkrebs-Pat. (62 J.; Klinik) 65 (17 weibl., 48 männl.) Herzinfarkt-Pat. (61 J., zu Hause} 1 und 2 Monate nach Diagnose	Fragebögen (somatische & psychosoziale Belastungen & Reaktionen) POMS (Profile of Moods Scale)	Größere Belastungen, Sorgen und Verstimmungen bei Krebspatienten
Langosch & Brodner 1984	123 männl. Herzinfarkt Pat. {37 J.; Herzinfarkt vor 6 Mon., Klinik) 70 männl. Herzinfarkt Pat. (40 J., Herzinfarkt vor 48 Mon.; Klinik) 42 männl. Bechterew (35 J., Diagnose vor 144 Mon.; Klinik) Altersentsprechende Eichstichprobe FPI 1 Jahr follow-up bei Teilkollektiv von Herzinfarkt-Stichprobe (50 bzw. 30 Pat. zu Hause)	FPI, PSM (Psycho somatischer Screening Bogen für Pat. mit Myokardinfarkt, Selbstbeschreibung von Lebensgewohnheiten Fremdbeurteilung durch Interviewer	Herzinfarkt-Pat. berichten stärkere Herzbeschwerden, körperbezogene Besorgnis, Nervosität, Erregbarkeit, Dominanz, emotionale Labilität (PSM) sowie stärkere Verstimmungen und Alltagsprobleme (klin. Rating). Rheuma-Pat. geben mehr Schmerz, aber höhere Belastbarkeit an. Wenig Unterschiede zur Eichstichprobe gleichaltriger Gesunder im FPI (Herzinfarkt-Pat. "nervöser"). Erkrankungsdauer: Patienten mit längerer zurückliegendem Herzinfarkt beschreiben sich als belastbarer, sozial erwünschter und berichten höheren Alkoholkonsum. Setting: Durchweg höhere Belastung im häuslichen Setting als in der Klinik berichtet.

Tab. 3b: Übereinstimmende psychische Reaktionen chronisch Kranker

Autor/ Jahr	Stichprobe(n)Zeitpunkt	Methoden	Ergebnisse
Feifel et al.,1973	35 (30 männl.,5weibl.) terminale Krebspatienten (42 J., gemischte Diagnose) 33 (19 männl., 14 weibl.) terminale koronare Erkrankungen (47 J.) 95 (42 männl., 53 weibl.) Gesunde	strukturiertes Interview, Tests (Wortassoziation)	Kein Unterschied hinsichtlich Todesangst, bei terminal Kranken geringfügig häufigere Auseinandersetzung damit, ausgeprägtere unbewußte (Test-) Angst vor eigenem Tod
Finn et al., 1974	je 40 Herzinfarkt- (HI), Krebspatienten (gemischte Diagnosen außer Hautkrebs) und gesunde Kontrollpersonen (matched nach Alter, Geschlecht, sozioökonomischem Status, Wohnort) unter 60 J.	16-PF (16 Personality Factor Questionnaire)	Kein Unterschied Krebs, HI-Pat.; beide ängstlicher als Kontrollpersonen
Zyzanski et al., 1979	149 männl. Herzinfarkt-Pat. (HI), 80 männl. Rheumapat., 88 gesunde Konrollpersonen (soziodemograpf. Auswahlkrit.) (u.a. Alter (63 J.)	JAS (JENKINS Activity Survey)	Kein Unterschied Rheuma-HI-Pat.hinsichtlich Typ-A-Verhalten; bei HI ausgeprägter als bei Kontrollpersonen
Robinson & Wood, 1983	je 20 gesunde Stud., gesunde Personen bei ärztlicher Routineuntersuchung, Rheuma-, Diabetes-, Krebspat.	DAS (Death Anxiety Scale), FDS (Fear of Death Scale), TI (Threat Index),	Kein Unterschied hinsichtlich Todesangst und Furcht vor eigenem Tod
Cassileth et al., 1984	84 (15 männl., 69 weibl.) Arthritis-Pat. (56 J., 96 Mon. seit Diagnose) (angegeben ist jeweils der Median) 199 (72 männl., 127 weibl.) Diabetiker 57 J., 108 Mon.) 195 (54 männl., 139 weibl.) Krebspat. (57 J., 24 Mon.) 60 (33 männl., 27 weib.,) Dialysepat. (55 J., 43 Mon.) 122 (34 männl., 88 weibl.) Hauterkrankungen (32 J., 24 Mon.) (während ambulanter Wartezeit/an Dialyse) 100 (45 männl., 55 weibl.) Depressive (36 J., 24 Mon., stat. Untersuchung)	Mental Health Index	Kein Unterschied zwischen Gruppen chronisch Kranker und mit Normen der Normalbevölkerung; auf allen Dimensionen psychisch gesünder als Depressive; auch bei statistischer Kontrolle von Alters-und Geschlechtsunterschieden. Bessere psychische Gesundheit mit zunehmendem Alter. Höhere Angst, Depression, Kontrollverlust und global schlechtere psychische Gesundheit bei kurzer Krankheitsdauer (3Mon.)

1981), labiler und weniger belastbar als Rheumapatienten beschrieben (Langosch, Brodner 1984), unterscheiden sich jedoch nicht hinsichtlich Typ-A-Verhalten von diesen (Zyzanski et al. 1979).

Etwas überraschend fanden Laborde und Powers (1980) eine höhere Lebenszufriedenheit und günstigere Wahrnehmung eigener Gesundheit bei Dialysepatienten als bei Arthrosepatienten (die allerdings zum Zeitpunkt der Untersuchung hospitalisiert waren). Brustkrebspatientinnen unterscheiden sich nicht hinsichtlich psychosozialer Belastung von Dialysepatientinnen (Muthny, Koch 1984).

Die zitierten Untersuchungen zeigen die Bedeutung einer Reihe *krankheitsunspezifischer Variablen* auf, die mit dem Ausmaß psychischer Belastung zusammenhängt:

Eine kurze Krankheitsdauer geht mit höherer psychischer Belastung einher (Cassileth et al. 1984; Langosch, Brodner 1984; McCorkle, Quint-Benoliel 1983), ebenso eine ungünstige Prognose und ein hohes Ausmaß der Behinderung (Cassileth et al. 1984). Höheres Alter und ein höheres Ausmaß der Selbstaktualisierung (geringe Diskrepanz zwischen realem und idealem Selbstbild) korrelierten in der Untersuchung von Robinson und Wood (1983) mit geringerer Todesangst.

Untersuchungen von Verarbeitungsformen richteten sich hauptsächlich auf den Mechanismus der Verleugnung, Kausalattributionen und Kontrollüberzeugungen. Die Literatursuche ergab lediglich Vergleiche zwischen Krebs- und Herzinfarktpatientinnen hinsichtlich der Verleugnung. Eine Übersicht gibt Tabelle 4. (Tab. 4 siehe nächste Seite)

Levine und Zigler (1975) fanden ein höheres Ausmaß an *Verleugnung* bei Krebs- verglichen mit Herzinfarktpatienten. Übereinstimmend zeigten auch Kneier und Temoshok (1984) bei Patienten mit malignem Melanom ein höheres Ausmaß an repressiver Verarbeitung als bei Herzinfarktpatienten. Damit konsistent fanden Egger und Maier (1985) zwar eine höhere Sensibilisierung gegenüber Bedrohungen bei Herzinfarktpatienten, jedoch keinen Unterschied in der Ausprägung von Repression zwischen Krebspatienten und Gesunden.

Hackett und Weisman (1969) fanden hingegen in ihrer methodisch weniger versierten Untersuchung keine Unterschiede hinsichtlich der Verleugnung. Ein größeres Ausmaß an Verleugnung zeigte sich demgegenüber im Vergleich mit gesunden Kontrollpersonen (Kneier, Temoshok 1984; Levine, Zigler 1975).

Tab. 4: Verleugnung bei Herzinfarkt- und Krebskranken

Autor/ Jahr	Stichprobe(n)/Zeitpunkt	Methode	Ergebnisse
Levine & Zigler, 1975	Je 20 männl Lungenkrebs- (49 J.) Herzinfarkt- (50 J.) und Schlaganfallpatienten (51 J.); hospitalisiert; 25 männl. Krankenhauspersonal (35 J.)	Fragenbogen Selbst-, Ideal-Selbst; Zufriedenheit (aktuell und vor Erkrankung)	Verleugnung (geringe Selbst-Ideal-Selbst-Diskrepanz) bei Schlaganfall größer als bei Krebs, gefolgt von Herzinfarkt und gesunden Kontrollpersonen. Negativer Zusammenhang Alter-Idealselbst bei Herzinfarkt- und Lungenkrebspatienten.
Kneier & Temoshok, 1984	Je 20 (14 männl., 6 weibl.) Krebs- (Maignes Melanom, MM, ohne Metastasierung; 51 J.; 18 Mon. nach Diagnose), kardiovaskuläre Patienten (57 J., 20 Monate nach Diagnose, gesunde Angehörige (54 J.) matched pairs (Alter, Geschlecht, ethnischer Hintergrund, Index für Schwere der Erkrankung)	Experimentelle Messung der Hautleitfähigkeit (EDA) und selbstberichtete Angst, R-S-Skala (BYRNE Repression Sensitization Scale ; BYRNE, 1961) MAS (Manifest Anxiety Scala ; TAYLOR, 1953), MCSDS (Marlowe-Crown-Social Desirability Scale), Lebensereignisskala	MM-Pat. zeigen stärker repressive Verarbeitung (größere Diskrepanz EDA-selbstberichtete Angst:) als kardiovask. Pat. und Kontrollgruppe. MM-Pat. zeigen mehr repressive Verarbeitung (R-S) und Angst (MAS) als kardio-vask. Gruppe; aber: kein Unterschied zu Kontrollgruppe; keine Unterschiede bzgl. MCSDS kein Zusammenhang Schwereindex zur Verarbeitung bzw. Angst.
Egger & Maier, 1985	50 männl. HI-Patienten (Herzinfarkt) (5 Mon. nach Infarkt) 40 männl. Krebspatienten (gemischte Diagnosegruppen, ca. 7 Mon. Erkrankungsdauer (gemeint ist vermutlich seit "Diagnosestellung"), 52 männl. gesunde Kontrollpersonen (Routineuntersuchung)	R-S-Skala, PSM (Psychosomatischer Screening-Bogen für Pat. mit Myokardinfarkt; Langosch et al., 1980), MQ (Maastricht-Questionnaire; Appels, 1980), Lifeevent-Fragebogen, soz. Erwünschtheitsskala	Höhere Sensibilisierung bei HI-Patienten gegenüber Krebspatienten und Gesunden
Hackett & Weisman, 1969	Je 20 Krebs- und Herzinfarktpat. (nach Alter und Geschlecht matched)	Klinisches Rating Fragenkatalog	Kein Unterschied bzg. Verleugnung

Vergleichsuntersuchungen über Kausalattributionen und Kontrollüberzeugungen (Tabelle 5) zeigen bei verschiedenen Gruppen chronisch Kranker ebenfalls konsistente Unterschiede hinsichtlich der *wahrgenommenen Kontrolle,* in der sich Krebspatienten niedriger einstufen als andere Krankheitsgruppen. So schilderten sich Krebspatienten gegenüber Herzinfarktpatienten als weniger selbst für ihre Erkrankung verantwortlich (Mumma, McCorkle 1983), schätzen ihre Erkrankung (zusammen mit Rheumapatienten) als weniger kontrollierbar ein als Hypertoniker und Diabetiker (Felton et al. 1984) und schrieben die Ursachen ihrer Erkrankung stärker unbeeinflußbaren (Zufall, Schicksal) Faktoren zu als Hämodialysepatientinnen (Muthny, Koch 1984). Hinsichtlich einer Reihe weiterer Krankheitsverarbeitungsstrategien fand sich hingegen kein Unterschied (Felton et al. 1984). (Tab. 5 siehe nächste Seite)

Die Aussagekraft der Ergebnisse wird jedoch durch die methodischen Defizite und mangelnde Vergleichbarkeit der Untersuchungen eingeschränkt. Wendet man die oben genannten methodischen Kriterien auf die zitierten Vergleichsuntersuchungen an, so zeigt sich ein ernüchterndes Ergebnis. In immerhin etwa der Hälfte der Untersuchungen fehlen Angaben zu Stichprobenselektion, Alters- und Geschlechtsverteilung, Erhebungssetting sowie krankheitsrelevanter Merkmale wie Dauer, Schwere, etc. Von den vier Untersuchungen, die versuchen, hinsichtlich soziodemographischer Variablen zu parallelisieren, geben nur zwei die Stichprobencharakteristika nach Parallelisierung an (Kneier, Temoshok 1984; Muthny, Koch 1984).
Eine statistische Kontrolle vorhandener Gruppenunterschiede wird nur in Einzelfällen durchgeführt (z. B. Cassileth et al. 1984).
Erschwerend für den Vergleich ist auch die Messung unterschiedlichster Konstrukte mit heterogenen Meßverfahren.

5. Schlußfolgerungen

Als ein wichtiges Fazit dieser Literaturübersicht ist sicher die Forderung nach einer sorgfältigen Planung, Durchführung, Auswertung und Darstellung von Untersuchungen an chronisch Kranken zu stellen. Trotz der z. T. nur bedingt gegebenen Vergleichbarkeit deuten sowohl die referierten Vergleichsuntersuchungen als auch die Literaturübersicht anhand der einzelnen Krankheitsgruppen (Beutel 1986) auf einige grundlegenden *Gemeinsamkeiten* hinsichtlich psychosozialer Reaktionen und Verarbeitungsformen bei unterschiedlichen Gruppen chronischer Erkrankungen. Dies erscheint wenig verwunderlich, da diese Erkrankungen mit vielfältigen, ähnlichen Belastungen einhergehen, die alle Le-

Tab. 5: Kausalattributionen und Kontrollüberzeugungen

Autor/ Jahr	Stichprobe(n)/Zeitpunkt	Methode	Ergebnisse
Mumma & McCorkle, 1983 (vgl. McCorkle & Quint-Benoliel, 1983)	56 (35 männl., 21 weibl.) Lungenkrebspatienten (62 J., Klinik) 65 (48 männ., 17 weibl.) Herzinfarktpatienten (61 J., zu Hause) 1 und 2 Monate nach Diagnose.	Fragebogen, Bewertung der Erkrankung und Behandlung	Herzinfarkt-Patienten schildern sich in höherem Maße (mit)verantwortlich für Erkrankung.
Muthny & Koch, 1984	je 40 Brustkrebs- (31 Mon. nach Diagnose, Nachsorgekur) und Dialysepatientinnen (Dialysezentrum, 46 Mon. Dauer) (matched pairs nach Alter und Bildung; 59 J.)	Psychosozialer Fragebogen	Brustkrebspatienten schreiben Erkrankung stärker unbeeinflußbaren Faktoren (Zufall/Schicksal) zu, Dialysepatienten stärker beeinflußbaren (eigenes/ärztl. Verschulden). Gleichermaßen hohe psych. Belastungen. Brustkrebspatienten berichten höhere Behandlungszufriedenheit, sex. Zufriedenheit und höheren Bedarf an psychosoz. Versorgung
Felton et. al., 1984	32 Krebspat. (chron. Leukämie, Lymphome) 45 rheumatoide Arthritis 41 Diabetiker 33 Hypertoniker statistische Kontrolle von Stichprobenunterschieden (Geschlecht, sozioökonom. Status, etc.) Follow-up nach 7 Monaten.	strukturiertes Interview HLC-Fragebogen (Health Locus of Control Scale; ad hoc konstruiertes Selbstverfahren (55 Items); weitgehend identisch mit WCCL; Rosenberg-Self-Esteem-Scale) Coping-Skala Selbstwertskala	Bewertung der Erkrankung: geringste Kontrollierbarkeit und höheres Ausmaß der Behinderung bei Krebs- und Rheumapatienten; Krebspatienten schätzen Erkrankung am ernstesten an. Verarbeitungsstrategien: krankheitsunspezifisch nach statist. Kontrolle soziodemograpphischer Variablen lediglich "Wunschdenken" von Rheumapatienten bevorzugt. Positiver Zusammenhang: kognitive Verarbeitungsstrategien zu pos. emotionalem Coping zu neg. Emotionen, vermindertem Selbstwertgefühl und geringem Akzeptieren der Erkrankung.

bensbereiche (Partnerschaft und Familie, Sexualität, Berufstätigkeit, Freizeit und Sozialkontakte) betreffen können.

Das Ausmaß der Befindensbeeinträchtigung scheint weniger mit der Form der Erkrankung, vielmehr Variablen wie Erkrankungsdauer, Ausmaß der Behinderung und Prognose zusammenzuhängen. Übereinstimmend findet man beispielsweise bei den ausgewählten chronischen Erkrankungen eine relativ hohe Prävalenz von Depressionen und Ängsten (bei ca. 1/4 der Patienten), wobei chronisch Kranke in Prävalenz und Ausprägung der Symptome der Normalbevölkerung ähnlicher sind als psychiatrischen Stichproben. Dies könnte auch als Hinweis auf die Bedeutung von Krankheitsverarbeitungsstrategien zur emotionalen Entlastung verstanden werden.

Breite Übereinstimmung besteht dahingehend, daß Verleugnung als hauptsächlicher Verarbeitungsmechanismus chronisch Kranker angesehen wird.
Dies mag allerdings zum Teil in der sehr unterschiedlichen und weitgefaßten Definition dieses Konzeptes und der Tendenz zur eindimensionalen Betrachtung von Krankheitsverarbeitung (Akzeptieren oder Zurückweisen der Realität) begründet sein (ausführlich Beutel 1985).

Hinweise auf mögliche *Unterschiede* in der Krankheitsverarbeitung fanden sich hinsichtlich einer ausgeprägteren Verleugnung und geringer wahrgenommenen Kontrollierbarkeit bei Krebs- verglichen mit Herzinfarktpatienten. Die Frage nach der Spezifität von Belastungs- und Verarbeitungsformen chronisch Kranker läßt sich beim gegenwärtigen Forschungsstand nicht abschließend beantworten. Angesichts der großen Zahl chronischer Erkrankungsformen ist es sicherlich nicht wünschenswert, für jede einzelne eine Theorie der Krankheitsverarbeitung zu erstellen. Die Tendenz, zunehmend seltenere und speziellere Krankheitsbilder isoliert zu untersuchen, birgt sicher auch die Gefahr, durch Verzicht auf Vergleichsgruppen die Spezifität der Adaption überzubetonen. Angesichts der deutlich gewordenen Gemeinsamkeiten, die an medizinisch so heterogenen wie den hier diskutierten Krankheitsgruppen gefunden wurden, erscheint eine vermehrte Ausrichtung an Vergleichsuntersuchungen chronischer Erkrankungen ein wichtiger Weg zur Entwicklung einer Theorie der Krankheitsverarbeitung. Die Wahl der Vergleichsgruppe(n) sollte dabei stärker als bisher an dem gegenwärtigen Kenntnisstand psychosozialer Belastungen und Krankheitsverarbeitung und der speziellen Forschungsfragestellung orientiert sein.

Krankheitsverarbeitung bei Krebs

MONIKA HASENBRING

Seit Mitte der 70er Jahre ist eine rasche Entwicklung theoretischer und empirischer Arbeiten zu beobachten, in denen die Reaktionen von Krebspatienten auf die Erkrankung im Mittelpunkt stehen. Sie werden unter den Begriffen "Krankheitsverarbeitung" oder "Krankheitsbewältigung" subsumiert, wobei sich unterschiedliche Definitionen finden (vgl. Heim 1985; Gaus und Köhle 1986; Ziegler 1986). Langfristige Zielsetzung dieser Untersuchungen ist eine Optimierung der medizinischen Versorgung der Patienten während Diagnosestellung, Behandlung, Rehabilitation und/oder Terminalphase der Erkrankung. Eine mittelfristige Zielsetzung ist die Inbeziehungsetzung von Krankheitsverarbeitungsprozessen zu bio-psycho-sozialen Daten des Krankheitsverlaufes, um so einen Eindruck von ihrer Effektivität oder Adaptivität zu bekommen.

Eine Beurteilung der Ergebnisse auf diesem Gebiet ist zur Zeit nur sehr vorläufig möglich, da eine dafür notwendige Vergleichbarkeit der Untersuchungen auf mehreren Ebenen nicht gegeben ist. Zur Definition, Konzeptualisierung und Operationalisierung von Prozessen der Krankheitsverarbeitung bzw. -bewältigung liegen völlig unterschiedliche Ansätze vor. In der Theorienbildung dominiert bisher das transaktionelle Streßmodell von Lazarus (Lazarus, Launier 1981). Hinsichtlich einzelner Aspekte der Krankheitsverarbeitung finden sich psychodynamische Ansätze (z. B. bezüglich des Problems der "Verleugnung", u. a. Gaus, Köhle 1986) sowie sozialpsychologische Theorien (z. B. hinsichtlich kognitiver Aspekte der Krankheitsverarbeitung, wie "Ursachenattribuierung" und "Beeinflußbarkeitserwartungen"). Noch eher am Rande sind dagegen lernpsychologische Konzepte vertreten. Das Modell der Klassischen Konditionierung kam bisher lediglich im Rahmen der Erklärung spezifischer Problembereiche (z. B. das der "antizipierten Reaktionen" im Zusammenhang mit Behandlungsnebenwirkungen) zur Geltung.

Die Erhebungen beziehen sich sowohl auf völlig unterschiedliche Aspekte der Krebserkrankung (im folgenden "Fokus" genannt), als auch auf unterschiedliche Phasen des Krankheitsverlaufs. Sie wurden an Personen mit verschiedensten Krebslokalisationen durchgeführt, wobei sehr fraglich ist, ob man von "der Krebserkrankung" generell sprechen kann. Es werden schließlich die unterschiedlichsten Kriterien zur Beurteilung der Effektivität von Verarbeitungsstrategien verwendet.

Im ersten Teil dieser Arbeit werden nun auf der Basis empirischer Befunde und klinischer Beobachtungen Kriterien formuliert, die meines Erachtens bei der Konzipierung, Durchführung und Darstellung von empirischen Arbeiten auf diesem Gebiet Berücksichtigung finden sollten (Kap. 1 bis 3). Im zweiten Teil wird ein Überblick über empirische Ergebnisse zur Krankheitsverarbeitung bei Krebs gegeben (Kap. 4 bis 7). Hypothesen und Befunde werden anhand eines kognitiv-behavioralen Modells der Krankheitsverarbeitung geordnet, das in Anlehnung an Lazarus und Launier (1981) konzipiert wurde (Abb. 1 siehe nächste Seite).

1. "Fokus" der Krankheitsverarbeitung und -bewältigung

Bei einer genaueren Betrachtung vorliegender empirischer Studien fällt auf, daß sich die Beschreibung von Krankheitsverarbeitungsstrategien auf je unterschiedliche Aspekte einer Krebserkrankung bezieht, oftmals ohne daß dies explizit erwähnt wird. Es wird vielmehr von Bewältigungsprozessen bzgl. der "Krankheit allgemein" oder "aller damit einhergehender Probleme" gesprochen (vgl. Penman 1979; Rogentine et al. 1979; Greer et al. 1979). Dies geschieht völlig unabhängig vom jeweiligen Fokus, der für eine Person gerade im Mittelpunkt steht. Bei einem solchen Vorgehen kann es nun sein, daß für einen Teil einer untersuchten Population die "potentielle Lebensbedrohung" subjektiv im Vordergrund steht. Würden bei einer solchen Untergruppe Verleugnungstendenzen vorherrschen, so würde man wahrscheinlich eine negative Korrelation zwischen dieser Verarbeitungsform und dem Ausmaß an Depressivität und/oder Angst feststellen. Bei einer anderen Untergruppe würden wir dagegen möglicherweise eine positive Korrelation zwischen Angst/Depressivität und Verleugnungstendenzen feststellen und bei genauerem Hinsehen erkennen, daß diese Personen primär mit Partnerschaftsproblemen konfrontiert sind. Dies könnte bedeuten, daß ein "kognitives Ausblenden" besonders bedrohlicher Implikationen bei rein intrapsychischen Problemen unter Umständen sinnvoll ist, daß dies aber bei interindividuellen Problemen

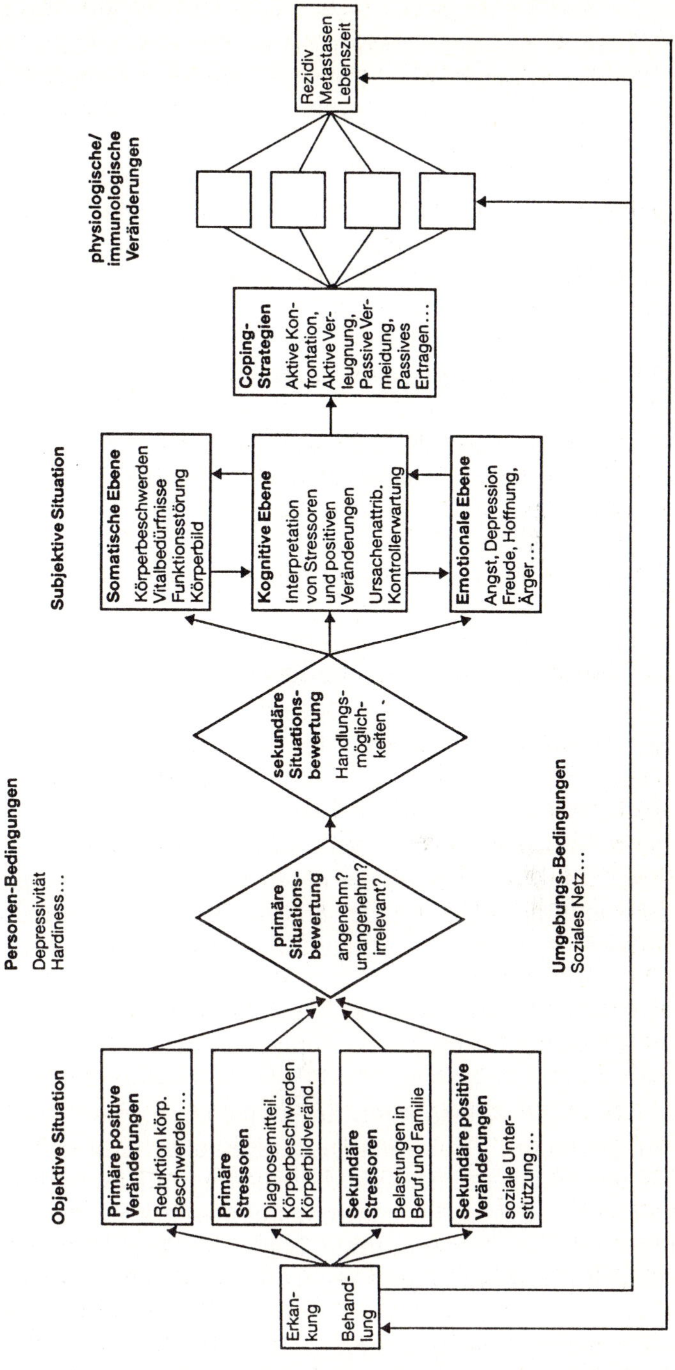

Abb. 1: Kognitiv-behaviorales Modell der Krankheitsverarbeitung

spätestens bei nicht zu übersehenden realen Handlungen des Partners (z. B. Trennung) seine Grenzen erfährt. Ein Nichtbeachten des subjektiv im Vordergrund stehenden Fokus ist dann ein Grund für entgegengesetzte Zusammenhangsaussagen (Greer et al. 1979; Rogentine et al. 1979).

Im folgenden ordne ich die unterschiedlichen Foki schwerpunktmäßig zwei Gruppen von krankheitsbedingten Belastungen zu, den "primären" und "sekundären Belastungen" sowie den "primären" und sekundären positiven Veränderungen".

1.1. Primäre negative Veränderungen (Belastungen)

Unter primären Belastungen werden direkte, mit der Krankheit bzw. der Behandlung verbundene psychische und somatische Probleme verstanden.

1.1.1. Das Wissen um die potentielle Lebensbedrohlichkeit

Eine erste, schon während der diagnostischen Phase auftretende psychische Belastung ist die Ahnung oder das Wissen um die potentielle Lebensbedrohlichkeit der Erkrankung. Diese Implikationen stehen im Mittelpunkt der meisten empirischen Arbeiten zur Krankheitsbewältigung. Dabei geht es in der Regel um die Frage, ob und inwieweit eine Person dieses Wissen realisiert, d. h., es geht um Verleugnungstendenzen und ihre Effektivität (vgl. Beutel 1985). Vermutungen und erste Befunde gehen bisher dahin, daß das Verleugnen dieser Bedrohung eine adaptive Strategie der Krankheitsverarbeitung darstellt, da auf diesem Wege zu starke Angstgefühle vermieden werden können.

1.1.2. Körperbeschwerden, Funktionseinschränkungen und gestörte Vitalbedürfnisse

Primäre Belastungen auf der somatischen Ebene stellen Körperbeschwerden, Funktionseinschränkungen und Störungen der Vitalbedürfnisse dar, die als krankheitsbedingt angesehen werden oder die mit einer jeweiligen Behandlungsmaßnahme einhergehen. Wenn dieser Fokus für sich genommen bzgl. der Krankheitsverarbeitung bisher Beachtung fand, dann unter dem Aspekt der Verleugnung früher Krankheitssymptome. Eine Verleugnung wird in diesem Zusammenhang als maladaptiv angesehen, da sie die Inanspruchnahme notwendiger medizinischer Maßnahmen verzögern kann (vgl. Weisman 1979).

Eine Besonderheit unter den behandlungsbedingten Körperbeschwerden stellen die sog. antizipierten Reaktionen dar, so z. B. antizipierte Übelkeit/Erbrechen während oder nach Durchführung einer Chemotherapie. Es handelt sich dabei um Reaktionen, die den behandlungsbedingten sehr ähnlich sind, nur treten sie nach mehrmaliger Chemotherapie jeweils *vor* der Applikation des Medikamentes auf. Auslöser sind häufig spezifische Gerüche, die mit dem Krankenhaus assoziiert sind, der Anblick einer Infusionsnadel o. ä. Es wird angenommen, daß diese Reaktionen über Prozesse des klassischen Konditionierens erworben werden. Für die Prävalenzrate antizipierter Übelkeit/Erbrechen werden in einzelnen Untersuchungen Werte zwischen 18% und 65% angegeben (s. Überblick bei Burish, Carey 1984).

1.1.3. Veränderungen im Körper- bzw. Selbstbild

Veränderungen im Körperbild oder Selbstbild nehmen oftmals ihren Ausgang in primären somatischen Belastungen. Empirische Befunde liegen hier hauptsächlich bei Mamma- und Genitalkarzinom-Patientinnen sowie bei Anus-Praeter-Trägern (nach Colonkarzinom) vor. Sehr eindrücklich beschreiben Orbach und Tallent (1965) die Situation von Anus-Praeter-Trägern: die Anlage des künstlichen Darmausgangs und der damit einhergehende Kontrollverlust über die anale Ausscheidung führt in vielen Fällen zu einer erheblichen Beeinträchtigung des Körperbildes und damit einhergehend des Selbstbildes. Die untersuchten Patienten empfanden diese körperlichen Vorgänge als unästhetisch, sich selbst erlebten sie in der Folge als sexuell unattraktiv und nicht vollwertig. Häufige Folgen solch negativer Körperbildveränderungen sind sozialer Rückzug, gestörte Partnerschaften sowie ein erhöhtes Ausmaß an Depressivität. Ähnliche Beschreibungen liegen für Mamma- und Genitalkarzinom-Patientinnen vor (Hertz, Molinski 1980; Herschbach 1985).

1.2. Sekundäre Belastungen

Unter sekundären Belastungen werden solche negativen Veränderungen verstanden, die sich im Laufe einer Krebserkrankung im sozialen Umfeld des Patienten einstellen können (Probleme im Arbeitsbereich, im Zusammenleben mit der Familie, in der Partnerschaft etc.).

Erkrath und Randow (1967) berichten in 22% der von ihnen untersuchten Genitalkrebs-Patientinnen eine Ehescheidung nach erfolgter Therapie. Bei dieser Patientengruppe stellen sich meist infolge sexueller Störungen massive Partnerschaftsprobleme ein. Wirsching et al. (1975) fanden bei einer Gruppe von Anus-Praeter-Patienten in 27% der Fälle eine soziale Vereinsamung, die auf einer Vermeidung sozialer Situationen beruhte. Ursachen dafür können die im vorigen Abschnitt beschriebenen belastenden Veränderungen im Körperbild sein.

Weisman et al. (1976) fanden in einer groß angelegte Studie positive Zusammenhänge zwischen dem Ausmaß an sekundären Belastungen in Beruf und Familie und dem Ausmaß an emotionalem Distress bei Patienten mit unterschiedlichen Krebserkrankungen. In einer eigenen Pilot-Studie an 22 operierten Magen- und Bronchialkrebspatienten stellten wir zum einen positive Zusammenhänge zwischen Einschränkungen der körperlichen Leistungsfähigkeit und/oder der äußeren Erscheinung und dem Ausmaß an depressiver Verstimmung fest, zum anderen ebenfalls positive Zusammenhänge zwischen dem Auftreten sekundärer Belastungen in Familie und Beruf und dem Ausmaß an Ärger/Gereiztheit (Hasenbring, Kurtz, Marienfeld, Thiede, i. Vorb.).

Herschbach (1985) hat erstmals Bewältigungsstrategien gesondert für verschiedene Problembereiche erfaßt und u. a. eine Situtations- bzw. Fokusspezifität bei 385 Brustkrebs- und Genitalkrebs-Patientinnen überprüft. Bei insgesamt 13 Problembereichen fand er z. B. ein Dominieren von Strategien der Vermeidung/Ablenkung bei Problemen, die er "psychische Störungen" nannte (Alpträume, Nervosität, Angstzustände, Depressivität) sowie ein Dominieren von Dissonanzreduktion bei Problemen im sexuellen Bereich gegenüber aktiven/kämpferischen Bewältigungsformen in allen übrigen Problembereichen.

Will man letztendlich aus empirischen Untersuchungen zum Bewältigungsverhalten sinnvolle Hinweise für den Úmgang mit den Patienten (sowohl im medizinisch/pflegerischen Bereich als auch im Rahmen psychotherapeutischer Maßnahmen) ableiten, braucht man detalliertere Ergebnisse über die Effektivität von Bewältigungsstrategien in konkretisierten Problembereichen (will man zum Beispiel Antworten geben auf die Fragen, zu welchem Zeipunkt es wichtig ist, Verleugnungstendenzen unangetastet zu lassen und wann es wichtig ist, diese vorsichtig zu thematisieren). Der Untersuchungsansatz von Herschbach sowie die vorliegende Systematisierung einzelner Foki weisen in diese Richtung. Von einer Taxonomie relevanter Problembereiche sowie entsprechender Bewältigungstrategien, die hier weiterhelfen könnte, sind wir allerdings noch weit entfernt.

1.3. Primäre positive Veränderungen

Bei der Untersuchung von Krankheitsverarbeitungsstrategien geht es bisher ausschließlich um eine Verarbeitung belastender Ereignisse. Im Verlauf der Erkrankung ergeben sich jedoch auch unterschiedlichste Veränderungen, die vom Patienten als sehr positiv erlebt werden. Es ist anzunehmen, daß diese Veränderungen eine wesentliche Basis für die Bewältigung der Erkrankung darstellen. Darüberhinaus gibt es Veränderungen, die zwar allgemein als positiv bewertet werden, die von manchen Patienten jedoch eher negativ/belastend erlebt werden.

1.3.1. Positive Veränderungen auf der somatischen Ebene

Mit dem Einsetzen einer Primärbehandlung ist in der Regel eine Beseitigung oder Linderung tumorbedingter Beschwerden verbunden, eine zentrale positive Veränderung auf der somatischen Ebene. Dies ist ein Fokus, der bei der Untersuchung von Krankheitsverarbeitungsprozessen nicht fehlen darf.

Zur Bedeutung der subjektiven Wahrnehmung und Interpretation positiver somatischer Veränderungen für die Anpassung an die Erkrankung gibt es bisher kaum empirische Befunde. Nerenz et al. (1982) zeigten in einer Studie an 61 Patienten mit malignen Lymphomen, daß Personen, die einen (objektiv vorhandenen) Behandlungsfortschritt anhand relativ eindeutiger Symptome spüren konnten, einen deutlich geringeren emotionalen Distress zeigten als andere, die keine eindeutigen Anzeichen verfügbar hatten. Es ist zu vermuten, daß die Möglichkeit, Fortschritte selbst spüren zu können, ein Gefühl der Kontrollierbarkeit vermittelt und damit möglicherweise auch das Einsetzen adaptiver Bewältigungsstrategien begünstigt.

1.3.2. Positive Veränderungen auf der psychischen Ebene

Zahlreiche Patienten berichten positive Erfahrungen, die wahrscheinlich ebenfalls eine wichtige Basis für die Krankheitsverarbeitung darstellen: z. B. das Spüren eines Gefühls tiefer Hoffnung, ein oftmals bis dahin gar nicht mehr gekanntes Lebensgefühl; eine häufig als plötzlich eintretend erlebte Sensibilisierung für Vorgänge in der Natur (das Grünwerden der Pflanzen, das Knospen der Blumen und Bäume), die mit Gefühlen der Freude und Zuversicht einhergehen kann; oder eine innere Bereitschaft, das Leben im Augenblick mehr und intensiver zu genießen, sich selbst mehr verwöhnen zu lassen (vgl. Kurtz und Marienfeld 1986; Schumacher 1987).

1.4. Sekundäre positive Veränderungen

Es ist anzunehmen, daß Personen mit einer Krebserkrankung nicht nur für sich das Leben intensiver genießen, sondern daß sie dies zusammen mit Partner, Familienangehörigen und/oder Freunden versuchen. Wirsching (1986) fand in einer empirischen Untersuchung an 50 Familien, daß die Familienmitglieder mit der Krebsdiagnose näher zusammenrückten und ihre Konfliktbereitschaft geringer wurde. Es waren passagere Veränderungen, die mit der Zeit wieder abnahmen.

Unter dem Stichwort "soziale Unterstützung" werden Verhaltensweisen subsumiert, die einem Patienten während der Erkrankungszeit möglicherweise verstärkt entgegengebracht werden. Es handelt sich dabei um Unterstützung auf der instrumentellen Ebene (z. B. Erleichterungen bei der täglichen Arbeit), auf der emotionalen Ebene (Zuwendung, Zärtlichkeit) oder der sozialen Ebene (Anerkennung, Wertschätzung).

Unter der in dieser Forschungsrichtung als "buffering model" bezeichneten Hypothese, daß verschiedenen Formen sozialer Unterstützung eine streßmindernde Wirkung zukommt, konzentrieren sich die Untersuchungen bisher auf eine Überprüfung von Zusammenhängen zwischen dem Ausmaß an sozialer Unterstützung und verschiedenen Aspekten der sozialen Anpassung an die Krankheit. Die Ergebnisse sind im Falle einer Krebserkrankung bisher nicht so eindeutig ausgefallen wie bei anderen Erkrankungen (Bandura 1981). Funch und Marshall (1983) fanden z. B. keinen Zusammenhang zwischen objektiven Indikatoren sozialer Unterstützung und der Überlebensrate bei 208 Brustkrebs-Patientinnen. In einer Studie von Revenson et al. (1983) an 32 Krebspatienten unterschiedlicher Lokalisation fand sich kein bzw. ein negativer Zusammenhang zwischen einzelnen Aspekten sozialer Unterstützung (u. a. Wärme und Zuwendung, instrumentelle Hilfen) und verschiedenen Maßen der psychosozialen Anpassung - allerdings in Abhängigkeit von der aktuellen Situation. Bei Patienten, die sich gerade in einer Strahlen- oder Chemotherapie befanden, zeigte sich folgendes: je mehr soziale Unterstützung sie angaben, desto ausgeprägter war die negative emotionale Befindlichkeit, ein niedriges Selbstwertgefühl und eine geringe Sicherheit, Probleme meistern zu können. Bei den Patienten, die sich gerade nicht in Behandlung befanden, fielen diese

Korrelationen niedriger aus. Holland (1977) beschrieb dagegeben, daß emotionale Unterstützung beim Umgang mit Depressivität und Angstgefühlen effektiver war als eine medikamentöse Hilfe.

Auch hier fehlen empirische Arbeiten zu der Frage, wie verschiedene Formen sozialer Unterstützung erlebt und verarbeitet werden, d. h. unter welchen Bedingungen sie als eher hilfreich oder eher belastend erlebt werden und wie die Interaktionen mit einzelnen Bewältigungsstrategien sind.

2. Zeitliche Phasen im Verlauf einer Krebserkrankung

Empirische Studien wurden hauptsächlich retrospektiv durchgeführt, nur wenige Arbeiten geben den Erhebungszeitpunkt überhaupt an (z. B. Greer et al. 1979: 3 Monate nach Diagnosestellung). Andere lassen ihn entweder unerwähnt (Rogentine et al. 1979; Penman 1979), oder es wird deutlich, daß die Erhebung bei einzelnen Patienten zu völlig verschiedenen Zeitpunkten durchgeführt wurde. Untersuchungen, die sich lediglich auf eine Beschreibung spezifischer Problembereiche und der emotionalen Befindlichkeit beschränkt haben, zeigen ein Vorherrschen einzelner Foki zu bestimmten Zeitpunkten im Verlauf einer Krebserkrankung. Beispielhaft soll die Untersuchung von Freidenbergs (1983) angeführt werden. Die Autoren interviewten 309 Krebspatienten unterschiedlicher Lokalisation an vier Zeitpunkten (Tag der Aufnahme ins Krankhenhaus, Tag der Entlassung, 3 und 6 Monate nach Entlassung). Sie zeigten, daß während der Hospitalisierung primäre Belastungen auf der körperlichen Ebene vorherrschten, 3 und 6 Moante nach der Entlassung dagegen primäre Belastungen auf der psychischen Ebene (Beunruhigung über den weiten Krankheitsverlauf) sowie sekundäre Belastungen (familiäre Probleme, finanzielle Sorgen) im Vordergrund standen. Gaus und Köhle (1986) weisen auf eine spezifische Phase starker Belastung etwa 4 Monate nach Abschluß einer stationären Behandlung hin. Zu diesem Zeitpunkt werden die Patienten von ihrer Umwelt nicht mehr als "krank" angesehen, sie sind aber auch noch nicht voll "rehabilitiert".

Im Zusammenhang mit einer fokusabhängigen Betrachtung der Krankheitsbewältigung erscheint es somit nötig, daß sich empirische Untersuchungen auf bestimmte zeitliche Phasen im Krankheitsverlauf konzentrieren. Auch hier genügen die vorliegenden Befunde nicht für eine Konkretisierung relevanter Phasen. Vorläufig bietet sich folgende Unterteilung an:

- *Vom Beginn der ersten Symptome bis zum ersten Arztbesuch.* Ein möglicher belastender Fokus ist das "Beachten vs. Nichtbeachten" erster Symptome und die zeitliche Verzögerung bis zur Inanspruchnahme medizinischer Untersuchungen.

- *Vom ersten Arztbesuch bis zur Diagnosestellung.* Ein möglicher zentraler Fokus ist die psychisch belastende Wartezeit mit der Unsicherheit über den Ausgang der Untersuchungen.

- *Diagnosestellung und die Ziet vor Beginn der Behandlung.* Mögliche belastende Foki sind die Realisierung der potentiellen Lebensbedrohlichkeit, die Notwendigkeit eines Entschlusses bezüglich der Behandlungsmaßnahmen sowie die Angst vor belastenden Behandlungsfolgen.

- *Einsetzen der Behandlung.* Ein möglicher Fokus hier sind erste, direkte Behandlungsfolgen wie z. B. Übelkeit/Erbrechen oder Haarausfall bei der Chemotherapie.

- *Folgezeit nach einer Primärbehandlung.* Mögliche Foki: der Zustand zwischen "nicht mehr krank" und "noch nicht voll rehabilitiert", eine Unsicherheit über den weiteren Verlauf, Angst vor Rezidiven bzw. Metastasen.

- *Terminalstadium.* Ein zentraler Fokus ist hier die Unausweichlichkeit des herannahenden Todes.

Eine Zuordnung potentiell relevanter Foki zu einzelnen Krankheitsphasen scheint fast ausschließlich für belastende Foki möglich. Über das Auftreten positiver Foki ist bisher nur sehr wenig bekannt.

3. Effektivitätskriterien

Die Beurteilung der Angemessenheit, Effektivität und/oder Adaptivität von Krankheitsverarbeitungsprozessen ; wurde bisher über sehr verschiedene Kriterien versucht.

3.1. *Psychisches Befinden*

In den meisten vorliegenden Arbeiten wird die Effektivität von Verarbeitungsstrategien indirekt über das Ausmaß an negativer emotionaler Befindlichkeit (auch "emotionaler Distress") bewertet, u. a. über das Ausmaß an Angst oder Depressivität. Bewältigungsstrategien, die mit geringer Angst oder Depressivität einhergehen, werden in der Regel als effektiver beurteilt. So zeigte Weisman, daß Strategien der Rationalisierung mit einem geringeren emotionalen Distress einhergingen, während Verdrängung, stoisches Akzeptieren und Schuldsuche mit erhöhtem emotionalen Distress einhergingen (vgl. Nerenz et al. 1982; Ziegler 1986).

3.2. *Direkte Bewertung der Effektivität*

Weisman und Worden (1976) liessen im Rahmen eines semistrukturierten Interviews die einzelnen Problemlösungswege von den Patienten im Selbstrating als "hilfreich" oder "nicht hilfreich" einschätzen.

Penman (1979) versuchte eine direkte Effektivitätsbeurteilung über ein Fremdratin. Sie ließ die Bewältigungsstrategien auf ihre *Flexibilität* (Auswahl an verschiedenen Bewältigungsmöglichkeiten), die *Effektivität* (das Lösen emotionaler Spannungen) und die *Adaptationsfähigkeit* (Situationsangemessenheit) hin beurteilen.

3.3. *Indikatoren des Krankheitsverlaufes*

Gemäß der Hypothese, daß die Art der Krankheitsverarbeitung einen Einfluß auf den weiteren Krankheitsverlauf haben kann, wurden in einigen Fällen prospektiver Langzeitstudien Indikatoren wie z. B. die Metastasenbildung, Rezidivrate und schließlich die Überlebensrate als Effektivitätskriterien eingesetzt. So zeigten Greer et al. (1979) in einer Fünf-Jahres-Studie an 69 Mammakarzinom-Patientinnen, daß die Überlebensrate bei solchen Patientinnen höher war, die drei Monate nach Diagnosestellung die bedrohlichen Implikationen ihrer Erkrankung entweder leugneten oder aktiv/kämpferisch angingen. Bei Patientinnen, die ein stoisches Akzeptieren oder Resignation gezeigt hatten, war die Überlebensrate nach 5 Jahren signifikant geringer. Eher entgegengesetzte Ergebnisse berichten Rogentine et al. (1979), die bei 67 Patienten mit einem malignen Melanom in Abhängigkeit von der Anzahl befallener Lymphknoten einen positiven Zusammenhang zwischen Rückfallrate und Verleugnungstendenzen fanden.

3.4. Compliance

Wie schon in Abschnitt 1.1.2. erwähnt, wird die Compliance des Patienten als wichtiges Effektivitätskriterium herangezogen, vor allem, wenn es um das Bewältigen primärer Belastungen auf somatischer Ebene geht. In der Literatur häufiger thematisiert wurde bisher der Umgang mit den ersten Symptomen, bevor eine Person zum Arzt geht. Hier wurden Verleugnungstendenzen als ineffektiv oder schädlich angesehen, da sie die Inanspruchnahme notwendiger medizinischer Maßnahmen verzögern (Greer et al. 1979; Weisman 1978; Magarey et al. 1976).

3.5. Ergebnis der Rehabilitation

Als ein letztes mögliches Kriterium für die Effektivität von Krankheitsverarbeitungsstrategien werden Ziele der Rehabilitation angesehen: u. a. die selbständige Wiederaufnahme der Haushaltstätigkeit, die Wiederaufnahme der Berufstätigkeit).

Für die Entwicklung sinnvoller, hilfreicher psychologischer Maßnahmen sollten einerseits die verwendeten Kriterien deutlich expliziert sein, andererseits sollten möglichst mehrere Kriterien auf verschiedenen Ebenen erfaßt werden, dies sowohl im Selbst- als auch im Fremdrating. Möglicherweise kristallisiert sich dann heraus, daß einzelne Bewältigungsstrategien fokusabhängig hinsichtlich verschiedener Effektivitätskriterien zu beurteilen sind. Für den Umgang mit wahrgenommenen Körperbeschwerden könnten sich zum Beispiel die Compliance-Rate und die emotionale Befindlichkeit als relevante Kriterien erweisen. Dies könnte bedeuten, daß zum Beispiel eine Tendenz zum Bagatellisieren nur insofern als effektiv zu beurteilen wäre, als sie dafür sorgt, daß einerseits das emotionale Gleichgewicht erhalten bleibt, daß andererseits aber ein Arzt zu Rate gezogen wird.

Im folgenden wird nun auf der Basis einer Definition der Begriffe "Krankheitsverarbeitung" und "Krankheitsbewältigung" ein Überblick über verschiedene Formen psychischen Reagierens gegeben - beispielhaft werden dazu einige empirische Ergebnisse referiert.

4. Definition der Begriffe "Krankheitsverarbeitung" und "Krankheitsbewältigung"

Wir verwenden diese Termini nicht synonym, sondern verstehen Bewältigungsstrategien als eine Unterguppe der allgemeiner gefaßten Prozesse der Krankheitsverarbeitung.

Krankheitsbewältigung definieren wir in Anlehnung an Lazarus und Launier (1981) als bewußte und *zielgerichtete* Versuche, erwartete oder bereits bestehende krankheitsbedingte Belastungen (einschließlich der begleitenden emotionalen Reaktionen) auf der kognitiven und/oder Verhaltensebene zu bewältigen. Das Ziel dieser Versuche kann in einer eher intrapsychischen Anpassung an die Situation oder in einem Versuch der Änderung von Situationsgegebenheiten bestehen.

Unter *Krankheitsverarbeitung* werden dagegen alle bewußten und unbewußten Reaktionen subsumiert, die auf krankheitsbedingte Belastungen oder positive Veränderungen hin erfolgen und auf der emotionalen, kognitiven und Verhaltensebene beschreibbar sind. Nach Lazarus können wir hier Aspekte der primären Bewertung (eine erste Situationseinschätzung), der sekundären Bewertung (Einschätzung von Handlungsmöglichkeiten), der Neubewertung (Bewertung des Handlungsresultates) sowie des Bewältungsverhaltens unterscheiden.

Versuche der Krankheitsbewältigung setzen demzufolge das Realisieren von Belastungen voraus. Der zielgerichete Versuch, Gedanken an die potentielle Lebensbedrohlichkeit zu verdrängen, sich abzulenken bzw. zu einem "normalen Leben" zurückzukehren, wird dementsprechend als eine Strategie der Bewältigung verstanden. Ein Nicht-Realisieren der potentiellen Lebensbedrohlichkeit bei der Diagnose "Krebs" ("Das ist halt ein Geschwür, wenn es herausoperiert ist, ist alles in Ordnung"), das sich nach Lazarus auf der Stufe der primären Situationsbewertung ("ungefährlich") abspielt, wird demgegenüber nicht den Bewältigungsstrategien zugeordnet, sondern den allgemeineren Krankheitsverarbeitungsprozessen. Auszuschließen sind bei dieser Zuordnung die folgenden Alternativen: 1. Daß der Patient nicht über die Diagnose aufgeklärt ist und seine Situationseinschätzung auf Unwissen beruht. 2. Daß es sich um einen kommunikativen Aspekt der "Verleugnung" handelt, bei dem der Patient selbst um seine Erkrankung weiß, dies aber dem Interviewer gegenüber leugnet (vgl. Gaus und Köhle 1986). Diese Abgrenzung läßt allerdings schon erahnen, daß eine eindeutige Beurteilung der vom Patienten gemachten Äußerungen sowohl Kenntnisse über die Informiertheit des Patienten als auch über die interaktiven Komponenten einer Untersuchungssituation voraussetzen würde; ein Vorhaben, dem enge Grenzen gesetzt sind.

5. Emotionale Befindlichkeit

In einer Reihe empirischer Arbeiten wird die emotionale Befindlichkeit nicht als Kriteriumsvariable betrachtet (wie i. Abschnitt 3.1.), sondern sie wird ihrerseits als Prädiktor für den weiteren Krankheitsverlauf untersucht.

Vordergründig betrachtet finden sich in den relativ wenigen empirischen Studien dazu jedoch völlig entgegengesetzte Ergebnisse: Während Derogatis et al. (1979) zum Beispiel eine längere Überlebenszeit bei solchen Frauen (Patientinnen mit metastasierendem Mammakarzinom) fanden, die im SCL-90 eine größere Feindseligkeit, mehr Depressivität und insgesamt einen größeren emotionalen Distress zeigten, wird landläufig eine längere Überlebenszeit bei solchen Patienten erwartet, die nur in geringem Maße mit Angst und Depressivität auf ihre Erkrankung ragieren. Derogatis et al. schließen aus ihren Ergebnissen, daß die Patientinnen mit längerer Überlebenszeit in ihrer Studie solche waren, die negative Gefühle besser zum Ausdruck bringen konnten, d. h., sie nicht unterdrückt haben.

Diese scheinbar widersprüchlichen Zusammenhangsaussagen spiegeln sehr anschaulich ein Validitätsproblem dieser subjektiven Angaben wider: Gibt ein Patient Angst/Depressivität und/oder Aggressivität in einem Fragebogen an, so kann es bedeuten, daß er dadurch mehr belastet ist als andere ("ungünstig"), oder daß er diese Gefühle besser ausdrücken kann als andere ("günstig").

Weiterhelfen könnte hier (will man bei subjektiven Aussagen bleiben) u. E. eine Differenzierung zwischen Intensität und der zeitlichen Dauer, über die eine negative Stimmung anhält. Angesichts der potentiellen Lebensbedrohlichkeit einer Krebserkrankung und häufig sehr belastender Behandlungsmethoden sind erhöhte Angst und Depressivität durchaus zu erwartende Reaktionen. Das drückt sich auch in der Prävalenzrate zahlreicher empirischer Studien aus (u. a. Maguire et al. 1975; Petty, Noyes 1981; Ziegler 1986). Berücksichtigt man die o. g. Unterschiede zwischen "Intensität" und "zeitlicher Dauer" eines emotionalen Distress, so müßte man Personen bzw. Situationen danach unterscheiden, ob Zustände von Angst oder Depressivität nur kurz oder längere Zeit anhalten bzw. wie es manchen Personen gelingt, aus einer

Phase der depressiven Verstimmung oder Angst herauszukommen. Die Annahme von Derogatis et al. (1979), daß Patienten mit längerer Überlebenszeit ihre negativen Gefühle besser ausdrücken können, weist auf solche Prozesse hin: das offene Ausdrücken ist möglicherweise eine Art der Verarbeitung, die zu einer Verringerung der emotionalen Belastung bzw. zu einer Abkürzung der zeitlichen Dauer einer solchen Phase beiträgt.

6. Kognitive Variablen der Krankheitsverarbeitung

Zuerst soll auf einige Aspekte kognitiver Krankheitsverarbeitung eingegangen werden, die nach Lazarus den Prozessen primärer und sekundärer Situationsbewertung zugeordnet werden, die also noch keine gezielten Versuche der Bewältigung belastender Momente darstellen.

6.1. Das "Sehen" versus "Nicht-Sehen" der bedrohlichen Implikationen einer Krebserkrankung

Nach Lazarus kommt es bei der Konfrontation mit einer neuen Situation in einem ersten Schritt zu einer allerersten Situationsbewertung: die Situation wird als "angenehm" oder "unangenehm" erlebt oder sie ist für eine Person "irrelevant". Je nach Art des erlebten Geschehens wird eine als unangenehm bewertete Situation als "Bedrohung" oder "Schaden/Verlust" eingeschätzt (vgl. die Unterteilung in die Kategorien "Bedrohung", "Behinderung" und "Verlust" bei Hasenbring 1983).

Für eine Person, die sich mit der Diagnose einer Krebserkrankung auseinandersetzen muß, stellt sich nun die Frage, ob diese die Tragweite der Erkrankung realisiert (und damit als "bedrohlich" einschätzt) oder nicht (und sie damit im weitesten Sinne als "irrelevant" bewertet). Ein Nicht-Realisieren der bedrohlichen Implikationen auf dieser Stufe der primären Situationseinschätzung kommt dem gleich, was z. B.Laughlin (1976) als "Verleugnung" beschreibt und als eine Form unbewußter Verarbeitung dem Vorgang "Suppression" gegenüberstellt, einem bewußten "Nicht-Nachdenken-Wollen", um negative Gefühle in Grenzen zu halten.

Unter den empirischen Arbeiten zur Krankheitsverarbeitung bei Krebs nimmt die Erforschung von Prozessen der "Verleugnung" den weitaus größten Raum ein. Die Ergebnisse sind jedoch vor allem hinsichtlich der Adaptivität dieser Verarbeitungsform wenig aufschlußreich, da es bisher weder eine einheitliche Konzeptbildung gibt noch eine befriedigende Form der Erfassung (vgl. die methodenkritische Übersicht von Beutel 1985). Die gefundenen Beziehungen zwischen Verleugnungstendenzen und zum Beispiel der Überlebensrate fallen sowohl positiv (Greer et al. 1979) als auch negativ aus (Rogentine et al. 1979).

6.2. Die Interpretation primärer positiver und negativer Veränderungen

Eine an Krebs erkrankte Person befindet sich in einer Situation verstärkter Bedrohung, und zwar eher in einer individuellen gegenüber einer eher universellen Bedrohung, z. B. im Autoverkehr ums Leben zu kommen. Dabei herrscht in jedem Einzelfall ein größtes Ausmaß an Unsicherheit über den weiteren Verlauf, was auf dem Boden der von Frey (1978) formulierten Kontrolltheorie als ein extremer Kontrollverlust interpretiert werden kann. Im Rahmen erster Behandlungsmaßnahmen sieht sich ein Patient einer Reihe von Veränderungen ausgesetzt, deren Bedeutung als "bedrohlich", "positiv" oder "irrelevant" er ständig neu herausfinden muß. Zum Teil sind es Ergebnisse, die von Seiten der behandelnden Ärzte relativ gut objektivierbar sind. In dieser Zeit ist eine gute Verständigung zwischen Arzt und Patient die Hauptbasis dafür, daß objektiv "positive" oder "irrelevante" Ereignisse für den Patienten subjektiv gut erkennbar sind, so daß hier Quellen für eine ungünstige Fehlinterpretation der eigenen Situation möglichst gering gehalten werden.

Beispiele für solche Fehlinterpretationen geben u. a. Peck und Boland (1977) mit ihrer Untersuchung an 50 Krebspatienten. 60% der von ihnen untersuchten Personen, die alle einer regulären Strahlentherapie unterzogen wurden, interpretieren das Einleiten dieser Behandlung trotz einer erfolgten Aufklärung als eine Rückschritt im Krankheitsverlauf, worauf sie mit zunehmender Hoffnungslosigkeit und Depressivität reagierten. Ein weiteres Beispiel stellt die in Abschnitt 1.3.1. erwähnte Untersuchung von Nerenz et al. (1982) dar. Hier ging es um die Frage, ob primäre positive Veränderungen wie ein Behandlungsfortschritt subjektiv wahrgenommen werden können. Personen, die keine eindeutigen Symptome als Anhaltspunkt für einen solchen (objektiv vorhandenen) Behandlungsfortschritt verfügbar hatten, zeigten deutlich stärkeren emotionalen Distress. Die Autoren vermuten, daß ohne solche Anzeichen die subjektive Unsicherheit über den eigenen Zustand nicht reduziert werden kann, so daß in der Folge bedrohliche Phantasien etwa über die Ausbreitung einer diffusen Gefahr im Körper auftreten können, die wiederum Gefühle der Nichtkontrollierbarkeit verstärken.

Diese beiden Arbeiten verdeutlichen, wie wichtig es ist, daß behandelnder Arzt und Patient im gemeinsamen Gespräch solche "irrationalen" Gedanken und Phantasien erkennen und ansprechen, so daß es für den Patienten zu einer emotionalen Entlastung kommen kann und/oder weitere hilfreiche Maßnahmen eingeleitet werden können (z. B. eine mittelbare Rückmeldung über den Behandlungsfortschritt, wenn für einen Patienten subjektiv keine Anhaltspunkte verfügbar sind).

6.3. Ursachenattribuierung

Als ein weiterer Aspekt der kognitiven Verarbeitung rückt in letzter Zeit die Variable "Ursachenattribuierung" in den Vordergrund, d. h., die Frage, wie sich die betroffenen Patienten Entstehung und Ausbruch der Erkrankung subjektiv erklären. Es ist zu klären, ob sich bei Krebspatienten spezifische Dimensionen der Attribution im Unterschied zu anderen chronischen Erkrankungen finden und ob es Attributionsmuster gibt, die mit einer maladaptiven Verarbeitung einhergehen.

Im Rahmen des Modells von Lazarus kann die Ursachenattribuierung als ein Aspekt der primären Situationsbewertung verstanden werden, d. h. als ein Versuch, die wahrgenommene Situation zu interpretieren. Die streßvermittelnde Wirkung spezifischer Attributionsmuster läßt sich auf dem Boden der sozialpsychologischen Theorie kognitiver Kontrolle verstehen (s. Überblick bei Osnabrügge, Stahlberg und Frey 1985). Nach Thompson (1981) stellt die Suche nach Ursachen einen Versuch dar, "retrospektive Kontrolle" zu erlangen. Bestimmte Attributionsmuster gehen mit einem Verlust an Kontrolle einher. Welche spezifischen Muster dies nun sind, ist bisher insbesondere für die Situation von Krebspatieten wenig geklärt.

Gegenwärtig liegen sowohl empirische Arbeiten mit gebundener als auch solche mit offener Frageform vor, die jede für sich einigen Aufschluß geben. Bei der gebundenen Form sind jeweils Dimensionen der Attibuierung vorgegeben. So untersuchten Muthny und Koch (1984) in einer Studie an Krebspatienten die Dimensionen "extern-intern" und "stabil-variabel". Sie fanden keine Unterschiede in der Ausprägung dieser Dimension zwischen Brustkrebs und Dialysepatienten.

Ziegler (1986) unterschied "psychosomatische" Ursachenvorstellungen von "organ-medizinischen". Er fand zum einen positive Zusammenhänge zwischen organmedizinischen Attributionen und einem erfolgreichen Coping, worunter er niedrige Werte für Depressivität, Angst und körperliche Beschwerden versteht sowie hohe Werte für "Kompetenz im Umgang mit der Erkrankung" und "soziale Unterstützung". Zum anderen fand er eine gleichsinnige Zunahme der Häufigkeit starker Depressionen und Angst sowie psychosomatischer Attributionsmuster. Ziegler diskutiert diese Befunde als Ausdruck eines Schuldgefühls, das mit einer Depression einhergehe.

Mir erscheint es jedoch verfrüht, psychosomatische Erklärungsmuster mit Schuldgefühlen gleichzusetzen, solange die Dimension "intern-extern" nicht geklärt ist. Es ist ebenso denkbar, daß eine Zunahme an Depressivität und Angst - unter Umständen in der Folge einer schlechter werdenden körperlichen Verfassung - das psychische Erleben für die Betroffenen stärker in den Vordergrund rückt und damit eine Bereitschaft wächst, psychosomatische Zusammenhänge überhaupt wahrzunehmen.

Außerhalb psychoonkologischer Fragestellungen haben Bulman und Wortman (1977) erstmalig auf die Dimension "Vermeidbarkeit" hingewiesen, die in Zusammenhang mit der Dimension "extern-intern" Aufschluß über günstige Anpassungen an die Folgen schwerer Unfälle gibt. Personen, die die Ursachen eines Unfalles sich selbst zuschrieben und das Geschehen dabei für unvermeidbar gehalten haben, zeigten eine bessere Anpassung an die Unfallfolgen (Querschnittslähmung) als Personen, die die Ursachen äußeren Umständen oder anderen Personen zuschrieben und das Geschehen für vermeidbar hielten.

Frey, Rogner und Havemann (1983) konnten diese Ergebnisse zum Teil bestätigen. Sie fanden eine kürzere Aufenthaltsdauer in der Klinik sowie eine kürzere Wundheilung bei solchen Patienten, die sich selbst keine oder wenig Schuld an dem vorangegangenen Unfall gaben und diesen für unvermeidbar hielten. Eigene Schuldzuweisungen gingen mit einer ungünstigen Anpassung einher.

Mir erscheint es hier notwendig, für eine internale Attribution zu klären, ob es sich dabei um die Übernahme "eigener Verantwortung" handelt, was mit einem Akzeptieren und Annehmen der Folgen verbunden sein kann oder ob es sich um "Schuldvorwürfe" handelt, die mit einem negativen emotionalen Befinden verbunden wären.

Überträgt man diese Ergebnisse auf die Situation von Krebspatienten, müßte ein Anpassung an die Krankheit besser gelingen, wenn die Entstehung der Erkrankung als unvermeidbar angesehen wird. Personen mit einer Krebserkrankung, für die psychosoziale Risikofaktoren bekannt sind (z. B. das Rauchen beim Lungenkarzinom) müßten demzufolge in eine schwierige Situation kommen. Lassen sie das Rauchen als eine Hauptursache gelten, könnten sie kaum mehr von einer Unvermeidbarkeit ausgehen, andernfalls entstünde eine belastende kognitive Dissonanz. Eine gelungene Dissonanzreduktion wäre in diesen Fällen Voraussetzung für eine günstige Anpassung an die Krankheit. Auf dem Boden der Theorie kognitiver Kontrolle käme sie einer Wiedergewinnung kognizierter retrospektiver Kontrolle gleich.

Im Rahmen einer vorläufigen Auswertung eigener Ergebnisse an 30 Magen- und Bronchialkrebspatienten konnten wir diese Vermutungen teilweise bestätigen (Hasenbring 1986). Zum einen hielt tatsächlich die Mehrzahl der Patienten (71%) ihre Erkrankung für unvermeidbar, selbst dann, wenn sie überhaupt keine konkreten Vorstellungen über mögliche Ursachen hatten. Im Rahmen einer offenen Befragung nach verschiedenen Ursachen, die von den Patienten im Alltag erwogen werden, zeigten sich gerade bei Bronchialkrebspatienten auffällige "Inkonsistenzen" in den Einschätzungen der Variablen "subjektiv naheliegenste Ursache", "external-internal", "stabil-variabel" und "vermeidbar-unvermeidbar". Als Beispiel sei der Fall eines 62jährigen Postangestellten genannt: dieser Patient hielt 3 Faktoren für mögliche Ursachen. Als erste und "subjektiv naheliegenste Ursache" gab er "Rauchen" an, als zweite nannte er "das häufige Verwenden eines als gefährlich bekannten Putzmittels im Haushalt". "Rauchen" als subjektiv naheliegenste Ursache schätzte er dann erwartungsgemäß als "intern" und "variabel" ein. Bei der Frage der Vermeidbarkeit schwenkte er dann um und gab "unvermeidbar" an, dies mit der Begründung, ihm sei die Gefährlichkeit dieses Putzmittels damals nicht bekannt gewesen. Diese Inkonsistenzen über die Antworten hinweg deuten auf den Versuch einer Verringerung der o. g. kognitiven Dissonanz hin.

Wir sahen in dieser Untersuchung darüberhinaus, daß 68% der Befragten zwischen 2 und 4 möglichen Ursachen nannten, die sie im Alltag erwägen. Dies zeigt uns, daß die Beschäftigung mit der Frage der Verursachung einen subjektiv wichtigen Aspekt der Krankheitsverarbeitung darstellt.

Becker (1984) wählte in einer Studie an 71 Mammakarzinom-Patientinnen eine offene Frageform und zeigte in sehr eindrücklicher

Weise auf, wie sich die vom Patienten vermuteten Ursachen (es waren in der Regel mehrere) im Laufe eines Gespräches mit dem Arzt veränderten. Zu Beginn wurden meist eher "rationale", externe und allgemein sozial akzeptierte Vorstellungen genannt, später dagegen eher "irrational" magische Ideen, in denen vor allem eine starke Betroffenheit zum Ausdruck kam. Diese Arbeit weist darauf hin, daß Menschen sich oft mit mehreren Ursachenvorstellungen auseinandersetzen. Es bleibt empirisch zu klären, von welcher Attribution eine Person am ehesten überzeugt ist und welche am bedrohlichsten ist. Würde Beckers Hypothese, daß die irrationalen, magischen Vorstellungen die eigentlich bedeutsamen sind, empirisch bestätigt werden können, müßte dies einem Verlust an retrospektiver Kontrolle gleichkommen und sich damit negativ auf die psychische Situation des Patienten auswirken.

6.4. Beeinflußbarkeitserwartungen

Subjektive Einschätzungen der Beeinflußbarkeit belastender Ereignisse werden nach Lazarus den "sekundären Situationsbewertungen" zugeordnet, d. h. der Einschätzung eigener Handlungsmöglichkeiten. Im Rahmen eines trait-Konzeptes werden zeitüberdauernde und situationsspezifische Überzeugungsmuster erfaßt und dabei die Dimensionen "Internalität" im Sinne eigener Einflußnahme auf die Dinge des Lebens, "Externalität-powerful others" (im Sinne eines Einflußes wichtiger anderer Personen" und "Externalität - Fatalismus" (Einfluß von Zufall und Schicksal) unterschieden (Krampen 1981). Wallston und Wallston (1981) formulierten ein situationsgebundenes Konzept, das sich unter Verwendung der gleichen Dimensionen auf Kontrolle über Gesundheit/Krankheit bezieht.

Attributionen zur Kontrollierbarkeit belastender Ereignisse werden ebenfalls sowohl als Prädiktoren der Anpassung an die Krankheit als auch als Prädiktoren des Compliance-Verhaltens vermutet. Es wird angenommen, daß geringe Ausprägungen internaler Kontrolle mit Gefühlen der Hilflosigkeit einhergehen und damit das Auftreten depressiver Stimmung und Angst begünstigen. Die Kombination "internal" mit der Einschätzung "external-powerful others", d. h., daß einem selbst und auch Ärzten und Angehörigen ein wesentlicher Einfluß zukommt, wird als Voraussetzung für eine hohe Compliance vermutet.

Zur ersten der beiden Annahmen liegen mittlerweile einige bestätigende Befunde vor. Ziegler (1986) stellte in der bereits erwähnten Studie Korrelationen zwischen einem geringen Ausmaß an internaler

Kontrolle, hohen Ausprägungen an fatalistischen Einstellungen und einem hohen Maß an Depressivität, Gehemmtheit und Angst fest sowie ein gehäuftes Auftreten "antizipierter Nebenwirkungen" während einer Chemotherapie. Kurtz und Marienfeld (1986) fanden ebenfalls einen negativen Zusammenhang zwischen internaler Kontrollüberzeugung und Angst bei einer Gruppe von 22 operierten Magen- und Bronchialkarzinompatienten (vgl. Hasenbring 1988). Empirische Untersuchungen zum Zusammenhang zwischen der Compliance-Rate und spezifischen Kontrollüberzeugungen sind mir bei Krebspatienten bisher nicht bekannt.

7. Strategien der Krankheitsbewältigung

Entsprechend unserer Definition des Begriffes "Krankheitsbewältigung" sollen in diesem Abschnitt ausschließlich bewußte, zielgerichtete Versuche, krankheitsbedingte Belastungen zu bewältigen, thematisiert werden. Auf ein umfassendes Referieren bisheriger empirischer Studien und ihrer Ergebnisse soll an dieser Stelle verzichtet werden (s. die Übersichtsarbeiten bei Heim et al. 1983; Herschbach 1985; Ziegler 1986; Klauer und Filipp 1986). Es soll vielmehr versucht werden, die bisher thematisierten Bewältigungsformen anhand der logisch gebildeten Dimensionen "aktiv vs. passiv" und "die Aufmerksamkeit auf Anforderungen richten vs. von den Anforderungen abwenden" zu ordnen.

Dabei ist die schwierigste Beurteilung diejenige, ob etwas Belastendes auf der Stufe der primären Situationsbewertung "nicht gesehen" wird oder ob es sich um einen zielgerichteten Versuch handelt, die Aufmerksamkeit von Belastendem abzuwenden. Der Versuch einer Beurteilung wird immer nur eine Annäherung an die subjektive Realität des Patienten darstellen. Möglicherweise kommt aber gerade dieser Differenzierung eine große Bedeutung für die Effektivitiät der Anpassung an eine Krankheit zu. Es spiegelt sich darin die von Norma Haan (1977) getroffene Unterscheidung in "reife", d. h. realitätsnahe und flexible Bewältigungsstrategien und eher "unreife", d. h. realitätsferne und -verzerrende sowie rigide Abwehrvorgänge wider.

In Abbildung 2 wird eine Zuordnung solcher Bewältigungsstrategien zu den o. g. Kategorien versucht, die in vorliegenden empirischen Untersuchungen bei Krebspatienten Verwendung fanden bzw. in laufenden Untersuchungen Verwendung finden. In den Fällen, in denen die bedrohlichen Implikationen der Erkrankung realisiert werden, lassen sich zwei wesentliche Zielsetzungen unterscheiden: zum einen eher aktive Versuche, die Krankheit und ihre Folgen zu überwinden, zum anderen eher passive Versuche, die Krankheit und ihre Folgen zu ertragen. Bezüglich beider Zielsetzungen gibt es Strategien, mit denen die Aufmerksamkeit auf die Situation mit ihren Anforderungen oder auf die begleitenden Emotionen ausgerichtet ist und solche, mit denen die Aufmerksamkeit von den belastenden Anforderungen und/oder Emotionen abgewendet wird.

	eher aktiv	eher passiv
Aufmerksamkeits-zuwendung	Informationssuche Problemanalyse Positive Phantasien Sinngebung Konstruktive Aktivität Suche nach sozialer Unterstützung...	Stoizismus/Fatalismus Grübeln Schuldzuschreibung Passive Compliance Klagsamkeit...
Aufmerksamkeits-abwendung	Kognitive Umstrukturierung Ablenkende Aktivitäten Suche nach ablenkenden sozialen Kontakten Non-Compliance Humor...	Nicht-Wahrhaben-Wollen Aktivitäten meiden Sozialer Rückzug Non-Compliance...

Abb. 2: Strategien der Krankheitsbewältigung in einem zweidimensionalen Modell

7.1. Aktive Versuche der Krankheitsbewältigung

7.1.1. Strategien der Aufmerksamkeitszuwendung

Mehr oder weniger differenziert finden sich Strategien dieser Kategorie in allen empirischen Arbeiten zur Krankheitsbewältigung bei Krebs. Greer et al. (1979) fassen verschiedene Vorgehensweisen zu der Kategorie "fighting spirit" zusammen (auch Herschbach 1985), während Weisman (1978), Penman (1979) und Heim et al. (1983) differenzierte verhaltensnahe Beschreibungen geben. Formen der aktiven Auseinandersetzung mit der Situation finden wir sowohl auf der kognitiven, der emotionalen als auch auf der Verhaltensebene. Im folgenden sind einige wesentliche Strategien genannt:

- *Informationssuche*: eine aktive Informationssuche stellt eine der ersten Handlungen nach Diagnosestellung dar. Sie ist Voraussetzung für eine angemessene Einschätzung der eigenen Situation sowie für eine aktive Mitarbeit in der Therapie.

- *Problemanalyse*: hierunter werden Versuche verstanden, die Situation und alle damit einhergehenden Anforderungen zu verstehen, um sich darauf einstellen zu können und um zu konkreten Handlungsimpulsen zu gelangen.

- *Kognitionen der Selbstwirksamkeit:* Versuche, bei denen sich eine Person vor Augen hält, was sie im Leben Positives erreicht hat bzw. welche Schwierigkeiten sie bisher schon erfolgreich überwunden hat - in der Regel, um sich Mut zu machen.

- *Positive Phantasien:* Phantasien, in denen sich eine Person ausmalt, wie sie die Krankheit überwinden wird oder Phantasien schöner Begebenheiten.

- *Sinngebung:* Versuche, der Krankheit einen besonderen Sinn zuzuschreiben, sie zum Beispiel als eine Chance zu interpretieren, Einstellungen zum eigenen Leben oder zu anderen Personen zu ändern.

- *Religiosität:* Versuche, im Glauben und verschiedenen damit verbundenen Handlungen (Gebete, Kirchgang etc.) einen Halt bei der Auseinandersetzung mit den Anforderungen zu finden und dabei emotionale Entlastung zu erfahren.

- *Konstruktive Aktivität*: ein Entwickeln von Aktivitäten, die den verschiedenen kognitiven Bewältigungsformen entsprechen: Aktivitäten, die das Selbstwertgefühl steigern, in denen wichtige Wünsche erfüllt werden, die einer veränderten Sinngebung entsprechen etc.

- *Aktive Formen der Compliance*: hierunter wird eine aktive Mitarbeit bei der Einleitung und Durchführung medizinischer Maßnahmen verstanden, zum Beispiel Fragen nach Wirksamkeit und Nebenwirkungen verschiedener Behandlungsformen, Einhalten von Behandlungsterminen etc.

- *Suche nach sozialer Unterstützung*: eine wahrscheinlich sehr wichtige Strategie ist die aktive Äußerung von Wünschen nach instrumentellen Hilfen oder emotionaler Zuwendung (sich verwöhnen lassen,

Gespräche mit vertrauten Personen zur emotionalen Entlastung oder Problemlösung suchen etc.).

- *Direkte Entspannung:* über verschiedene Formen der Entspannungsverfahren (Autogenes Training, Progressive Muskelrelaxation) kann ebenfalls in belastenden Situationen emotionale Entlastung erfahren werden.

7.1.2. Strategien der Aufmerksamkeitsabwendung

Verschiedene Handlungen, in denen die Aufmerksamkeit von den besonders bedrohlichen Implikationen der Erkrankung abgewendet wird, dienen möglicherweise dazu, negative Gefühle in Grenzen zu halten.

- *Kognitives Umstrukturieren:* hierunter fällt u. a. der soziale Vergleich mit anderen Menschen, denen es noch schlechter geht, wodurch die eigene Situation in einem positiven Licht gesehen wird sowie Rationalisierungen, d. h. Versuche, die eigene Situation auf dem Boden "logischer Überlegungen" weniger bedrohlich einzuschätzen.

- *Ablenkende Aktivitäten*: Beispiele sind u. a. ein "sich ganz auf die Arbeit konzentrieren", "sich auf außerberufliche Aktivitäten konzentrieren".

- *Suche nach ablenkenden sozialen Kontakten*: hierunter fällt u. a. die aktive Suche nach Personen, mit denen man hauptsächlich Freizeitaktivitäten verfolgen kann, wie z. B. Karten spielen, in Konzerte gehen. Kontakte, bei denen man hofft, daß die Krankheit als Thema ausgeschlossen bleibt.

- *Humor*: das Konzentrieren auf Dinge, die Lachen, Heiterkeit und gelöste Stimmung auslösen.

7.2. Passive Versuche der Krankheitsbewältigung

- *Stoizismus/Fatalismus:* Versuche, die Krankheit als etwas Unausweichliches anzusehen, das es mit Fassung zu tragen gilt. Typische Kognitionen sind: "Das ist nicht zu ändern, das muß man nun aushalten".

- *Grüblerische Auseinandersetzung:* hier ist ein ständig sich wiederholendes Nachdenken über die eigene Situation gemeint. Es dominieren Fragen, die kaum beantwortbar sind und die nicht zu konstruktiven Handlungsimpulsen führen.

- *Schuldzuschreibungen:* Kognitionen oder Handlungen, in denen sich selbst oder anderen Personen eine spezifische Schuld an der Erkrankung zugesprochen werden, die in Vorwürfen und Aggressionen gegen sich oder andere münden können und ebenfalls nicht zu konstruktiven Handlungsimpulsen führen.

- *Passive Compliance*: bezüglich der Mitarbeit im medizinischen Setting finden sich Verhaltensweisen des "sich passiv Fügens". Eine typische Äußerung ist hier: "Ich weiß zwar nicht, was die Behandlung bewirkt, aber die Ärzte wissen sicher, was gut für mich ist".

- *Klagen im Gespräch mit anderen:* in Gesprächen mit anderen wird die kognitive Auseinadersetzung des Grübelns und der Schuldzuweisen wiederholt, sie führen nicht zu konstruktiven Handlungsimpulsen und wahrscheinlich nicht zu einer emotionalen Entlastung.

7.2.2. Passive Strategien der Aufmerksamkeitsabwendung

- *Nicht-Wahrhaben-Wollen:* Phantasien, die Krankheit möge sich in "Nichts" auflösen, die Diagnose möge ein Irrtum gewesen sein.

- *Aktivitäten meiden:* hier ist ein Meiden aller möglichen Handlungen gemeint, die an die Krankheit erinnern könnten, so zum Beispiel das Meiden eines gewohnten Spazierganges, weil er am Krankenhaus vorbei führt.

- *Sozialer Rückzug:* Versuche, Kontakten mit Freunden und Bekannten aus dem Weg zu gehen aus Furcht vor Fragen und Gesprächen über die Erkrankung.

Die hier dargestellte Auflistung einzelner Bewältigungsstrategien und die logisch gebildete Zuordnung zu zwei grundlegenden Dimensionen ("aktiv vs. passiv" und "Aufmerksamkeit zuwenden vs. Aufmerksamkeit abwenden") läßt unschwer zahlreiche Überschneidungen erkennen. Ein bis heute bei allen vorliegenden taxonomischen Ansätzen vorherrschendes Problem ist, daß die Schilderungen der Bewältigungsstrategien mehrdeutig sind. Sie enthalten einerseits mehr oder weniger konkrete Verhaltensbeschreibungen (z. B. " mit einer vertrauten Person sprechen"), andererseits darüberhinaus häufig individuelle Zielsetzungen ("um sich abzulenken..") oder funktionale Zusammenhänge zwischen dem Verhalten und Konsequenzen ("tatsächlich abgelenkt zu sein"). Hier fehlt bisher in der Theorienbildung eine Verbindung intentionaler Ansätze (z. B. des transaktionalen Streßkonzeptes von Lazarus) mit lerntheoretischen Konzepten (z. B. des klassischen und operanten Konditionierens).

Bezüglich der Erforschung des Bewältigungsverhaltens stellen sich in der nächsten Zeit darüberhinaus folgende Aufgaben:

- Eine Klärung der Dimensionalität von Bewältigungsstrategien. Bisher herrschen lediglich auf der Basis logischer Überlegungen vorgenommene Kategorienbildungen vor (vgl. Penman 1979; Herschbach 1985; Heim 1985 oder dimensionale Modelle wie von Filip und Klauer 1986).

- Eine Klärung der Situationsspezifität und Zeitvariabilität. Wie in Abschnitt 1 ausgeführt wurde, ist anzunehmen, daß für verschiedene Foki je unterschiedliche Bewältigungsstrategien sinnvoll bzw. adaptiv sind.

- Eine Klärung von Zusammenhängen zwischen Bewältigungstrategien und Aspekten der primären und sekundären Situtationsbewertung. Es ist anzunehmen, daß die Art und Weise, wie eine Situation von einer Person eingeschätzt wird unter anderem anhängig ist von individuell vorhandenen Bewältigungsstrategien (Bewältigungsrepertoire).

Zusammenfassung:

Auf der Basis eines kognitiv-behavioralen Modells der Krankheitsverarbeitung habe ich versucht, vorliegende theoretische und empirische Arbeiten zur Krebserkrankung zu ordnen. Es wurden Kriterien formuliert, die bei der Konzeption empirischer Arbeiten auf diesem Gebiet berücksichtigt werden sollten, um die Ergebnisse eher vergleichbar zu machen. So wurde auf die Notwendigkeit hingewiesen, einzelne "Foki" der Krankheitsverarbeitung zu unterscheiden, wobei auf die Bedeutung positiver Veränderungen aufmerksam gemacht wurde, die sich im Verlauf der Krankheit und Behandlung einstellen können. Desweiteren wurde auf die Berücksichtigung unterschiedlicher Krankheitsphasen sowie definierter Effektivitätskriterien hingewiesen.

Das vorgestellte kognitiv-behaviorale Krankheitsverarbeitungsmodell basiert selbst primär auf dem transaktionalen Streßmodell von Lazarus und Launier (1981), es wurden allerdings neuere sozialpsychologische Konzepte der Ursachen- und Kontrollattribution integriert. Damit ist nun eine Grundlage für eine rein phänomenologische Analyse von Prozessen der Krankheitsverarbeitung geschaffen. Nach einer Überprüfung anhand definierter Effektivitätskriterien können dann Aussagen über die Adaptivität einzelner Verarbeitungsprozesse abgeleitet werden, woraus wiederum therapeutische Empfehlungen abgeleitet werden können. Ich halte eine solche phänomenologische Analyse zum gegenwärtigen Zeitpunkt für eminent wichtig, da es unbestritten ist, daß wir vorhandene Kenntnisse aus dem psychopathologischen Bereich nicht ohne weiteres auf die Frage des Umgangs mit einer schweren körperlichen Erkrankung übertragen können.

Was bisher allerdings bei dieser Betrachtungsweise fehlt, sind Informationen über Mechanismen, die zur Entstehung und vor allem zur Aufrechterhaltung bestimmter Bewältigungsstrategien oder Kognitionen beitragen. Das heißt, wir wissen mit der rein phänomenologischen Analyse noch nichts über z. B. operante Verstärkungsprozesse, die etwa ein passiv vermeidendes Verhalten begünstigen. Es ist allerdings davon auszugehen, daß die bekannten lerntheoretischen Prinzipien im Einzelfall im Rahmen eines verhaltensanalytischen Vorgehens eruiert werden und auf ihre Generalisierbarkeit überprüft werden können.

Konzeptionell steht eine Verbindung lerntheoretischer Modelle mit kognitiv-behavioralen Konzepten wie dem transaktionalen Streßmodell von Lazarus und Launier (1981) noch aus. Im vorliegenden Text deutet sich lediglich eine erste Zuordnung des klassischen Konditionierungsparadigmas zur Ebene der Verarbeitungsfoki und des operanten Paradigmas zur Ebene der Bewältigungsreaktionen an.

Bewältigung von Brustkrebs - eine Longitudinale Studie[1]

E. HEIM, K.-F. AUGUSTINY, A. BLASER, C. BÜRKI, D. KÜHNE, M. ROTHENBÜHLER, L. SCHAFFNER, L. VALACH

1. Einleitung

Es ist eindrücklich festzustellen, wie die Literatur zur Psychoonkologie, also zu den Zusammenhängen von psychosozialen Faktoren mit Karzinomerkrankungen, in den letzten Jahren praktisch ins Uferlose angestiegen ist. Eine kürzlich erschienene Übersicht von Büchern zum Thema Psychoonkologie der Jahre 1975 - 1985 von Koch und Haag (1986) konnte allein 47 Buchtitel auflisten! Auch wenn das Thema auf die Bewältigung der Krebserkrankung, also auf Coping und Karzinom eingeschränkt wird, ist die Zahl der durch die internationalen Literatursearches auszumachenden Publikationen enorm. In unserer eigenen kumulativen Erfassung sind es über 200 Zeitschriftenartikel (von über 800 Copingartikeln insgesamt!). Nach Inhaltsbereichen gegliedert, befaßt sich fast die Hälfte der Forschung mit Karzinomerkrankungen der weiblichen Brust. Es sind wohl verschiedene Gründe, die zu dieser einseitigen Forschungsausrichtung geführt haben. Zum einen ist die weibliche Brust ein symbolträchtiges Organ, das in unserer Kultur hoch gewertet wird, dies hat auch dazu geführt, daß in der Öffentlichkeit die Bedeutung des Brustkrebses bevorzugt diskutiert wird. Zum andern ist aber der Brustkrebs nach wie vor das häufigste weibliche Malignom mit einer Inzidenz von 60-80 Neuerkrankungen pro 100.000 / Jahr, resp. mit einer Mortalitätsrate von 36 pro 100.000 / Jahr. Auch hat sich gezeigt, daß die unterschiedlichen Therapieverfahren letztlich noch nicht zu einer Eindämmung der Krankheit geführt haben. Das Bedürfnis, genauer zu erfassen, in welcher Weise psychosoziale Faktoren auf den Verlauf einwirken, ist somit auch aus dieser Sicht gerechtfertigt.

Die Flut der Publikationen konnte jedoch nicht verhindern, daß es verschiedene kritische Einwände gegenüber der Copingforschung gibt. Ein Teil dieser Kritik bezieht sich auf die Methodik, ein anderer auf die Konzeptualisierung und ein weiterer auf die inhaltliche Einschränkung. Zur Methodenkritik haben sich kürzlich Stegie und Mödinger (1986) in

[1] Unterstützt durch den Schweizerischen Nationalfonds zur Förderung der wissenschaftlichen Forschung: Gesuche Nrn 3.858-0.83 und 3.944-0.87

einer Analyse der deutschsprachigen Forschungsarbeiten der Jahre 1975-1985 geäußert. Sie konnten aufzeigen, daß über 90 % dieser Untersuchungen als retrospektive Querschnittsanalysen angelegt sind und somit keine Aussagen dazu machen können, wie der Wirkungszusammenhang zwischen psychosozialen Faktoren einerseits und Krebserkrankung andererseits verknüpft ist. Auch unterscheiden sich die meisten Untersuchungen in ihren Erhebungsmethoden, in den Meßinstrumenten, und häufig fehlt eine genaue Deskription der ausgewählten Patienten resp. des Selektionseffektes. Verallgemeinernde Schlußfolgerungen werden dadurch erschwert.

Die Kritik an der Konzeptualisierung (vgl. dazu etwa Ell 1986; Levy 1986; Burish und Bradley 1983; Felton et al. 1984; Felton und Revenson 1984, Koch 1982) läßt erkennen, daß die Copingforschung in vieler Hinsicht noch in den Kinderschuhen steckt.

Psychosoziale Verlaufsforschung im Krankheitsprozeß von Karzinompatienten muß im wesentlichen auf 3 Beobachtungsdimensionen ausgerichtet sein: auf Art und Ausprägung der krankheitsbedingten Belastungen; auf den Bewältigungsprozeß über Zeit; auf Auswirkungen der Bewältigung auf die allgemeine psychosoziale Anpassung.

Die wenigsten uns zugänglichen Untersuchungen haben in systematischer Weise alle drei Dimensionen in ihre Beobachtung aufgenommen und sie entsprechend interpretieren können. Die an sich geringe Zahl psychosozialer Verlaufsuntersuchungen bei Krebspatienten sind entweder deskriptiv auf die Charakterisierung der einzelnen Krankheitsphasen oder empirisch auf die Bedeutung des Bewältigungsprozesses hinsichtlich des somatischen Krankheitsverlaufs (z. B. Überlebensdauer) ausgerichtet (vgl. Zusammenstellung in Heim 1987).

In einer deskriptiven Studie unterscheidet Schain (1976) folgende psychosozialen Verlaufsphasen:

1. Vorausgehende Ängste und Phantasien
2. Entdecken von Knoten und Brustveränderungen
3. Ärztliche Abklärung
4. Biopsie und mögliche Mastektomie
5. Eigentliche Ablatio
6. Postmastektomie, Hospitalisation
7. Rekonvaleszenz nach Spitalentlassung, Rehabilitation
8. Zusätzliche therapeutische Verfahren
9. Erfolgreiche Wiedereingliederung

10. Rekonstruktive Mammaplastik nach ca. 1 Jahr
11. Metastasierung, Rückfall

Jeder dieser Phasen werden ganz besondere psychologische Umstände und entsprechende Konsequenzen im Zusammenleben mit dem sozialen Umfeld zugeschrieben. Es wird klinisch dargestellt, in welcher Weise psychologisch die somatische Abklärung und allfällige operative Eingriffe für den Patienten von großer Bedeutung sind. Weisman (1977) unterscheidet 4 Hauptphasen, die im Coping mit der Krankheit zu unterscheiden sind:

1. Eine existentielle Krise mit besonderer Angst hinsichtlich Diagnose und weiterer Akzeptation von Krankheit und Verlauf.

2. Akkomodation, im Anschluß an die Initialbehandlung mit Wiedergewinnen eines psychosozialen Gleichgewichtes in der Alltagsroutine.

3. Früher oder später Rezidiv: Besonders mit der Furcht verbunden, nicht mehr wiederzugesunden, und entsprechender Ambivalenz zwischen Bekämpfen der Krankheit und resignativem Aufgeben.

4. Verschlimmerung und Tod, mit zunehmender Abhängigkeit von Betreuern und mehr oder weniger passiv-resignativem Sichergeben in das Sterben.

Andere Autoren haben sich zur Auswirkung auf die Arbeitssituation (Feldman 1978; Gordon et al. 1980), zu den Konsequenzen für das Familienleben und zu den psychologischen Veränderungen über die Zeit insgesamt geäußert.

Es gibt viele Gründe der Machbarkeit, warum longitudinale Studien mit psychosozialer Zielsetzung bei Krebskranken eher die Ausnahme sind: Viele Patienten sind mit ihrer Krankheitssituation vollauf beschäftigt und zeigen wenig Bereitschaft, sich zusätzlich für Forschung zur Verfügung zu stellen. Teilweise sind sie bereits in größeren somatischen follow-up-Studien (z. B. in bezug auf Chemotherapie) einbezogen, so daß Betreuern und Patienten entweder die Motivation oder die zeitliche Flexibilität für weitere Untersuchungsanteile abgeht. Mobilität und Erreichbarkeit der nach Hause entlassenen Patienten sind ein weiteres Hindernis. Schließlich ist auch die Belastung der Untersucher selbst, sich über Jahre mit potentiell terminal Kranken intensiv einzulassen, zu beachten.

Trotz dieser zu erwartenden Erschwernisse schienen uns die oben gestellten Fragen zu bedeutsam, als daß man ihnen auf die Dauer ausweichen darf. Nach einigen Jahren der theoretischen Vorbereitung unserer Modellvorstellungen (Heim 1979; Heim, Augustiny, Blaser 1983; Heim 1986, 1987) haben wir eine Studie an Patientinnen mit Brusterkrankungen in Angriff genommen, die nun im 4. Jahr läuft, und deren erste Ergebnisse hier berichtet werden sollen. Diese Untersuchung vermag naturgemäß den oben erwähnten kritischen Einwänden auch nur z. T. gerecht zu werden. Sie strebt aber eine langfristige Prozeßanalyse an, die durch intensive Einzelfalluntersuchung ergänzt wird. Dabei sollen Fragen der Variabilität und Flexibilität des Copingprozesses, sowohl intraindividuell wie intergruppal angegangen werden. Ferner interessiert uns, ob unterschiedlich bedrohliche Krankheiten am gleichen Organ (weibliche Brust) gleichartig oder verschieden bewältigt werden. Hauptsächlich möchten wir untersuchen, wie sich der Copingprozeß über Zeit verändert und wie die Wechselwirkung auf das subjektive Befinden, auf die Compliance in der medizinischen Betreuung und die allgemeine soziale Anpassung ist und ob der weitere somatische Krankheitsverlauf davon beeinflußt wird. Im vorliegenden Bericht werden nur deskriptive Ergebnisse in bezug auf die ersten Krankheitsphasen wiedergegeben.

2. Methodik

Die Zielpopulation schließt einerseits Karzinom- andererseits Patientinnen mit gutartiger Brusterkrankung, nämlich Mastodynie (n = 24) und Mastopathie (n = 52) ein. Mastodynie-Patientinnen zeichnen sich bekanntlich durch lokalisierte Schmerz- und Spannungszustände der Brust aus, für die kein morphologisches Korrelat festzustellen ist. Die Mastopathie (meist als mastopathia fibrosa und cystica) zeichnet sich durch eine lokalisierte gutartige Veränderung der Gewebsstruktur aus. Klinisch und histologisch ist allerdings die Unterscheidung der beiden erwähnten gutartigen Erkrankungsformen nicht einfach. Ein Hauptmotiv, sich der ärztlichen Untersuchung zu stellen, ist eine explizit oder implizit vorgebrachte Befürchtung, evtl. an Brustkrebs zu leiden. Diese Patientinnen wurden in der Senologie-Sprechstunde der Universitäts-Frauenklinik Bern anläßlich ihrer Erstkonsultation kontaktiert.[2] Der Anteil jener Patientinnen, die die Teilnahme an der Studie verweigerten, war gering (unter 10 %).

Als Haupt-Zielgruppe wurden Patientinnen mit diagnostiziertem Mammakarzinom (n = z. Zt. 58) in die Studie einbezogen. Diese Patien-

[2] Wir danken der Direktion und den Mitarbeitern der Universitäts-Frauenklinik Bern, insbesondere Herrn Prof. Dreher, für die jahrelange wertvolle Unterstützung des Projektes.

tinnen konnten erst nach der verifizierten Diagnose, (präoperativ vor Ablatio) erfaßt werden, da der spontane Anteil in der senologischen Sprechstunde nur noch etwa 5 -10 % ausmacht, was die Praktikabilität der prädiagnostischen Erfassung verunmöglichte. Sie wurden im Hinblick darauf kontaktiert, daß eine mehrjährige prospektive Studie ihrer Krankheitsbewältigung vorgenommen werden soll. Auch hier war die Kooperationsbereitschaft groß (Anteil der Verweigerer unter 10 %). Hinsichtlich der Diagnose handelt es sich somit nur beschränkt um eine "bedingt prospektive Studie", da nur die beiden Vergleichsgruppen mit benigner Erkrankung zur Zeit des Erstkontaktes im Hinblick auf die definitive Diagnose noch im ungewissen waren. Diese Ausgangslage ermöglicht es aber umgekehrt, Copingstrategien von Patientinnen mit gesicherter Krebsdiagnose jenen von Patientinnen gegenüberzustellen, die mit wechselnder Wahrscheinlichkeit vermuteten, an Krebs erkrankt zu sein.

Die nach dem internationalen TNM-Nomenklatursystem durch die verantwortlichen Gynäkologen vorgenommene Stadienzuteilung bestätigt, daß die Patientinnen in der senologischen Sprechstunde in sehr unterschiedlichen Krebsstadien erstmals erfaßt werden. Der Großteil der Kranken hat einen lokalisierten Primärtumor, einige zeigen bereits Lymphknotenbefall, andere gar Metastasierung. Auch im weiteren somatischen Verlauf sind ganz unterschiedliche Prozesse zu erwarten.

Die nach wie vor laufende prospektive Studie (die ersten Patientinnen haben das 4. Beobachtungsjahr erreicht) sieht in den 3 Gruppen unterschiedliche Meßzeitpunkte vor:

Mastodynie (MD): Einmalige Untersuchung anläßlich der senologischen Abklärung (T1); die rein funktionellen Beschwerden verlangen nach keiner somatischen Nachkontrolle, so daß auch psychosozial die Patientinnen nicht weiter untersucht wurden.

Mastopathie (MP): Psychosoziale Untersuchung nach 6 - 12 Monaten und einem weiteren Jahr (T1 - T11), z. T. parallel zu der somatischen Nachkontrolle.

Karzinom (CA): Prä- und postoperativ (T2 resp. T3) und fortan 3-monatlich bis vorerst Ende 2. Verlaufsjahr (T2-T11) und dann halbjährlich (T12-TX). Bei Komplikationen im somatischen Verlauf, insbesondere in der terminalen Phase, werden die Beobachtungen öfters, je nach Situation und Bedürfnis der Patientinnen durchgeführt. Die Abb.1 gibt einen Überblick über den Studienverlauf (siehe nächste Seite).

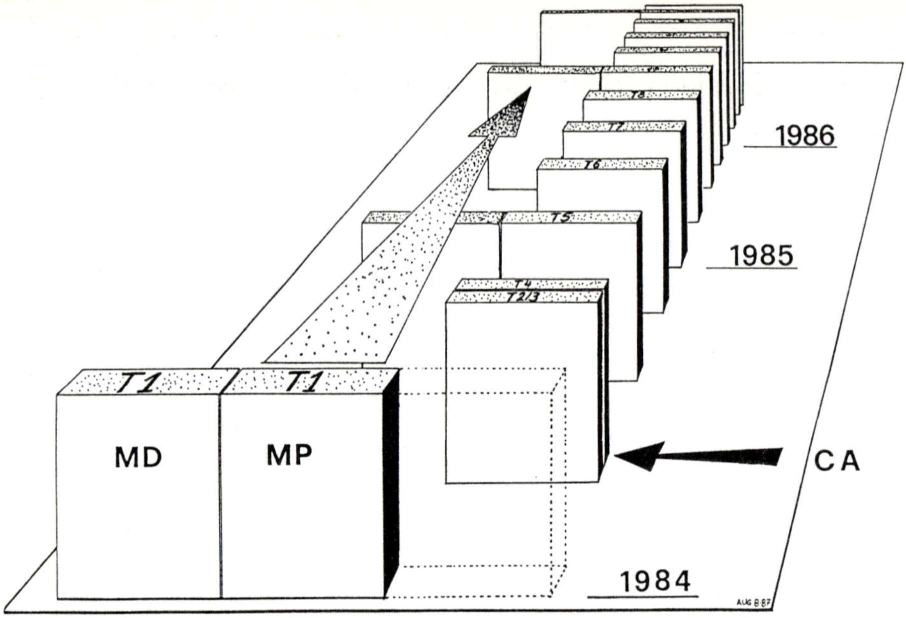

MD = Mastodynie-Gruppe
MP = Mastopathie-Gruppe
CA = Carcinom-Gruppe

Abb. 1: Überblick Studienverlauf

1. Berner Bewältigungsformen (BEFO) (Tab. 2)

Bei den Berner Bewältigungsformen handelt es sich um ein Fremd-Einstufungsverfahren zur Erfassung emotionaler, kognitiver und behavioraler Aspekte im Krankheitsverlauf. Es liegt in 2 Formen vor: einer 5-stufigen Ratingform und einer offenen Rankingform. 26 Kategorien erfassen die oben erwähnten Bewältigungsprozesse und erlauben insbesondere ihre differenzierte Beschreibung über Zeit. Zu den Berner Bewältigungsformen liegt ein ausführliches Manual vor (Heim et al.1986). (Eine Selbstbeurteilungsform ist in Vorbereitung). (Tab. 2: siehe übernächste Seite) In der psychosozialen Erfassung der Patientinnen wurden die Beobachtungskriterien mit folgenden Instrumenten erhoben:

Tab. 1: Überblick Beobachtungskriterien (erstes Jahr)

	T1	T2	T3	T4	T5	T6	T7
Interview	(CA) MP MD	CA	CA	CA	CA MP	CA	CA
Berner Bewältigungsformen (BEFOS)							
Rating oder Ranking durch den Interviewer. 26 Skalen	(CA) MP MD	CA	CA	CA	CA MP	CA	CA
Streßverarbeitungsbogen (SVF)							
Ratings, ausgefüllt durch Patienten. 114 Items = > 19 Skalen.	(CA) MP MD	CA	CA	CA	CA MP	CA	CA
Allgemeine Befindlichkeit (Bf-S)							
Adjective Checklist, ausgefüllt durch Patienten. 25 Items = > 1 Skala.	(CA) MP MD	CA	CA	CA	CA	CA	CA
Soziale Anpassungsskala (SAS)							
Rating durch den Interviewer. 14 Items	(CA) MP MD	CA	CA	CA	CA MP	CA	CA
Compliance (Compl)							
18 Ratingskalen, ausgefüllt durch Pflegepersonal während Klinikaufenthalt			CA				
Individuelles Coping (Grid)							
Kelly´s Repertory Grid Computer unterstützt. Gemeinsam durchgeführt von Patienten und Interviewerin.	CA MP MD						

Tab. 2: Beispiele BEFOS

Berner Bewältigungsformen (BEFOS)

Ausgewählte Beispiele:

(H= Handlungsbezogen, K= Kognitionsbezogen, E= Emotionsbezogen)

	H1 Ablenkendes Anpacken				
Vertraute Tätigkeit i.S. der Ablenkung "Ich stürze mich in die Arbeit, um die Krankheit zu vergessen".	0 nicht vorhanden	1 gering	2 mäßig	3 stark	4 sehr stark

	H7 Zupacken				
Krankheitsbezogene Informationssuche. Inanspruchnahme von Hilfe. Kooperation in Abklärung und Therapie: "Was ich unternehme, wie ich mitmache, davon hängt jetzt vieles ab."	0 nicht vorhanden	1 gering	2 mäßig	3 stark	4 sehr stark

	H8 Zuwendung				
Bedürfnis erfüllt, sich auszusprechen, angehört zu werden, Beistand zu haben: "Bisher hat es immer jemand gegeben, der mich angehört/verstanden hat."	0 nicht vorhanden	1 gering	2 mäßig	3 stark	4 sehr stark

	K1 Ablenken				
Aufmerksamkeit weg von der Krankheit auf etwas anderes lenken: "Das ist mir im Moment wichtiger die Krankheit."	0 nicht vorhanden	1 gering	2 mäßig	3 stark	4 sehr stark

K3 Dissimulieren

Krankheit herunterspielen: Verleugnen, bagatellisieren, ignorieren:
"Es ist alles nur halb so schlimm, im Grunde geht es mir gut."

0	1	2	3	4
nicht vorhanden	gering	mäßig	stark	sehr stark

K5 Problemanalyse

Kognitive Analyse der Krankheit und Ihrer Folgen: Erkennen, abwägen, entscheiden:
"Ich versuche, mir zu erklären, was überhaupt los ist."

0	1	2	3	4
nicht vorhanden	gering	mäßig	stark	sehr stark

E2 Emotionale Entlastung

Entlastender Ausdruck der durch die Krankheit ausgelösten Gefühle: Trauer, Angst, Wut, Verzweiflung, Niedergeschlagenheit, ev. auch Mut, Liebe, Hoffnung, ausdrücken. "Ich fühle mich so elend, wenigstens das Weinen hilft noch etwas."

0	1	2	3	4
nicht vorhanden	gering	mäßig	stark	sehr stark

E5 Passive Kooperation

Sich anvertrauen: Im Wissen um gute Hilfe die Verantwortung an die Betreuer übergeben, sich in guten Händen wissen:
"Die wissen schon, was sie tun".

0	1	2	3	4
nicht vorhanden	gering	mäßig	stark	sehr stark

---

2. *Streßverarbeitungsfragebogen SVF*

Der Streßverarbeitungsfragebogen SVF stellt einen 114 Items umfassenden Selbstbeurteilungs-Fragebogen dar. Die Erhebung wird als 5-Stufen-Rating vorgenommen. Die Items werden zu 19 Skalen aggluti-

niert, die habituelle Persönlichkeitsmerkmale darstellen. Diese Merkmale können als Streßverarbeitungsmaßnahmen in Belastungssituationen eingesetzt werden, um eine Störung des normalen Gleichgewichts zu verhindern oder um das innere Gleichgewicht zu finden.
Erstmals wurde der SVF einem breiteren Publikum 1978 vorgestellt (Janke et. al. 1978). Nach verschiedenen Revisionen und Validierungsstudien wurde er 1985 publiziert (Janke et. al. 1985).

3. Befindlichkeitsskala Bf-S

Die Befindlichkeitsskala stellt eine Eigenschaftswörter-Liste mit je 28 Gegensatzpaaren dar, die das Ausmaß momentaner Beeinträchtigung des subjektiven Befindens erfaßt. Sie wurde als Teilskala des "Münchner Psychiatrischen Informationssystems PSYCHIS" entwickelt und von v. Zerssen 1976 publiziert. Da sie rege im klinischen Bereich benutzt wird, liegt umfassendes Untersuchungsmaterial vor.

4. Compliance-Fragebogen (CPL)

Der Compliance-Fragebogen stellt eine 18 Adjektiv-Gegensatzpaare enthaltende 7-stufige Fremdbeurteilungsskala dar. Das Pflegepersonal beurteilt darin das Interaktionsverhalten von hospitalisierten Patienten mit dem Betreuerteam.

5. Soziale Anpassungsskala (SAS) (modifiziert nach Barrabee (1955)

Diese von uns überarbeitete und operationalisierte 5-Punkte-Skala ermöglicht die Einschätzung überwiegend anhand objektiver Daten der sozialen Anpassung in den folgenden Bereichen: Arbeit; Ökonomie; Familie; Außenkontakte. Sie wurde von uns bereits in mehreren Studien erfolgreich eingesetzt (Heim et al. 1978; Heim 1982; Fuhrimann 1986).

Statistische Auswertung

Die BEFOs wurden bisher in der "offenen Rangreihen"-Version erhoben, d. h. die Beurteiler geben mindestens die 6 wichtigsten BEFOs als Rangreihe von 1 bis 6 (oder weiter) an. Die übrigen BEFOs bleiben unkodiert. Es wird damit ein Urteilsprozeß syndromaler Form nachgebildet. In einem ersten Schritt werden die Häufigkeiten ausgezählt und beschrieben.

In einem zweiten Schritt werden die Zusammenhänge zwischen BEFOs untersucht. Die nichtkodierten BEFOs erhalten den jeweiligen mittleren Rangplatz. Über diese Rangmatrix (26 x n VPn) werden zwischen den BEFOs euklidische Distanzen gebildet (ähnlich der Berechnung der Korrelationsmatrix bei der Faktorenanalyse). Die resultierende 26x26-Matrix wird einer ordinalen multidimensionalen Skalierung unterzogen (ALSCAL-Programm), einem der Faktorenanalyse ähnlichen Verfahren. Wie dort resultiert eine dimensionale Struktur, mit der versucht wird, den Datenzusammenhang der 26 Variablen (BEFOs) in einigen wenigen Dimensionen zu beschreiben. Zur Verdeutlichung des Zusammenhangs werden oft geometrische Darstellungen eingesetzt. Ähnlich der Faktorenanalyse wird diese Struktur dann inhaltlich interpretiert. Zur weiteren Verdeutlichung der geometrischen Struktur haben wir zusätzlich noch Mahalanobisdistanzen der Lösungen berechnet, um die "Outstanding BEFOs", d. h. diejenigen, die aus dem Punkteschwarm hervorstechen, auch empirisch zu eruieren. Dieses Verfahren stützt in den meisten Fällen die Interpretation, die in der Wechselwirkung zwischen klinischem Eindruck - dimensionaler Struktur - geometrischer Darstellung entstanden ist.

3. Ergebnisse

Im folgenden sollen Ergebnisse vorgestellt werden, die sich auf Verlaufsdaten des ersten halben Jahres (T1-T5) beziehen. Es ist dies die Akutphase, die am meisten durch Verunsicherung, dramatische Entscheide, belastende Eingriffe und zehrende Ungewißheit ausgezeichnet ist (Phasen 2 - 6 nach Schain, vgl. oben).
Wir werden den folgenden Fragen nachgehen:

1. Welche Bewältigungsformen (BEFO) werden von den Patientinnen am häufigsten eingesetzt?, wie ist ihre Verteilung?, lassen sich syndromale Muster unterscheiden?, wie groß ist die intraindividuelle Flexibilität (Zahl der BEFO/Zeitpunkt)?

2. Unterscheiden sich die 3 Krankheitsgruppen Mastodynie (MD), Mastopathie (MP) und Karzinom (CA) in ihrem Copingverhalten?

3. Welche Verlaufsänderungen sind innerhalb des ersten halben Jahres festzustellen?

Noch nicht berücksichtigt sind abhängige Kriterien wie Befindlichkeit, soziale Anpassung, Compliance oder somatischer Verlauf. Die Auswertung während der weiteren Verlaufsphasen erfolgt laufend, nachdem einmal alle Patientinnen der Studie (CA-Patientinnen n = 60) den entsprechenden Meßzeitpunkt erreicht haben.

1. Häufigkeiten und Verteilung der BEFO

Das Vorkommen kann entweder als binäre Zuteilung (vorhanden/nicht vorhanden) oder als gewichtete Rangfolge ausgedrückt werden. Beide Verfahren haben die gleiche Rangordnung ergeben. (siehe Tab.3)

Tab. 3: Berner Bewältigungsformen (BEFOS) Häufigkeiten:

Ränge (R) und Mittlere Ränge (MR) der Häufigkeiten. Cutpoint 11.5

Karzinom T2		T3		T5	
R	MR	R	MR	R	MR
1 Zuwendung	7.9	1 Zuwendung	6.1	1 Zuwendung	8.9
2 Problemanalyse	10.1	2 Akzeptieren-Stoizismus	10.9	2 Problemanalyse	9.9
3 Zupacken	10.5	3 Problemanalyse	11.1	3 Ablenken	11.1
4 Akzeptieren -Stoizismus	10.9			4 Ablenkendes Anpacken	11.3
5.Haltung bewahren	10.9				
Mastopathie T3				**T5**	
R	MR			R	MR
1 Problemanalyse	6.5			1 Problemanalyse	6.5
2 Zuwendung	9.6			2 Passive Kooperation	9.5
3 Zupacken	10.4			3 Zupacken	10.1
4 Ablenken	10.7			4 Zuwendung	10.3
5 Dissimulieren	11.0				
Mastodynie T1					
R	MR				
1 Problemanalyse	6.3				
2 Zuwendung	8.0				
3 Ablenken	9.8				
4 Rumination	9.8				
5 Akzeptieren Stoizismus	11.0				
6 Dissimulieren	11.3				

Abb. 2 (siehe nächste Seite) gibt einen Überblick der Rangfolge jener BEFO, die bis zum Rangmittelwert von 12 erhoben wurden. Zwei der BEFO sind in allen Situationen beobachtet worden:

Zuwendung und *Problemanalyse:* Es sind dies ubiquitär eingesetzte Copingformen, die meist auch die höchsten Rangwerte aufweisen. Während *Problemanalyse* selbstredend in den meisten Belastungssituationen zentral ist, scheint *Zuwendung* schon in bezug zur Schwere der Krankheitssituation zu stehen. Ebenfalls fast in allen Situationen kommen vor: *akzeptieren, zupacken, ablenken,* (resp. *ablenkendes Anpacken*) und *dissimulieren..* Diese 6 BEFO sind wohl als Grundstrategien zu verstehen, die in den meisten von uns beobachteten Krankheitssituationen in wechselnder Reihenfolge vorkommen. Unter ihnen ragen einzig, wie erwähnt, *Zuwendung* und *Problemanalyse* konstant heraus. Die Rangordnung wird in dieser Form auch in dem Histogramm (Abb. 2-6) bestätigt. (Abb. 3 siehe übernächste Seite)

Nur aus diesen Abbildungen wird ersichtlich, welche BEFO praktisch nicht verwendet werden. Hierzu sind Aussagen, die das ganze Kollektiv betreffen, schon schwieriger, da es erhebliche und spezifische Gruppenunterschiede gibt, auf die wir noch zurückkommen werden. Unter 1 % der Nennungen fallen nur BEFO der beiden benignen Krankheitsgruppen wie *relativieren, Wut ausleben, Selbstbeschuldigung, Resignation, Auflehnung, aktives Vermeiden.* Die Karzinomgruppe dagegen hat das gesamte Spektrum der 26 angebotenen BEFO ausgeschöpft.

Während die Rangfolge und Häufigkeitsverteilung etwas über das absolute Vorkommen aussagen, müssen wir auch ein Maß dafür finden, wie die verschiedenen BEFO zu Mustern verbunden sind. Dazu eignet sich die Multidimensionale Skalierung (MDS) besonders, wie erwähnt ein Verfahren, das die Distanzen der BEFO in einem virtuellen mehrdimensionalen Raum wiedergibt. Die mehrdimensionale Darstellung von BEFOs mittels ALSCAL-Verfahren ergibt einen zentral gelagerten Schwarm von BEFOs und einige extrem gelagerte Werte. In der Interpretation sehen wir von diesen zentralen Werten ab und betrachten die extrem verteilten BEFO, die auch Polaritäten aufzeigen. Beispielhaft ist die Darstellung auf Abbildung 4, (siehe übernächste Seite) woraus ersichtlich ist, daß einzelne Werte sich deutlich vom Schwarm abheben und so zur Charakterisierung der Dimension (hier I und II) wesentlich beitragen. Die festgestellten dimensionalen Lösungen sind entweder unipolar oder bipolar.

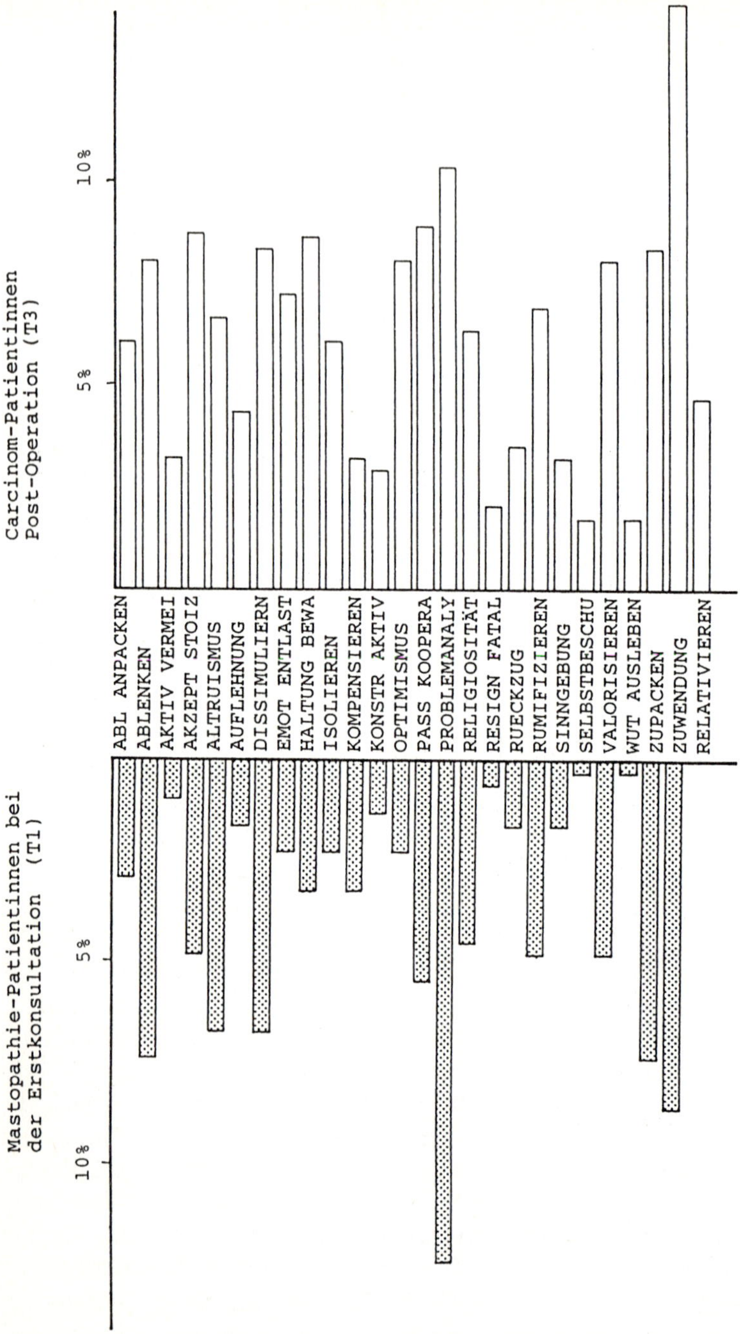

Abb. 2: Häufigkeiten der BERNER Bewältigungsformen (BEFOS)

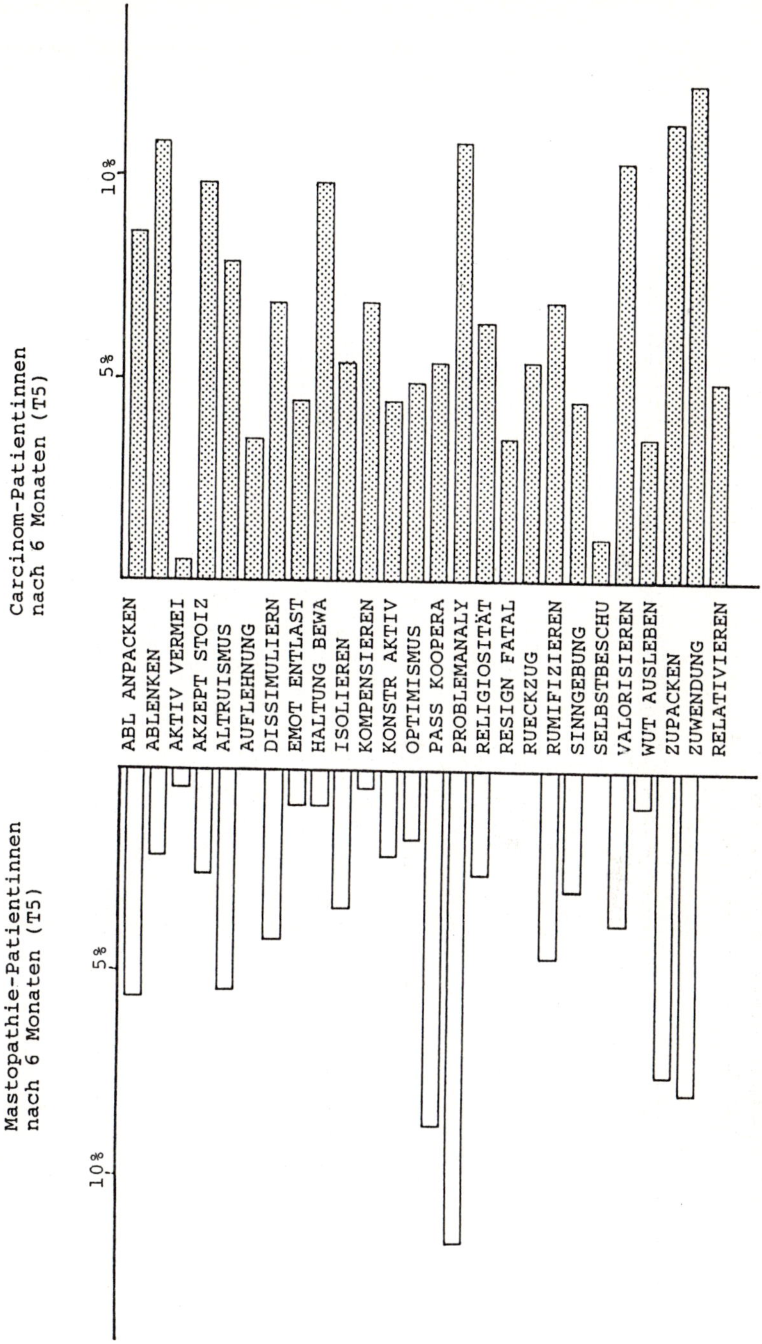

Abb. 3: Häufigkeiten der BERNER Bewältigungsformen (BEFOS) bei T5

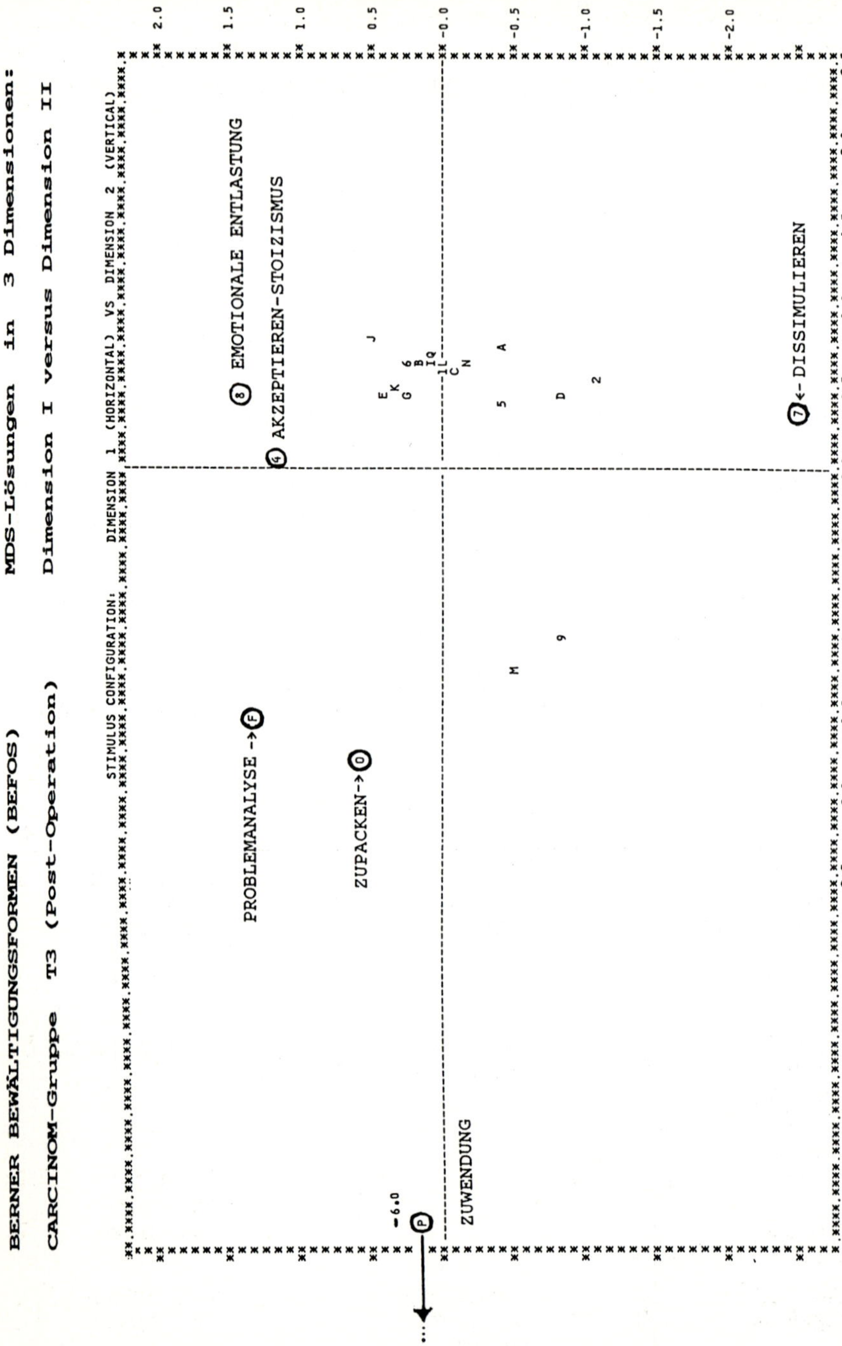

Abb. 4: Beispiel der geometrischen Darstellung der multidimensionalen Skalierung (MDS)

Bei den unipolaren Dimensionen (z. B. Dimension I der Krebspatienten, vgl. Tab. 4) tragen alle hier genannten Bewältigungsformen zur Charakterisierung der jeweiligen Subgruppe bei. In der bipolaren Lösung sind gegensätzliche Paarungen (die einen gewissermaßen mit negativen Vorzeichen) einander gegenübergestellt (z. B. in Dimension III T5 der Karzinompatienten: der eine Teil der hier erfaßten Patienten ist durch *Dissimulieren* (resp. geringe *Problemanalyse*), der andere Teil umgekehrt durch *Problemanalyse* (resp. geringes *Dissimulieren*) charakterisiert.

Wie aus der Zusammenstellung der Tab. 4 hervorgeht, sind *Problemanalyse* und *Zuwendung,* noch unterstützt von *Zupacken,* auch in der Typisierung der Dimensionen am meisten vertreten. Dies gilt insbesondere für die wichtigste Dimension, nämlich jeweils Dimension I. Verschiedene unten näher diskutierte Bewältigungsformen bestimmen die zusätzlichen Untergruppen von Patientinnen, wie sie jeweils in den Dimensionen II und III zusammengefaßt sind.

Tab. 4: BEFOS MDS-Lösungen Karzinom-Gruppe:

Normalisierte Koordinaten (NK) der wichtigsten BEFOS (Markiervariablen). Cutoff point NK = 1.5. P= Plotsymbol.

Karzinom-Gruppe

T2 (Prä-Operation) P		NK	T3 (Post-Operation) P		NK	T5 (nach 6 Monaten) P		NK
	Dimension I			Dimension I			Dimension I	
P	Zuwendung	3.8	P	Zuwendung	-6.0	P	Zuwendung	3.4
F	Problemanalyse	2.2	0	Zupacken	-1.8	4	Akzeptieren Stoizismus	1.7
0	Zupacken	2.2	F	Problem-analyse	-1.5	7	Dissimulieren	1.6
Dimension II				Dimension II			Dimension II	
4	Akzeptieren Stoizismus	2.5	7	Dissimulieren	-2.5	2	Ablenken	2.5
9	Haltung bewahren	2.1					---versus---	
2	Ablenken	1.7	1			1	Ablenkendes Anpacken	-2.7
	---versus---					M	Valorisieren	-1.7
0	Zupacken	-1.6						
	Dimension III			Dimension III			Dimension III	
G	Religiosität	-2.0	4	Akzeptieren Stoizismus	2.0	7	Dissimulieren	1.8
1	Ablenkendes Anpacken	-1.8				F	Problem-analyse	-2.6

In bezug auf die Häufigkeitsverteilung interessiert aber auch, wieviele BEFO von den einzelnen Karzinom-Patienten pro Krankheitssituation durchschnittlich eingesetzt werden. (Abb. 5 steht beispielhaft für T3 da, siehe übernächste Seite). Es zeigt sich, daß bei einem Median von ca. 10 doch individuell recht unterschiedliche Flexibilität festzustellen ist. Von sehr eingeengtem Bewältigen mit nur knapp 4 - 5 BEFO bis zu sehr differenziertem Bewältigen mit gleichzeitig 17 eingesetzten Strategien. Es wird interessant sein, in einem späteren Meßzeitpunkt zu untersuchen, inwiefern diese Flexibilität allein etwas über geeignetes resp. ungeeignetes Coping aussagt.

Tab. 5: BEFOS MDS-Lösungen MP- und MD-Gruppen:

Normalisierte Koordinaten (NK) der wichtigsten BEFOS (Markiervariablen). Cutoff point NK = 1.5. P = Plotsymbol.

Mastopathie-Gruppe				Mastodynie-Gruppe				
T1	T5			T1				
P	NK	P		NK	P	NK		
	Dimension I			Dimension I			Dimension I	
F	Problemanalyse	-4.1	F	Problemanalyse	4.6	F	Problem-analyse	-3.6
P	Zuwendung	-2.0	E	Passive Kooperation	2.6	P	Zuwendung	-3.0
0	Zupacken	-1.7				2	Ablenken	-2.0
						J	Rumifzieren	-1.5
	Dimension II			Dimension II			Dimension II	
7	Dissimulieren	2.2	P	Zuwendung	2.1	7	Dissimulieren	
	1.8							
2	Ablenken	2.2		---versus---		2	Ablenken	1.8
	---versus---		0	Zupacken	-1.6		---versus---	
0	Zupacken	-1.9				1	Ablenkendes Anpacken	-1.8
M	Valorisieren	-1.7				5	Altruismus	-1.6
						4	Akzeptieren Stoizismus	-1.6
	Dimension III						Dimension III	
P	Zuwendung	2.3				J	Rumifizieren	-2.2
0	Zupacken	1.6						
	---versus---							
5	Altruismus	-1.9						
E	Passive Kooperation	-1.7						

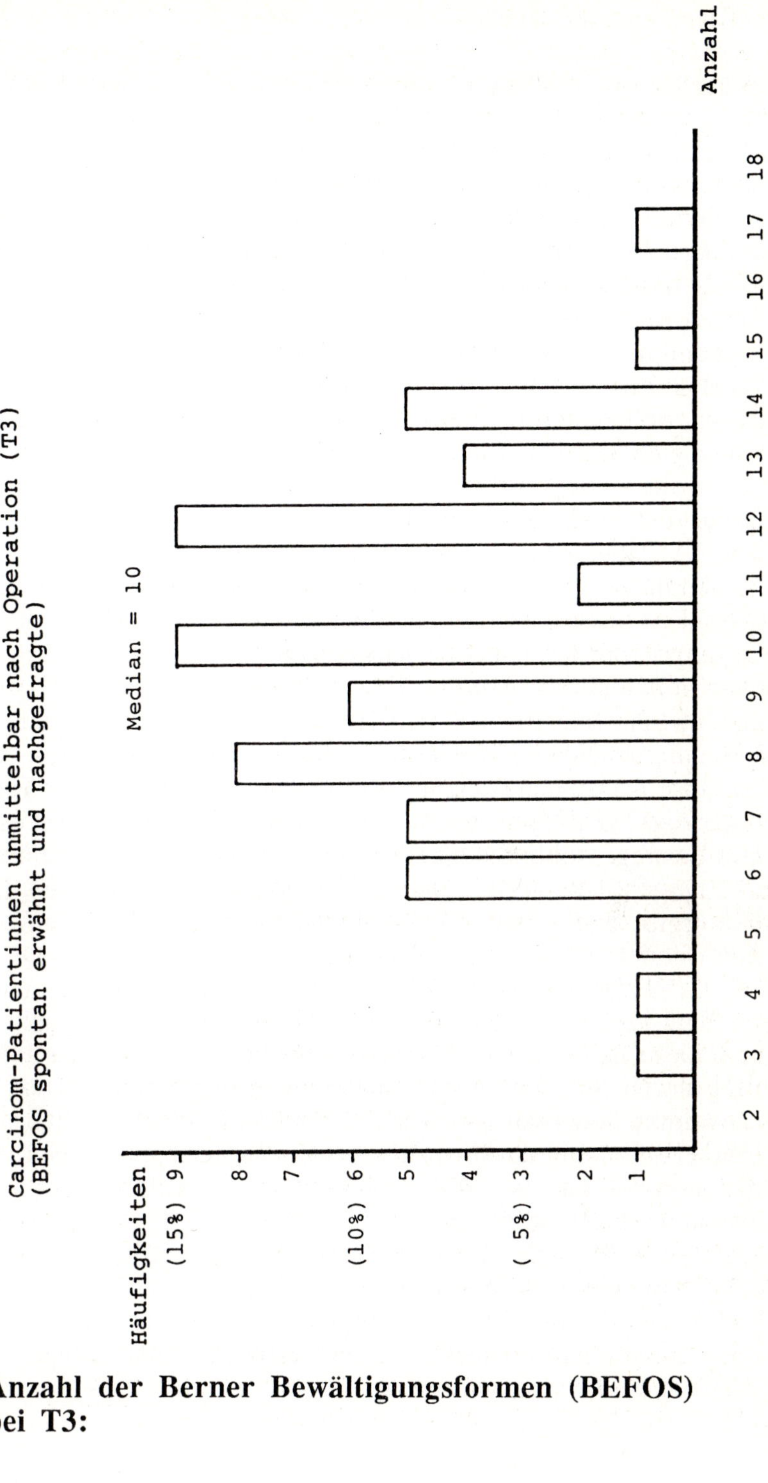

Abb. 5: Anzahl der Berner Bewältigungsformen (BEFOS) bei T3:

2. Gruppenunterschiede

In der Haupt-Dimension I sind 3 Patienten-Untergruppen festzustellen, die sich fast identisch verhalten, unabhängig vom zugrundeliegenden Krankheitsbild. In wechselnder Gewichtigung sind *Zuwendung, Problemanalyse* und *Zupacken* die hervorstechenden Merkmale der Bewältigung. Es handelt sich hier um eine Art Global-Dimension, die in allen drei Krankheitssituationen bevorzugt wird. Auch in Dimension II gibt es Ähnlichkeiten. Sowohl bei den Karzinom- wie bei den MP-Patienten zeichnet sich je eine Untergruppe mit *Zupacken* aus (bei der MP verbunden mit Selbstaufwertung durch *Valorisieren*). Mit anderen Worten: ein Teil der Patienten verhält sich hier identisch, unabhängig davon, ob sie an einem Karzinom leiden oder an Mastopathie. Sie verhalten sich aktiv bis fordernd (hinsichtlich der ärztlichen Untersuchung) und wollen Diagnose und Konsequenzen genau kennen. Im Gegenpol findet sich je ein mehr ablenkendes oder verleugnendes Verhalten - bei den CA-Patienten noch verbunden mit einer betont gefaßten Einstellung *(Akzeptation* und *Haltung bewahren)*. Ablenkendes und verleugnendes Verhalten besteht auch in der Mastodynie (MD)-Gruppe, hier mit einem Gegenpol, der auf ein aktiv nach außen gerichtetes Bewältigen hinweist *(Aktivität* und *Altruismus)*. Erst die dritte Dimension (III) macht eine Untergruppe aus, die sich in den verschiedenen Krankheitsformen deutlich unterscheidet. Für die entsprechenden Krebspatienten scheint eine religiöse Auseinandersetzung, verbunden mit ablenkender Tätigkeit, das bevorzugte Copingmuster zu sein. Bei den MP-Patienten ist es eine bipolare Lösung, wobei die eine Untergruppe aktiv mit der Krankheitssituation umgeht *(Zupacken)* und auf Unterstützung bedacht ist. Der Gegenpart ergibt sich passiv in die Krankheitssituation *(Passive Kooperation)* und wendet sich anderen zu *(Altruismus)*. Interessant ist Dimension III der MD-Patienten, da hier *Rumifizieren* (das schon in Dimension I dieser Patienten enthalten ist) alleine die Dimension ausmacht. Inhaltlich paßt diese BEFO gut zur Krankheit, die bekanntlich als funktionelle Störung durch Schmerzen und Spannungen charakterisiert ist. Diese Beschwerden scheinen aber für die Patienten jeweils Anlaß genug, sich grüblerisch damit auseinanderzusetzen. Ihre subjektive Not ist somit jener vergleichbar, wie sie für Karzinom-Patienten gilt, da zu diesem Zeitpunkt die Mastodynie-Patientinnen noch nicht wissen können, daß sie nicht an Krebs erkrankt sind. Das heißt vermutlich, daß gerade diese grüblerische Verunsicherung auch ein Motiv war, überhaupt den Arzt zur Abklärung der Brusterkrankung aufzusuchen, also daß Phantasien über ein mögliches Brust-Karzinom bestanden haben mögen.

Nach einem halben Jahr können die CA- und MP-Patientinnen nochmals verglichen werden. Während in diesen ersten 6 Monaten dramatische Veränderungen eintraten, mit Bestätigung der Krebsdiagnose, mit Verlust der Brust und bei nicht wenigen sehr fordernder Chemotherapie, hat sich bei der MP-Gruppe seit dem beruhigenden Ergebnis der Abklärung im Krankheitsprozeß kaum mehr etwas verändert. Dies zeigt sich für die MP-Patientinnen darin, daß Dimension I *Problemanalyse* und *Passive Kooperation* ausreicht, d. h. nach Klärung der Verhältnisse kann sich dieser Teil der Patienten passiv der ärztlichen Betreuung anvertrauen. Dort, wo eine mögliche Verunsicherung zurückbleibt, wird diese (Dimension II) entweder durch Mobilisieren von *Zuwendung* oder nach wie vor durch aktive Kooperation mit Nachfragen (*Zupacken*) gelöst. Es sind nur noch zwei Dimensionen festzustellen, d. h. die reduzierte Belastung schränkt auch das festgestellte Coping ein. Es gibt nicht mehr viel, was diese Patientinnen belastet und das es zu bewältigen gilt.

Demgegenüber ist die Anpassungsfähigkeit der CA-Gruppe voll gefordert, was sich daran zeigt, daß ihre Copingstrategien breit gefächert bleiben. Wir werden darauf gleich zurückkommen.

Interessant ist auch noch festzustellen, wie sich die Gruppen hinsichtlich der nicht eingesetzten BEFO unterscheiden: Bei den MP spielen *Aktives Vermeiden, Resignation, Selbstbeschuldigung, Relativieren* kaum eine Rolle. *Relativieren,* d. h. sich mit Kranken zu vergleichen, denen es anscheinend noch schlimmer geht, ist für CA-Patienten wichtig, nicht aber für die gutartigen Störungen. Nach 6 Monaten ist auch das Bedürfnis, sich auf sich selbst zurückzuziehen *(Rückzug)* für MP-Patientinnen kein Thema mehr, ebenso wenig *Auflehnung,* da es ja kaum mehr eine Krankheit gibt, gegen die aufzulehnen sich lohnt. Das Verhalten der Schmerzpatientinnen (MD) ist dem der MP hier sehr ähnlich.

3. Veränderungen über Zeit

Wie erwähnt, ist die Studie longitudinal angelegt und wenn immer möglich, sollen die Patientinnen zumindest über 6 Jahre beobachtet werden (die ersten Patientinnen befinden sich im 4. Beobachtungsjahr). Im Vergleich zum potentiellen Krankheitsverlauf sind 6 Monate eine kurze Dauer, aber eben eine entscheidende Phase des akuten Krankheitsprozesses. Es ist zu vermuten, daß nun die einzelnen Patientinnen ihre mögliche Anpassung an die Krankheit (hier konkret an das Mamma-CA) und ihre Folgen vollzogen haben. Wir können somit annehmen, daß eine gewisse intraindividuelle Stabilisierung sich auch im Coping ausdrückt, indem nun nicht mehr so sehr situative als vielmehr persönlichkeitsspezifische Muster überwiegen. Die beiden Einflußgrößen (Situation und Persönlichkeit) sind zwar nie scharf voneinander zu trennen, sondern interagieren, wie dies ja auch im transaktionellen Modell ausgedrückt wird. Wir wollen den Zeiteinfluß anhand der CA-Gruppe näher analysieren:

Wie schon erwähnt, gibt es eine Art von Grund-Coping-Muster, das aus *Zuwendung, Problemanalyse* und *Zupacken* besteht. Es findet sich präoperativ (T2) wie unmittelbar postoperativ (T3). Nach einem halben Jahr (T5) ist *Zupacken* in keiner Dimension mehr, *Problemanalyse* nur noch in Dimension III als Gegenpol zu *Dissimulieren* festzustellen. Nur *Zuwendung* bleibt zentral. Dies zeigt sich auch in der Rangreihenfolge der Verteilung (Tab. 3). Überhaupt überwiegen nach 6 Monaten Bewältigungsformen, die eher auf eine passive oder ablenkende Einstellung hinweisen: das wichtigste Copingmuster dieser Phase (T5) schließt neben dem Bemühen, von jemandem unterstützt zu werden *(Zuwendung)* eine mehr stoisch-akzeptierende Haltung *(Akzeptation)* ein, gleichzeitig mit dem Versuch, die ganze Krankheit wegzuschieben *(Dissimulieren).* Auch in Dimension II überwiegt das ablenkende Bewältigen. Interessant ist dabei, wie sich hier zwei Untergruppen im Aktivitätsgrad unterscheiden, jene Patienten, die gedankliches Ablenken vorziehen gegenüber jenen, die sich durch Handeln ablenken und sich dabei zugleich aufwerten *(Valorisieren).* Die Lösungen der Dimension III sind rein kognitiv, also wiederum nicht auf aktives Handeln bezogen - entweder man strebt bewußt die Lösung der Probleme an *(Problemanalyse),* oder man will ebenso gezielt die ganze Krankheit nicht mehr wahrhaben *(Dissimulieren).* Die 3 Dimensionen sind ja gerade darauf ausgerichtet, unterschiedliche Bewältigungsmuster aufzuzeigen. Sie ergeben sich aus der Berechnung als je unabhängige Konstellationen. Dabei können wir aber nicht aussagen, ob der einzelne Patient nur zu der einen oder anderen oder zu allen 3 Dimensionen beiträgt; denn wir haben oben erwähnt, daß die Zahl der pro Patient und Situation genannten BEFOs erheblich schwankt (von 3-17). Trendmäßig können wir aber festhalten, daß nach einem (kämpferischen) Halbjahr alle 3 Muster das Bedürfnis nach einer gewissen die Krankheitssituation distanzierenden Beruhigung und nach Vergessen ausdrücken. Dies stimmt ja auch mit den Anforderungen dieser Krankheitsphase überein, nämlich nach der Rekonvaleszenz wieder zum Alltag zurückzufinden.

Etwas von diesem Bedürfnis zeigt ja auch die postoperative Phase T3. Die Dimension II *(Dissimulieren)* und III *(Akzeptieren)* sprechen dafür. Die Hauptdimension ist allerdings mit dem klassischen Grundmuster identisch, das wir bei den Karzinom-Patienten auch präoperativ (T2) sowie in der diagnostischen Phase (T1) der beiden anderen, benignen Krankheitsgruppen festgestellt haben. Die übrigen präoperativen Dimensionen hatten wir schon erwähnt.

Im Histogramm (vgl. Abb. 2 und 3) sind noch 2 - 3 andere Tendenzen ersichtlich: Das *aktive Vermeiden,* das in der Abklärungsphase noch festgestellt werden konnte (z. B. durch Nichtaufsuchen des Arztes) ist jetzt kaum mehr vorhanden. Rückläufig sind ebenfalls *emotionale Entlastung* und *Optimismus,* zwei emotionsbezogene BEFO, die offenbar in Wechselbeziehung zu der in T5 zunehmenden *Resignation* stehen. Überhaupt ist auffallend, wie in unserem Kollektiv (d. h. in allen Gruppen) die BEFO, die emotionale Expressivität einschließen (wie *emotionale Entlastung, Auflehnung, Wut ausleben, Optimismus)* relativ schwach vertreten sind. Dies gilt sowohl für die CA-Gruppe wie für die benignen Vergleichsgruppen.

4. Diskussion

Wir sind in unserer Fragestellung davon ausgegangen 1. welcher Art das Vorkommen und die Verteilung der BEFO ist, 2. wie sie sich in drei unterschiedlichen Krankheitsgruppen auswirken, und 3. ob sie sich über Zeit verändern.

Das von uns theoretisch und klinisch entwickelte Bewertungsinstrument, die Berner Bewältigungsformen (BEFO) vermochte das Coping des Kollektivs gut zu charakterisieren. Alle 26 definierten und operationalisierten BEFO mußten herangezogen werden, um die Bewältigung der Karzinom-Gruppe wiederzugeben und nur 3 resp. 5 BEFO konnten in den beiden Vergleichsgruppen mit benigner Erkrankung nicht zugeordnet werden. Im Durchschnitt hat die einzelne Patientin pro Krankheitssituation gleichzeitig ca. 10 verschiedene BEFO eingesetzt (Bereich von 3 bis 17). Erst also wenn ein Einschätzverfahren es erlaubt, den Bewältigungsvorgang qualitativ ausreichend breit abzubilden, kann auch eine Aussage über den Grad an Differenziertheit des Coping in der jeweiligen Krankheitssituation gemacht werden. Die meisten uns bekannten Meßinstrumente der Krankheitsbewältigung bieten ein wesentlich engeres Spektrum an differenzierbaren Bewältigungsformen an. In einer von uns durchgeführten Literaturzusammenstellung zur Verlaufsforschung von Coping bei Karzinom konnten wir in 15 Studien mit wenigen Ausnahmen jeweils nur 2 - 6 bewertete Copingformen feststellen (Heim 1987 b). Man muß sich fragen, ob man dabei der Komplexität des zu bewertenden Vorganges noch gerecht werden kann oder ob nicht durch eine allzu enge Fokussierung wichtige Differenzierungen verpaßt werden.

Trotz dieser einschränkenden Bemerkung ist aber festzuhalten, daß die von uns am häufigsten beobachteten Bewältigungsformen auch solche sind, die (mit z. T. anderen Termini) auch bei anderen Untersuchungen oft genannt werden. Dies gilt besonders für die beiden wichtigsten BEFO, *Problemanalyse* und *Zuwendung,* die ein Grundmuster von Coping darstellen, das zum Meistern vieler belastender Lebensituationen geeignet ist. Dies geht auch aus verschiedenen Untersuchungen hervor, die sich gezielt entweder mit kognitiven Prozessen oder mit sozialer Unterstützung befassen. Die Bedeutung von *Problemanalyse* im weitesten Sinne ist aus den Copingkonzepten von Janis und Man (1977, 1982) und deren vielfältiger Analyse der entsprechenden empirischen Untersuchungen ersichtlich. Auch Studien zum Konzept der internen versus externen Kontrolle sind in diesem Zusammenhang zu erwähnen (Strickland 1978; Thomson 1981; Bandura 1982). Wir müssen aber festhalten, daß das von uns bewußt deskriptiv und theorieneutral gehaltene Beobachtungskonzept der BEFO nicht direkt mit jener Forschung verglichen werden kann, die gezielt auf Attributionsvorgänge ausgerichtet ist. Die Analyse der einzelnen BEFO erlaubt aber gewisse Rückschlüsse, inwieweit z. B. unsere Patienten sich fremd- resp. selbstbestimmt verstehen. Die von uns definierte und operationalisierte Bewältigungsform *Zuwendung* steht in engem Bezug zum Konzept "Social support". Wir meinen damit ein aktives Verhalten, das darauf ausgerichtet ist, entweder angebotene soziale Unterstützung (z. B. von Angehörigen) auszuschöpfen oder sich durch aktives Kontaktieren von Bezugspersonen diese zu verschaffen. Somit erreicht ein Patient durch solch ein Verhalten sowohl emotionale Zuwendung und Anteilnahme wie auch (Laien-) Information zur Krankheit oder über bestehende soziale Netzwerke. Es hat sich in einer breit gefächerten Forschung bestätigt, daß eine gute soziale Vernetzung einer der besten Prädiktoren hinsichtlich Krankheiten an sich sein kann (Broadhead et al. 1983; Berkman, Syme 1979). Aber auch als Copingform ist soziale Zuwendung sehr bedeutsam, wie etwa Untersuchungen von Stolar (1981) und Funch und Mettlin (1978) sowie Heinrich et al. (1984) gezeigt haben.

Die beiden Grundstrategien *Problemanalyse* und *Zuwendung* sind nach Literaturvergleich weder ausschließlich persönlichkeits- noch situationsspezifisch, sondern erst in Kombination mit anderen Bewältigungsformen als mehr oder weniger sinnvolle Muster zu interpretieren. Diese differenzierenden Muster tragen in unserer Untersuchung sowohl zur Charakterisierung der unterschiedlichen Krankheitsgruppen wie des Zeitpunktes des Krankheitsprozesses bei. Das von uns festgestellte Faktum, daß in der Rangordnung der BEFO eine erstaunliche Übereinstimmung in den ersten Rängen besteht, könnte vorerst glauben machen, die drei Krankheitsgruppen würden sich kaum unterscheiden. In der Tat ist es ein eindrückliches Ergebnis unserer Untersuchung, daß gerade in den allerersten Krankheitsphasen (Tl-T3) die Übereinstimmung so groß ist. Gemeinsam ist allen drei Krankheitsgruppen anläßlich der Erstuntersuchung ja die ängstliche Erwartungshaltung, an einem Karzinom erkrankt zu sein. Was hier für die Karzinom-Gruppe bereits diagnostisch gesichert ist, ist für die beiden benignen Gruppen erst eine bedrohliche Möglichkeit. Auf diese Bedrohung ist ihr Coping bezogen. Die genauere Analyse mit Hilfe der MDS ergibt nun doch klare Unterschiede. Am ausdrücklichsten gilt die angstbetonte Einstellung für die (durchschnittlich) jüngeren MD-Patientinnen, die sich ja primär aus subjektiven Gründen, wegen Spannungsbeschwerden in der Brust, zur Abklärung gemeldet haben. Dies hat das Coping zumindest eines Teils dieser Patientinnen derart beeinflußt, daß das grüblerische Hinterfragen der befürchteten Karzinom-Erkrankung *(Rumifizieren)* besonders deutlich hervortritt. *Ablenken* ist ein weiteres bevorzugtes Coping, sei dies eher kognitiv als gedankliches Ablenken oder handlungsbezogen als *ablenkendes Anpacken.* Eine direkte, angriffige Einstellung *(Zupacken),* wie dies bei den Mastopathie- und CA-Patientinnen besteht, fehlt hier.

Die pro Situation (Krankheitsgruppe) und Zeitpunkt (Krankheitsphase) unterschiedlichen Belastungen werden aber insgesamt verschieden bewältigt. So konnten wir feststellen, daß je nach Situation oder Zeitpunkt ein mehr aktiv-zupackendes und handlungsbezogenes Coping überwiegt, z. T. aber eher ein passives oder ablenkend-dissimulierendes Coping dominiert. Die durch die multidimensionale Skalierung unterschiedenen Copingmuster haben dies ausgewiesen. Die beiden hier angesprochenen Ebenen - aktiv-passiv einerseits, fokussierend-ablenkend andererseits - stimmen z. T. miteinander überein, z. T. sind sie völlig unabhängig. Bei den Karzinom-Patientinnen konnten wir tendenzmäßig feststellen, daß die Herausforderung zur Zeit der diagnostischen Abklärung und der präoperativen Verunsicherung zu einem eher aktiv-zupakkenden Coping führte. In der postoperativen Phase mit den zu meisternden Verlusterlebnissen und vor allem nach der für einen Teil der Patientinnen herausfordernden Chemotherapie, überwiegen dann eher Bewältigungsmuster, die einerseits viel soziale Unterstützung *(Zuwendung)* und andererseits eher ein Verleugnen der traumatisierenden Realität einschließt. Dies ist nur bedingt durch die Rangreihenfolge bestätigt, aber in den Copingmustern der dimensionalen Berechnungen doch deutlich. Auch bei den Mastopathien macht sich ein ähnlicher Trend über Zeit bemerkbar, allerdings mit anderer Erklärung. Für die Mastopathie-Patientinnen kommt nach einem halben Jahr eine Zeit der Stabilisierung, da sich bestätigt hat, daß die initiale Befürchtung, an Krebs erkrankt zu sein, unbegründet war. Nicht so für die Karzinom-Patientinnen: sie sind nun nach bestätigter Diagnose und Durchstehen der akuten Behandlungsphase darauf angewiesen, wieder zu einem normalen Alltag zurückzufinden, wo die Bedrohung der Krankheit so weit möglich zurückgebunden wird.

Unsere Studie hat vorerst den Charakter einer deskriptiven Verlaufserfassung. Dabei zeigt sich aber schon deutlich, daß situations- oder phasenabhängige Veränderungen im Bewältigungsverhalten bestehen, und zwar sowohl in der Karzinomgruppe wie in der Vergleichsgruppe mit benigner Brusterkrankung. Noch steht aber offen, ob die festgestellten BEFO und ihre Kombination in Mustern für unsere Population prädiktiven Wert haben und in welcher Form. Wir haben in der schon erwähnten Analyse (Heim 1987 b) der 15 in der Literatur zugänglichen Verlaufsuntersuchungen zum Coping bei Karzinomkrankheiten Gemeinsamkeiten oder Copings feststellen können, die prädiktive Bedeutung für den weiteren Krankheitsverlauf haben (vgl. Tab. 6 siehe nächste Seite)

In der Tabelle sind die jeweils von den Autoren gemachten Definitionen in die von uns operationalisierten BEFO übersetzt worden, so daß sich nach Häufigkeit unterscheiden läßt, welche Copingformen mit prospektiv günstigem und welche mit ungünstigem Ausgang verassoziiert sind. Die bei unseren CA-Patientinnen nach 6 Monaten festgestellten 3 Dimensionen lassen sich in ihren Polaritäten den günstigen oder ungünstigen Verlaufsformen zuteilen. Es ist aber noch zu früh, etwas darüber auszusagen, inwiefern diese Dimensionen stabil bleiben und ob sie auch bei unserer Population prospektiven Wert haben. Wir sehen jedenfalls vor, sie zu den von uns erfaßten abhängigen Variablen wie Befindlichkeit, Compliance und allgemeine soziale Anpassung ebenso in Beziehung zu bringen wie zu den somatischen Verlaufskriterien. Wir sind ferner daran, zusätzlich 20 Patientinnen mit Karzinom einer Intensivuntersuchung zu unterziehen, indem intraindividuell festgestellt werden soll, welcher Art die Belastung in den einzelnen Krankheitsphasen ist und wie diese jeweiligen dominierenden Belastungen mit entsprechenden Bewältigungsformen gemeistert werden. Zugleich kann so die unmittelbare Auswirkung auf die allgemeine psychosoziale Anpassung wie auch auf das Befinden der Patientinnen festgestellt werden. Erst dannzumal wird sich feststellen lassen, ob unsere Ergebnisse auch prädiktiven Wert hinsichtlich der erwähnten Effekt-Größen haben.

Tab. 6: Zusammenzug "Geeignete/ungeeignete Bewältigung"

Geeignet	Ungeeignet
H7 Zupacken: "Was ich unternehme, wie ich mitmache, davon hängt jetzt vieles ab."	K2 (Fatalistisches) Akzeptieren: "Es ist nicht mehr zu ändern, ich muß mich dreinschicken."
H8 Zuwendung: "Bisher hat es immer jemand gegeben, der mich angehört/verstanden hat."	E5 Passive Kooperation: "Die wissen schon, was sie tun."
K5 Problemanalyse: "Ich versuche mir zu erklären, was überhaupt los ist."	E6 Resignation: "Ich glaube, es hat alles keinen Sinn mehr."
K3 Dissimulieren: (je nach Krankheitsphase) "Es ist alles nur halb so schlimm, im Grunde geht es mir gut."	E7 Selbstbeschuldigung: "Ich verdiene es nicht besser."
K2 (Stoisches) Akzeptieren: "Ich bemühe mich zu tragen, was ich kann."	K3 Dissimulieren (je nach Krankheitsphase:) "Es ist alles nur halb so schlimm, im Grunde geht es mir gut."
E1 Auflehnung: "Warum gerade ich?"	E3 Isolieren, unterdrücken: "Das hat mich überhaupt nicht beunruhigt."
E2 Emotionale Entlastung: "Ich fühle mich so elend, wenigstens das Weinen hilft noch etwas."	
Mehrere ausgewogene Strategien	Eingeschränkte Strategien.

Wir haben eingangs erwähnt, daß die Copingforschung immer noch in einem frühen Entwicklungsstadium steckt. Es zeichnet sich aber ab, daß zunehmend integrative Modelle berücksichtigt werden, die den Zusammenhang zwischen den verschiedenen hier aufgelisteten Phänomenen herzustellen versuchen. Nur wenn ausreichend die jeweils bestehende Belastung definiert ist, wenn geklärt wird, welcher Situation welche Art von Bewältigung angemessen ist und wie sich diese Bewältigung auf die übrigen Krankheitsparameter auswirkt, kann erhofft werden, daß für den klinischen Alltag daraus auch brauchbare Schlüsse zu ziehen sind. Der methodische Zugang zu diesen Fragen wird nicht über retrospektive Untersuchungen mit schlecht definierten Gruppen und ungenügend geklärter Copingvorstellung sein. Vielmehr wird es zunehmend notwendig werden, möglichst genaue Verlaufsforschung vorzunehmen. Diese methodischen Ansprüche werden von verschiedenen Autoren geteilt (Ell 1986; Bloom, Ross 1982; Themoshok, Heller 1984; Fox 1978,1982).

Die Bedeutung institutioneller Rahmenbedingungen für individuelle Copingmechanismen am Beispiel der Transluminalen Coronarangioplastie

JOCHEN JORDAN

Vorbemerkung

Im folgenden wird über einen Aspekt von Copingmechanismen berichtet, der empirisch besonders schwierig zu untersuchen ist und daher in den meisten vorliegenden Studien ausgeklammert wurde, der meist auch vielfache Kontroversen auslöst. Institutionelle Bedingungen der medizinischen Diagnostik und Therapie beeinflussen nach unseren Erfahrungen wesentlich die beobachtbaren individuellen Copingmechanismen. Auch das Verhalten der Patienten gegenüber den meist von außen kommenden psychosozialen Forschern wird durch die strukturellen Gegebenheiten wesentlich mitbestimmt. Aber erst die systematische Beobachtung und Reflexion dieser Dimension ermöglicht eine kritische Einschätzung der gewonnenen Ergebnisse und beeinflußt daher auch die Formulierung von Vorschlägen für die zukünftige psychosoziale Betreuung der Patienten, die ja Ziel von Copingforschungen sein sollte. Die für diesen Beitrag gewählte Schwerpunktsetzung soll nicht suggerieren, daß andere Determinanten des Copingprozesses - wie sie in den übrigen Beiträgen des vorliegenden Buches zu finden sind - weniger bedeutsam sind. Auch wir haben die derzeit üblichen methodischen Instrumente in unserer Untersuchung verwandt. Es soll lediglich gezeigt werden, wie sehr die instutionellen Strukturen den Forschungsprozeß und die gewonnenen Ergebnisse beeinflussenm und es sollen dadurch andere Untersucher ermutigt werden, in ihren Veröffentlichungen diesem Aspekt größeren Raum zu widmen.

1. Kurze Beschreibung unseres Forschungsprojektes

Während der zweijährigen Voruntersuchungen nahm der Autor regelmäßig an der kardiologischen Stationsvisite sowie an mehreren Coronardilatationen teil und betreute einzelne Patienten psychotherapeutisch (Jordan et al. 1983). Außerdem wurden von verschiedenen Mitarbeitern der Abteilung für Psychosomatik insgesamt 25 psychoanalytische Interviews mit Patienten vor oder nach der Dilatation durchgeführt, die in Teamsitzungen ausgewertet wurden. Während der von Mai 1984 bis Mai 1985 laufenden Hauptuntersuchung bekamen alle in Frankfurt coronardilatierten Patienten einen ausführlichen Sozial- und Berufsfragebogen, die Partnerinnen bzw. Partner wurden ebenfalls schriftlich befragt; einen Tag vor und einen Tag nach der Dilatation fanden jeweils halbstrukturierte Interviews statt, außerdem wurden jeweils Fragebögen zur Stimmung, zur Angstbewältigung und zum Erleben vor, während und nach der Dilatation vorgelegt. Diese Hauptuntersuchung führten insgesamt sechs Personen durch. Viele der geführten Interviews wurden im Team supervidiert. Derzeit läuft eine Zwölfmonatskatamnese. Aus der Sicht der Patienten waren die Mitarbeiter aus der Abteilung für Psychosomatik Außenstehende, obwohl bereits bei der schriftlichen Mitteilung des stationären Aufnahmetermins seitens der Kardiologen auf unsere Untersuchung hingewiesen wurde. Da die Patienten beim ersten Kontakt von uns gefragt wurden, ob sie an unseren Untersuchungen teilnehmen wollen, konnten sie dies auch ablehnen, was ca. 40 von 200 Patienten taten.

2. Die Transluminale Coronarangioplastie (TCA)

Die TCA ist ein relativ neues Verfahren zur Aufdehnung stenosierter Herzkranzgefäße (Kober et al. 1980). Über einen Führungskatheter wird ein winzig kleiner Ballonkatheter an die stenosierte Stelle des Kranzgefäßes herangeführt, dann mehrfach für einige Sekunden auf ca. 5 atü aufgeblasen. Dadurch wird häufig eine Lumenerweiterung erreicht. Der Eingriff kann in den meisten Fällen eine By-Pass-Operation unnötig machen und eine deutlich verbesserte Blutversorgung des Herzmuskels bewirken. Zur Durchführung der TCA werden die Patienten ca.14 Tage stationär aufgenommen. Psychisch belastend und daher für Copingforschungen relevant sind folgende Aspekte:
Die TCA wird bei vollem Bewußtsein und ohne Gabe von Beruhigungsmitteln durchgeführt. Sie dauert zwischen ein und vier Stunden und stellt schon deshalb eine erhebliche seelische Belastung dar. Außerdem ist eine außerordentlich beängstigende Komplikation möglich: Bei der Kathetereinführung und vor allem beim Dehnungsprozeß können Risse in der Gefäßwand entstehen, die eine sofortige Notoperation notwendig machen. Weitere seelische Belastungen sind: die langen Wartezeiten bis zur stationären Aufnahme, die aus organisatorischen Gründen ständig vorkommenden Terminverschiebungen des Eingriffs während des stationä-

ren Aufenthaltes sowie die Möglichkeit des Mißlingens der Dilatation (weil die Stenose nicht erreicht oder nicht mit dem Ballon passiert werden kann oder weil die erzielte Lumenerweiterung nicht ausreichend ist) mit der Folge einer dann doch notwendigen By-Pass-Operation. Bei ca. 10% der Patienten ist das bei der Dilatation aufgedehnte Gefäß nach fünf Monaten wieder verschlossen, so daß eine Redilatation oder eine By-Pass-Operation vorgenommen werden muß. Außerdem sind die Patienten oft von ihren Familienangehörigen getrennt, da sie aus dem gesamten Bundesgebiet nach Frankfurt zur Behandlung kommen. In unsere Studie wurden nur diejenigen Patienten einbezogen, die zur Erstdilatation nach Frankfurt kamen, nicht aber diejenigen, bei denen ein verschlossener By-Pass dilatiert oder bei denen eine Redilatation vorgenommen wurde.

3. Institutionelle Rahmenbedingungen

Patienten aus dem gesamten Bundesgebiet können zur Dilatation nach Frankfurt überwiesen werden, indem die wichtigsten diagnostischen Befunde (Angiofilm, EKG etc.) zur Beurteilung nach Frankfurt geschickt werden. Die Patienten kommen dann nach erheblichen Wartezeiten nach Frankfurt und werden im allgemeinen acht Tage vor dem vorgesehenen Dilatationstermin stationär aufgenommen. In diesen acht Tagen wird ein umfangreiches diagnostisches Programm zur endgültigen Abklärung der Dilatationsindikation abgewickelt. Die Struktur der Klinik bringt es mit sich, daß diese diagnostischen Abklärungen sehr schematisch und bis ins letzte Detail organisatorisch festgelegt erfolgen und zwischen Patienten und Stationsarzt wenig Raum für individuelle Beziehungsaufnahmen bleibt. Die Dilatationspatienten (meist zwei bis drei Patienten pro Station) laufen, was den Stationsbetrieb angeht, eher nebenher; Ärzte und Pflegekräfte haben lediglich dafür zu sorgen, daß keine vorgeschriebenen diagnostischen Abklärungen vergessen werden. Die Patienten erleben dies häufig als eine Zeit relativer Anonymität. Belastend wird diese Situation für die meisten allerdings erst dann,wenn der für sie vorgesehene Dilatationstermin nicht eingehalten wird, wenn sie beispielsweise mehrfach morgens nüchtern bleiben und auf ihren Abruf von Station warten und dann erfahren, daß sie an diesem Tag nicht mehr dilatiert werden können. Da Stationsärzte und -pfleger meist auch nicht wissen, weshalb Patienten am vorgesehenen Termin nicht dilatiert wurden und auch keinen Einfluß auf den nächsten Termin haben, entstehen häufig Spannungen, weil die Patienten keinen Ansprechpartner haben. Ein wesentliches Charakteristikum bei der Durchführung der Dilatation in Frankfurt ist folgendes: die Dilatationsärzte haben ihre Patienten meist vorher nie gesehen und die Patienten wissen vorher auch nicht, welcher Arzt die Dilatation vornehmen wird. Die Aufklärung der Patienten über den Dilatationsvorgang, die Risiken und die notwendigen zukünftigen Lebensumstellungen findet in einem Gruppengespräch mit allen Patienten des Hauses (die auf mehreren Stationen verteilt sind) unter Anwesenheit der gerade dilatierten Patienten statt. Die emotionale und kognitive Haltung der Patienten ist weiterhin durch die überwiegend erfolgreich verlaufenden Dilatationen geprägt. Viele vorher in ihrer Leistungsfähigkeit sehr eingeschränkten Patienten können bereits am Tag nach der Dilatation voll belastet werden, ohne beim EKG innerhalb der 6 Minuten Ischämien zu zeigen. Sie können meist eine Woche nach der Dilatation ihre beruflichen und sonstigen Tätigkeiten wieder aufnehmen. Diese Aussicht weckt bei den Patienten natürlich große Hoffnungen und trägt auch bei Ärzten und Pflegepersonal zu überwiegend optimistischen Grundhaltungen und entsprechenden Äußerungen den Patienten gegenüber bei.

4. Copingmechanismen

Die skizzierten institutionellen Rahmenbedingungen sind aus der Sicht der Patienten vor allem durch einen hohen Grad an ärztlicher Arbeits- bzw. Funktionsteilung charakterisiert. Unter diesen Bedingungen erlebt der Patient mehrere, für ihn in unterschiedlichen Zusammenhängen zuständige Ärzte (Stationsarzt, Chefarzt, Leiter der Dilatationsabteilung, den dilatierenden Arzt, den Arzt, der die Gruppenaufklärung leitet, den EKG-Arzt), ohne daß er eine intensive Beziehung zu einem Arzt aufbauen könnte, mit dem er alle Aspekte der Krankheit und der Therapie sowie seine Ängste besprechen könnte. In der am meisten bedrohlichen Situation begegnen sich Patient und Dilatationsarzt als Fremde und müssen nun in der für beide Seiten komplizierten, höchste Aufmerksamkeit erfordernden und Anspannung mit sich bringenden Situation eine Beziehung aufnehmen. Der Dilatationsarzt kennt die Biographie des Patienten nicht, weiß nichts über dessen Befürchtungen oder Copingmechanismen in den Tagen vor dem Eingriff und wird während seiner schwierigen Arbeit mit meist kurzen verbalen Äußerungen und nonverbalen Signalen des Patienten konfrontiert. Der einzige soziale Zusammenhang innerhalb des Krankenhauses, in dem Patienten vor und nach der Dilatation ihre Meinungen, Ängste und Angstbewältigungsstile austauschen können, ist die Gruppe der ebenfalls vor oder nach der Dilatation stehenden Patienten. Immer wieder haben wir erlebt, daß die Patienten gerade durch diese Gruppe - die sich trotz der Unterbringung auf verschiedenen Stationen des Hochhauses häufig trifft - wesentlich in ihren Meinungen und Gefühlen beeinflußt sind. Die Art dieses Einflusses ist naturgemäß sehr unterschiedlich, da sich die Zusammensetzung ständig ändert und aktuelle Ereignisse (z. B. dauernde Terminverschiebungen wegen technischer Defekte oder Dilatationszwischenfälle, Notoperationen etc.) die Gespräche stark bestimmen. Im allgemeinen scheint diese Patientengruppe durch einen angstabwehrenden Kommunikationsstil bestimmt zu sein, was denjenigen Patienten, die diesen Copingstil ebenfalls bevorzugen, zusätzliche Sicherheit und sozialen Rückhalt ermöglicht. Für Patienten mit einem mittleren Angstniveau entsteht hier oft eine Sogwirkung, sie versuchen, sich dem gängigen Stil anzupassen und können z. T. ihre Ängste so besser kontrollieren. Schwieriger haben es Patienten, die unter starken Ängsten leiden (die z. B. vorher ihr Testament gemacht haben und sich mit eigenen Todesängsten auseinandersetzen), denn sie finden in der Gruppe kaum Gesprächsmöglichkeiten, sie werden ständig beruhigt und empfinden ihre Ängste daher z. T. als anomal und fühlen sich bald minderwertig. Wenn bei einer Dilatation ein Zwischenfall eintritt und ein Patient notoperiert werden muß oder gar stirbt, verändern sich in dieser Patientengruppe natürlich die Kommunikationsstile und die gruppendynamischen Prozesse.

Über die Bedeutung dieser Patientengruppe oder über die darin ablaufenden Prozesse können wir letztlich nur spekulieren, da wir auf die Schilderungen der Patienten angewiesen sind. Angesichts der extremen Arbeitsteilung seitens der Kardiologen, die zu einer weitgehenden Abspaltung emotionaler Anteile in der Kommunikation zwischen Arzt und Patient führt, hat diese Patientengruppe zentrale Bedeutung. Hier werden nicht nur die individuellen Copingmechanismen bestärkt oder labilisiert, hier entstehen auch Voreinstellungen zu den Dilatationsärzten, von denen diese wiederum nichts wissen. Da die Patienten häufig miteinander sprechen und die Erfahrungen der gerade dilatierten Patienten austauschen, entstehen wechselnde Voreinstellungen zu bestimmten Dilatationsärzten mit der Folge, daß phasenweise einzelne Ärzte eher mehr oder eher weniger von den Patienten "gewünschte" Dilatationsärzte werden. Diese durch Mitpatienten vermittelten Voreinstellungen führen dann beim Kontakt mit dem entsprechenden Arzt während der Dilatation zu spezifischen Verhaltensweisen der Patienten, die nicht direkt von diesem Arzt ausgelöst, sondern durch die Vermittlung seitens Dritter geprägt sind, was die Kommunikation natürlich zusätzlich erschwert.

Es kann als sicher gelten, daß die individuellen Copingmechanismen der Patienten auch von bewußten oder unbewußten Phantasien bzw. Beobachtungen darüber beeinflußt sind, welche offenen und verdeckten Erwartungen hinsichtlich erwünschter oder unerwünschter Verhaltensweisen der Patienten innerhalb der Institution vorherrschen. Jeder Patient wird automatisch seine Verhaltensweisen, aber auch seine ihm selbst oft nicht bewußten Copingstrategien an die Regeln und Rollenerwartungen der behandelnden Ärzte anpassen, wird bei der Einschätzung der bevorstehenden Bedrohung durch den Eingriff sich auch damit auseinandersetzen, welche unterstützenden oder sanktionierenden Reaktionen er von seiten der für ihn relevanten Bezugsperson zu erwarten hat. Auf welchem Wege sich die zahlreichen Rollenerwartungen der behandelnden Ärzte den Patienten vermitteln, ist derzeit wissenschaftlich noch nicht differenziert untersucht, daher sind auch wir auf sehr subjektive eigene Beobachtungen angewiesen. Auch die Art dieser ärztlichen Erwartungen ist schwer zu untersuchen. Wir können lediglich aus den Berichten der Patienten, aus eigenen teilnehmenden Beobachtungen und aus halbstrukturierten Interviews mit den Dilatationsärzten Hypothesen formulieren. Da wir davon überzeugt sind, daß die ärztlichen Erwartungen die individuellen Copingmechanismen der Patienten beeinflussen, sollen diese hier wenigstens kurz skizziert werden.

Zunächst vermitteln die o. g. institutionellen Rahmenbedingungen (die für die Patienten ja als von den Ärzten geschaffene und gewünschte erscheinen), daß wenig Raum (im wörtlichen Sinne) und Zeit für emotionale Aspekte des Krankheitsgeschehens vorgesehen ist. Auch die Tatsache, daß die dilatierenden Ärzte vorher nicht die Zeit haben, ein längeres Gespräch mit den Patienten zu führen, vermittelt mit den vorgenannten Aspekten, daß entsprechende Wünsche oder Bedürfnisse der Patienten eher unerwünscht sind, zumindest einen zusätzlichen Aufwand mit sich bringen, der nur in Einzelfällen eingeplant ist. Die bei den beteiligten Ärzten vorliegenden Vorstellungen darüber, welche Copingstrategien der Patienten als adäquat, welche als störend oder gar pathologisch angesehen werden, sind nur mit Vorbehalt zu formulieren: Es scheint, als ob Patienten, die keine Angst signalisieren, völlig ruhig und gelassen, mit großem Vertrauen in die ärztlichen Fähigkeiten und mit technischem Interesse die Dilatation über sich ergehen lassen, von seiten der Kardiologen sehr angenehm und normal empfundene Patienten sind, obwohl wir als Psychosomatiker eben diese Patienten als besonders auffällig wegen ihrer Angstlosigkeit wahrnehmen. Auch Patienten mit mittlerem Angstniveau gelten als normal und angenehm, sie werden während des Eingriffs beruhigt, bekommen zwischendurch Informationen über die gerade eingeleiteten Maßnahmen und werden für ihre Kooperation gelobt. Es schien oft so, daß die Dilatationsärzte gerade bei diesen Patienten ihre eigene Anspannung (und die Angst vor einem folgenschweren Zwischenfall) projektiv-identifikatorisch besonders gut bewältigen konnten, weil die Beruhigung des Patienten auch der eigenen Beruhigung diente. Komplizierter schien die Situation bei den wenigen Patienten, die ihre Ängste nicht abwehrten, sondern offen zum Ausdruck brachten. Das Äußern von Todesangst oder Depressionen schien die beteiligten Ärzte

eher zu beunruhigen und rief oft Hilflosigkeit hervor, weil man nicht wußte, wie man darauf eingehen sollte und weil entsprechende Techniken der Gesprächsführung nicht gelernt waren.
Innerhalb dieser sehr komplexen, hier nur kurz skizzierten institutionellen Rahmenbedingungen wirkte unser Anliegen an die Patienten zunächst befremdend und rief häufig zunächst mißtrauische Fragen und Zurückhaltung hervor. Wir waren in der Sicht der Patienten Personen, die deutlich nicht zum Stationsteam bzw. zu den Kardiologen gehörten. Daß in einer Uniklinik auch Forschung betrieben wird, war für alle Patienten naheliegend, daß wir uns aber ausschließlich für die soziale, familiäre und seelische Seite der Krankheit interessierten, war ein nicht in den Kliniksalltag passender Aspekt. Die im folgenden beschriebenen Arten des Umgangs mit uns waren trotz des immer gleichen Settings sehr unterschiedlich, genauso wie die von uns beobachteten Copingmechanismen. Es werden lediglich drei, für den Zusammenhang dieser Arbeit charakteristische Varianten dargestellt. Es werden auch nur diejenigen Aspekte referiert, die die institutionellen Rahmenbedingungen widerspiegeln. Die für die Copingmechanismen unserer Patienten ebenfalls wesentlichen Vorerfahrungen mit diagnostischen und therapeutischen Eingriffen und die auf dem Hintergrund der Biografie verstehbaren individuellen persönlichkeitsspezifischen psychodynamischen Aspekte werden in der Darstellung ausgeklammert.

1. Unser Gesprächsangebot ablehnende Patienten

Etwa 20% aller angesprochenen Patienten lehnten es ab, unsere Fragebögen auszufüllen und sich zu einem Gespräch zu verabreden. Viele dieser Patienten waren dabei freundlich, hatten verschiedene, mehr oder minder nachvollziehbare Gründe oder ließen sich zunächst am Krankenbett auf ein längeres Gespräch ein, ohne an der Untersuchung selbst teilnehmen zu wollen. Sie machten deutlich, daß sie mit diesem Aspekt der Krankheit nichts zu tun haben wollen, oder daß ihnen der Zeitaufwand (vier bis fünf Stunden) zu groß war. Einige wenige Patienten lehnten eine Kooperation auch ab, weil sie sich zu ängstlich und angespannt fühlten und die Fragebögen und Gespräche als eine Belastung empfanden.

2. Aufgeschlossene Patienten

Zwischen 10% und 20% der Patienten reagierten interessiert und sehr aufgeschlossen. Sie empfanden unser Gesprächsangebot als willkommene Gelegenheit, über ihre Gefühle zu sprechen und beklagten

meist den Mangel an entsprechenden Möglichkeiten innerhalb des Krankenhauses. Kritik an den Umgangsformen der Ärzte oder an organisatorischen Mängeln, an der Gefühlskälte mancher Mitpatienten wurde geäußert, und die dadurch entstehende zusätzliche seelische Belastung konnte ausführlich besprochen werden. Die meisten dieser Patienten waren sehr introspektionsfähig, und ihre Ängste unterlagen einer geringen Abwehr. So sprachen diese Patienten (prozentual sehr viele Frauen der Stichprobe gehörten in diese Gruppe) über ihre Todesängste, darüber, daß sie zuhause ihre Angelegenheiten geordnet, z. B. ihr Testament gemacht hätten. Es entwickelten sich Gespräche über die möglichen Ursachen der coronaren Herzkrankheit, über die seit der Diagnose entstandenen Verunsicherungen und Zukunftsängste, über die veränderte Familiensituation und Sexualität. Manche Patienten verstanden die Krankheit als Signal, suchten nach tieferen Ursachen für ihre vorherige Lebensweise und konnten die ihrer Meinung nach ursächlichen seelischen Belastungen emotional nacherlebbar schildern. Beispielsweise konnte ein Patient seine Verzweiflung und seine Trauer über die jahrelange vorausgehende psychiatrische Krankheit seiner Lebenspartnerin zum ersten Mal in seinem Leben schildern und dabei heftig weinen. Er fühlte sich nach dem Gespräch entspannter, bat um einen weiteren Termin und nutzte die Gelegenheit konstruktiv. Ein anderer Patient konnte erarbeiten, daß er den Tod seines geliebten Sohnes, mit dem er sehr stark identifiziert war, nie verkraftet hatte und seit diesem Ereignis eine fast manische Arbeits- und Lebensweise begonnen hatte. Er verstand, daß dies der Abwehr seiner unverarbeiteten Trauer galt und wollte die Krankheit und den lebensbedrohlichen Eingriff als Anlaß erneuten Nachdenkens nutzen und sich für den Fall, daß er die Dilatation überleben sollte, wieder mehr Ruhe und Trauer gönnen.
Die Patienten dieser Gruppe fühlten sich einsam, depressiv, im Stich gelassen und hatten es außerordentlich schwer, innerhalb des Krankenhauses Gesprächspartner zu finden. Sie empfanden die beruhigenden Äußerungen von Mitpatienten oder Ärzten abwehrend, fühlten sich nicht verstanden und litten an Minderwertigkeitsgefühlen, weil sie nicht ruhiger mit dem bevorstehenden Eingriff umgehen konnten, wie dies die meisten anderen Dilatationspatienten taten. Für die Patienten dieser Gruppe waren die institutionellen Rahmenbedingungen eine zusätzliche seelische Belastung, sie fanden wenig oder gar keine Möglichkeiten, Unterstützung zu finden. Als Psychosomatiker würde ich diese Umgangsweise mit der Krankheit und dem bevorstehenden Eingriff als völlig adäquat einschätzen, weil die Dimensionen des Ereignisses intellektuell und emotional realitätsgerecht durchlebt wurden. Es gibt keine Anhaltspunkte dafür, daß diese Patienten während des Dilatationsvorganges besondere Schwierigkeiten in Bezug auf den technischen Ablauf hervorriefen oder

schlechtere Dilatationserlebnisse die Folge der durchlässigeren Copingstrategien waren.

3. Die Dilatation im Erleben der größten Patientengruppe

Die größte Untergruppe von Patienten (deren Größe in der Einschätzung der am Projekt beteiligten Interviewer zwischen 40% und 75% aller Patienten schwankte) begegnete uns äußerlich aufgeschlossen, höflich und scheinbar kooperationsbereit. Dennoch war eine starke innere Reserve und Abwehr emotionaler Impulse spürbar. Charakteristisches Merkmal dieser Gruppe war ein typisches Gegenübertragungsgefühl der Interviewer: Immer fühlte man sich als Interviewer dazu gedrängt, die Patienten narzißtisch zu bestätigen, wollte man einen Gesprächsabbruch vermeiden. Dies bedeutete in den meisten Fällen auch eine dementsprechende reale Haltung der Interviewer, also eine beträchtlich Energiezufuhr zur Aufrechterhaltung des Kontakts.Trotz dieser im besonderen Maße entgegenkommenden und bestätigenden Haltung blieben viele Gespräche auf sehr oberflächlichem Niveau: Die Patienten antworteten korrekt und wortkarg auf die gestellten Fragen, brachten ihrerseits keinerlei Gesprächsangebote und zogen sich auf die in der Klinik üblichen Antwortmuster zurück, indem sie zum Beispiel die klassischen Risikofaktoren, wie Rauchen, Übergewicht oder Streß fast klischeehaft reproduzierten, ohne daß ein verstehendes Gespräch ermöglicht wurde. Emotionale Aspekte wurden z. T. verleugnet, zum größten Teil aber bewußt ausgeklammert und umgangen. Die Patienten kooperierten mit uns, weil sie Zeit hatten und uns bei der Forschung helfen wollten, z. T. offen "väterlich" (Zitat: "...einem jungen Arzt bei der Doktorarbeit helfen...") oder auch belehrend schulmeisterlich. Dennoch wurden einige typische Copingmechanismen sichtbar: Die Identifikation mit dem Ärzteteam war der am häufigsten anzutreffende Mechanismus.Vor der Dilatation zeigten diese Patienten ein ausgeprägtes informationssuchendes Verhalten, waren sehr gut über den technischen Ablauf unterrichtet, interessierten sich für die technischen Geräte, die statistisch genauen Erfolgsraten etc. Während der Dilatation zeigten diese Patienten hohes Interesse an den im Raum befindlichen technischen Geräten, ließen sich in jeder Phase anhand des Fernsehmonitors erklären, was gerade gemacht wurde und waren dabei emotional außerordentlich ruhig. Neben diesem aktiven, problemorientierten, informationssuchenden Copingverhalten sahen wir z. T. interpersonelle Abwehrmechanismen, die die intrapsychische Kontrolle ängstlicher Gefühle unterstützten. Ein typischer interpersoneller Mechanismus war die intrapsychische Abspaltung von Angst beim Patienten und deren Projektion

(bzw. Realisierung) bei seinem Ehepartner. Oft berichteten die Patienten, daß die Ehepartner vor der Dilatation große Ängste hätten, schlaflos seien und auch oft weinten. Auch wurde über Mitpatienten mitleidvoll berichtet, die so große Angst vor der Dilatation hätten und sich durch nichts beruhigen ließen. Wir sahen darin eine wichtige Form der Angstverarbeitung der Patienten, die das Thema Todesangst oder Ausgeliefertsein auf diese Weise bearbeiten konnten, ohne es bei sich selbst zulassen zu müssen. Einen weiteren ähnlichen Angstverarbeitungsmechanismus entdeckten wir erst allmählich, in den sich bei fast allen Patienten in dieser Gruppe findenden ausführlichen Schilderungen von Kriegserlebnissen. Zunächst imponierten diese langen Kriegsschilderungen wie Distanzierungsmechanismen. Wir empfanden sie als störend, fühlten unser eigentliches Anliegen (über die seelische Verarbeitung der Dilatation zu sprechen) in den Hintergrund geschoben und konnten wenig dazu sagen. Erst allmählich begriffen wir den vermutlich dahinter stehenden Angstbewältigungsmechanismus: Die Patienten sprechen über eine Lebensphase, in der sie einmal sehr viel Angst um ihr Leben hatten und in der sie zur Bewältigung dieser Angst entsprechende Mechanismen gelernt haben, die ihnen heute noch nützlich sind. Somit verstanden wir in der Folgezeit die Kriegs- und Gefangenschaftsschilderungen als indirekte Bewältigungsform aktueller Todesangst und konnten im Gespräch anders damit umgehen.
Schließlich müssen noch einige Patienten dieser Untergruppe erwähnt werden, die im Verlaufe des Gespräches ihre innere Haltung verändern konnten und ihre anfängliche, kühle und distanzierte Haltung aufgeben und eigenes Interesse an der Rekonstruktion biografischer Aspekte fanden. In diesen Fällen entwickelte sich dann eine intensivere Patient-Interviewer-Beziehung.
Diese große Patientengruppe und die beschriebenen Copingmechanismen charakterisieren die in Frankfurt vorherrschende Grundstimmung rund um die Dilatation am besten. Eine von Optimismus und Zuversicht getragene Grundstimmung mit hohem Vertrauen in die medizinische Technik und Fähigkeit der Ärzte, die mit dazu beiträgt, daß schließlich ein Jahr nach der Dilatation der Eingriff als weniger schlimm eingeschätzt wird wie die Resektion eines Weisheitszahnes.

5. Diskussion

Bemerkenswert ist zuallererst die große Anpassung der Patienten an die gegebenen institutionellen Rahmenbedingungen. Fast alle Patienten waren in der Lage, während der Dilatation ihre Emotionen soweit zu kontrollieren, daß ein technisch reibungsloser Ablauf möglich war. Von uns in diesem Ausmaß nicht erwartet war z. B., daß fast alle Patienten während des Eingriffes kaum erhöhte Pulsraten oder Blutdrucksteigerungen zeigten und nach außen hin relativ gefaßt, z. T. sogar ruhig wirkten. Auch die vorher sehr ängstlichen Patienten waren aus der Sicht der Dilatationsärzte keine Problempatienten, was auch darin zum Ausdruck kommt, daß in sechs Jahren niemals ein psychosomatischer Konsil wegen emotionalen Problemen im Zusammenhang mit der Dilatation durch die Kardiologen angefordert wurde. Der größte Teil der von uns untersuchten Patienten zeigte Copingmechanismen, die innerhalb der bestehenden Krankenhausbedingungen als optimal erschienen. Ihre Identifikation mit den behandelnden Ärzten, ihr hohes Maß an Vertrauen in die Technik findet eine Parallele in den Einstellungen und Verhaltensweisen der Ärzte und ermöglicht daher punktuell gute Kooperationsbeziehungen zwischen beiden. Man könnte auch umgekehrt formulieren: Die von den Ärzten geschaffenen institutionellen Rahmenbedingungen und der organisatorische Ablauf der Dilatation kommt den Copingmechanismen der meisten Patienten entgegen, so daß ein reibungsloser und für beide Seiten durchaus befriedigender Verlauf möglich ist. Das von uns am häufigsten vorgefundene Beziehungsarrangement zwischen Ärzten und Patienten ist für die meisten Patienten intrapsychisch entlastend und energiesparend, denn es erfolgen zahlreiche narzißtische Bestätigungen sozusagen automatisch. Die Copingmechanismen der Patienten werden positiv verstärkt durch Zuwendung, Lob und Anerkennung, durch entsprechende Informationsvermittlungen und durch nonverbale Aspekte der Beziehungsaufnahme seitens der behandelnden Ärzte. Die Patienten brauchen dabei nicht einmal aktiv auf ihre Ärzte zuzugehen, sie erhalten die erwähnten narzißtischen Bestätigungen durch die im Krankenhaus strukturell implizierten Rollenaufteilungen. In unseren Gesprächen spürten wir häufig, daß die Patienten ihre stille Übereinkunft mit diesen Rollenerwartungen und institutionellen Bedingungen durchaus wahrnahmen und beruhigend empfanden. Sie verzichteten oft bewußt auf Äußerungen und Kritik, um diese für sie wichtige Harmonie nicht zu gefährden. Als von außen kommende Untersucher gehörten wir dagegen nicht zu dieser schützenswerten Homöostase und uns gegenüber wurde Kritik, Unzufriedenheit und Wut durchaus verbalisiert, nicht selten mit dem Hinweis, dies bitte nicht an die Kardiologen weiterzugeben. Die skizzierten institutionellen Aspekte individueller Copingmechanismen machen die Komplexität des Forschungsgegenstandes deutlich und zeigen zugleich die Grenzen empirisch-sozial-wissenschaftlicher Forschungsstrategien auf.

Derzeit ist kein Forschungsinstrument bekannt, das in der Lage wäre, die aufgezeigten Wechselwirkungen zwischen Patienten und Ärzten, den Einfluß der Kommunikation der Patienten untereinander und die Bedeutung der instutionellen Rahmenbedingungen des Krankenhauses mit Fragebögen oder Ratingskalen zu erfassen. Auch die Ziele der Copingforschung erscheinen auf dem dargestellten Hintergrund offen: Geht es darum, situationsangemessene Copingstrategien zu erkennen und gegebenenfalls durch entsprechende Angebote an die Patienten zu fördern, so benötigen bestenfalls 10% bis 20% der Patienten eine über das derzeitige hinausgehende psychotherapeutische Hilfe. Auch diese Patienten benötigen eine emotionale Stützung nur hinsichtlich ihrer subjektiven Befindlichkeit, nicht aber im Hinblick auf ihre realen Kooperationsmechanismen während des eigentlichen Dilatationsvorganges. Bezeichnet man also als adäquates Coping allein die den technischen Ablauf und den medizinischen Erfolg nicht behindernden psychischen Mechanismen, so muß nahezu allen Patienten ein optimales Coping bescheinigt werden, und entsprechende Forschungen und psychosoziale Unterstützungsangebote wären kaum notwendig. Zu diesem Ergebnis gelangt man unter der Voraussetzung der Akzeptierung des derzeit gängigen medizinischen Maschinenparadigma (Uexküll 1986), bei dem allein das pathologische Substrat, die Wiederherstellung gestörter oder geschädigter Organe im Mittelpunkt steht.

Zu einer anderen Bewertung würde man gelangen, wenn eine ganzheitliche Betrachtung menschlicher Krankheit und Gesundheit zugrunde gelegt würde. Dann müßte die Stenose in einem Herzkranzgefäß bzw. der Myokardinfarkt als Folge einer bestimmten Lebensweise, als Resultat gesellschaftlicher und individueller Bewältigungsformen angesehen werden. Dies würde implizieren, daß man von einem adäquaten Copingverhalten nur dann sprechen dürfte, wenn der Patient die entstandene Erkrankung und deren Therapie auf dem Hintergrund seiner Biografie verstehen und emotional bearbeiten würde. Kriterium für erfolgreiches Coping wäre dann z. B. die Rezidivrate nach 10 Jahren o. ä. Dementsprechend wären auch die aus der Copingforschung gewonnenen Ergebnisse anders zu bewerten und die daraus resultierenden klinischen Konsequenzen wären radikal andere.

So schwankt die Copingforschung zwischen zwei kaum vereinbaren Grundannahmen: entweder innerhalb des derzeitigen medizinischen Paradigmas ein zusätzlicher Baustein der Medizintechnik, also Psychotechnik, zu werden oder aber einem kaum integrierbaren, fast utopisch klingenden Gesundheitsbegriff anzuhängen und daher ein völlig außerhalb der Medizin stehendes Forschungsfeld zu sein. Es soll keine Bewertung beider Pole hier vorgenommen werden, es sollte aber deutlich gemacht werden, daß die Bestimmung des eigenen Standortes innerhalb gegebener instituioneller Rahmenbedingungen und die der Copingforschung zugrundeliegenden Zielvorstellungen zukünftig deutlicher zu explizieren sind.

Problembewältigung im Jugendalter: Ergebnisse von Studien an normalen und besonders belasteten Jugendlichen

INGE SEIFFGE-KRENKE

Vergleicht man die Forschungsaktivität in Sachen *adolescent coping* über einen Zeitraum von über 20 Jahren (1966 - 1986), so ist auffällig, daß die Forschungsaktivität pro Jahr rund 7% beträgt, während Erwachsene im gleichen Zeitraum etwa sechsmal so häufig untersucht wurden. Im Rahmen dieses begrenzten Interesses an Jugendlichen haben Fragen der Auseinandersetzung mit Belastungen im Jugendalter kontinuierlich zugenommen, so daß 1986 Zweidrittel aller Veröffentlichungen zum Thema *adolescent coping* diesen Schwerpunkt wählten (zusammenfassend vgl. Seiffge-Krenke 1986). Innerhalb dieses Bereiches "Auseinandersetzung mit Belastungen" ist die Auseinandersetzung mit schweren körperlichen Erkrankungen die am häufigsten untersuchte inhaltliche Fragestellung.[1] Angesichts der relativ geringen Inzidenz von körperlichen Erkrankungen im Jugendalter ist dies ein recht erstaunliches Ergebnis. Untersucht wurden vor allem extrem seltene Erkrankungen, wie Morbus Huntington und Sichelzellanämie, aber auch Krebs, seltener untersucht wurden Skoliose, Epilepsie, Herz- und Nierenerkrankungen sowie Psychosomatosen (z. B. Elash 1977, Kikuchi 1977, Lepontois 1975). Es handelt sich zugleich um Krankheiten, die enorm bedrohlich, ja sogar lebensbedrohlich sind, die von einem allmählichen Kontrollverlust begleitet werden und sehr häufig tödlich enden. Diese Untersuchungen machen deutlich, daß die betroffenen Jugendlichen bei so schweren Erkrankungen in eine in mehrfacher Hinsicht defizitäre Situation geraten:

In der Regel sind sie in ihren Außenkontakten zu anderen Jugendlichen behindert, eine adäquate Beschulung ist nicht mehr möglich, zugleich nimmt die Abhängigkeit von den Eltern sehr zu. Die in dieser Altersspanne normalerweise verstärkt betriebene Ablösung wird hin-

[1] Die Bewältigung schwerer chronischer Krankheiten wurde in 26% aller Coping-Studien an Jugendlichen untersucht.

ausgeschoben oder gar unmöglich gemacht. Diese den alterstypischen Entwicklungsaufgaben widersprechende Abhängigkeit von den Eltern wird von den Erkrankten als sehr ambivalent erlebt. Dabei scheinen Beeinträchtigungen der eigenen Kraft und körperlichen Möglichkeiten für männliche Jugendliche besonders schwer zu verarbeiten zu sein (z. B. in der Studie von Earle (1979), eine Amputation nach Knochenkrebs), während weibliche Jugendliche stärker unter Veränderungen leiden, die sie äußerlich unattraktiver machen. Der rapide Statusverlust in Peer-Gruppen und die Angst vor Zurückweisung durch die Gleichaltrigen beschäftigen die erkrankten Jugendlichen sehr. Generell ist auffällig, daß krebserkrankte Jugendliche eine Sondergruppe darstellen insofern, da sich bislang keine systematischen Beziehungen zu bestimmten auslösenden Faktoren haben herstellen lassen, wie sie etwa Wirsching und Petermann (1982) bei verschiedenen Gruppierungen von psychosomatisch erkrankten Jugendlichen wie Asthmatikern, Ulcuspatienten oder Anorektikern haben finden können. Das gleiche gilt für die Coping - Reaktionen. Allerdings fehlen derzeit noch sorgfältige methodisch angelegte Studien mit Kontrollgruppen. Die Ergebnisse der Prozeßanalysen zeigen, daß es von großer Bedeutung ist, zwischen kurz- und langfristigen Folgen eines solchen kritischen Ereignisses zu unterscheiden (vgl. z. B. die Studie von Leonore Terr 1979). Bezüglich der kurzfristigen Folgen muß man schließen, daß sich mindestens drei verschiedene Phasen der Ereignisbewältigung unterscheiden lassen (vgl. McCombie 1976):

- Eine erste Phase, in der der Jugendliche akute Angst und Schock erlebt; hier sind Interventionen am ehesten möglich und werden auch am besten angenommen.

- Es folgt dann eine zweite Phase erhöhter Abwehr und Verleugnung, die mit einer Reduktion von Angst einhergeht und die von einigen Autoren fälschlicherweise als gelungenes Coping fehlgedeutet wird.

- Erst die dritte Phase, die sogenannte "depressive Position", in der positive und negative Aspekte eines bedrohlichen Ereignisses integriert werden können, sind als eigentliches Ende der Ereignisbewältigung anzusehen.

Vergleicht man nun diese Befunde mit Ergebnissen von Jugendlichen bezüglich der Verarbeitung eher alltäglicher Belastungen, so zeigen sich auffällige Unterschiede. Untersucht wurden sogenannte "every-day hassles" (vgl. Lazarus et al. 1974), wie etwa eine schlechte Schulnote, Krach mit den Eltern, Streit mit der Freundin, Sorgen um den Ausbildungsplatz etc. Hier zeigen eigene längs- und querschnittlichen Studien an über 2000 12- bis 19-jährigen Jugendlichen (Seiffge-Krenke 1984a) folgendes:

a) Die Jugendlichen neigen dazu, bei einer antizipatorischen Bewältigung ("Was tust Du, wenn das Problem X auftritt ...") sich als kompetente Bewältiger darzustellen, die eine Vielzahl von Situationen gut im Griff haben. Über alle 14 untersuchten alltäglichen Problemsituationen hinweg nutzen sie ihren eigenen Angaben zufolge wesentlich häufiger aktive Bewältigungsstrategien; wie z. B. das Suchen von Rat und Hilfe bei anderen, die gezielte Informationssuche. (siehe Abb. 1; Abb.1 und 2 siehe nächste Seiten)

Coping-Strategien, die der Dimension "Ausweichen/Vermeiden" zuzuordnen sind (z. B. einem Problem aus dem Weg gehen, dem Ärger Luft machen) werden in allen Altersstufen seltener gewählt. Sie werden noch am häufigsten bei Problemen eingesetzt, die die eigene Person betreffen. Strategien des Rat- und Hilfesuchens bei anderen nehmen bei weiblichen Jugendlichen im Verlauf der Adoleszenz als präferierte Strategie wesentlich stärker zu als bei gleichaltrigen männlichen Jugendlichen. (siehe Abb. 2)

Altersspezifische Unterschiede bezogen sich auf zwei Aspekte, eine allgemeine Zunahme an Reflexion ("Ich denke über das Problem nach und versuche es in Gedanken zu lösen") sowie eine mit dem Alter zunehmende Kompromißbereitschaft ("Ich schließe Kompromisse"). Die hier gefundenen Ergebnisse konnten sowohl bezüglich der Alters- und Geschlechtseffekte als auch des grundsätzlichen funktionellen Zugangs in kulturvergleichender Studie bestätigt werden (Seiffge-Krenke und Shulman 1988). Wir müssen also davon ausgehen, daß es sich hier um ein generalisiertes Muster der Auseinandersetzung mit Alltagsbelastungen im Jugendalter handelt.

b) Verläßt man die Ebene der antizipatorischen Bewältigung und wendet sich solchen konkreten Alltagsproblemen unmittelbar nach Ereigniseintritt zu, so verändert sich das Bild: Die Jugendlichen schildern nun deutliche Aspekte des Kontrollversuches, der wahrgenommenen Hindernisse und Barrieren bei der Bewältigung und geben eine eher zwiespältige Einschätzung ihrer Fähigkeiten ab, die problematische Situation durch ihr Bewältigungsverhalten unter Kontrolle zu bringen (Seiffge-Krenke 1988). Die Ereignisse werden als eher aversiv und

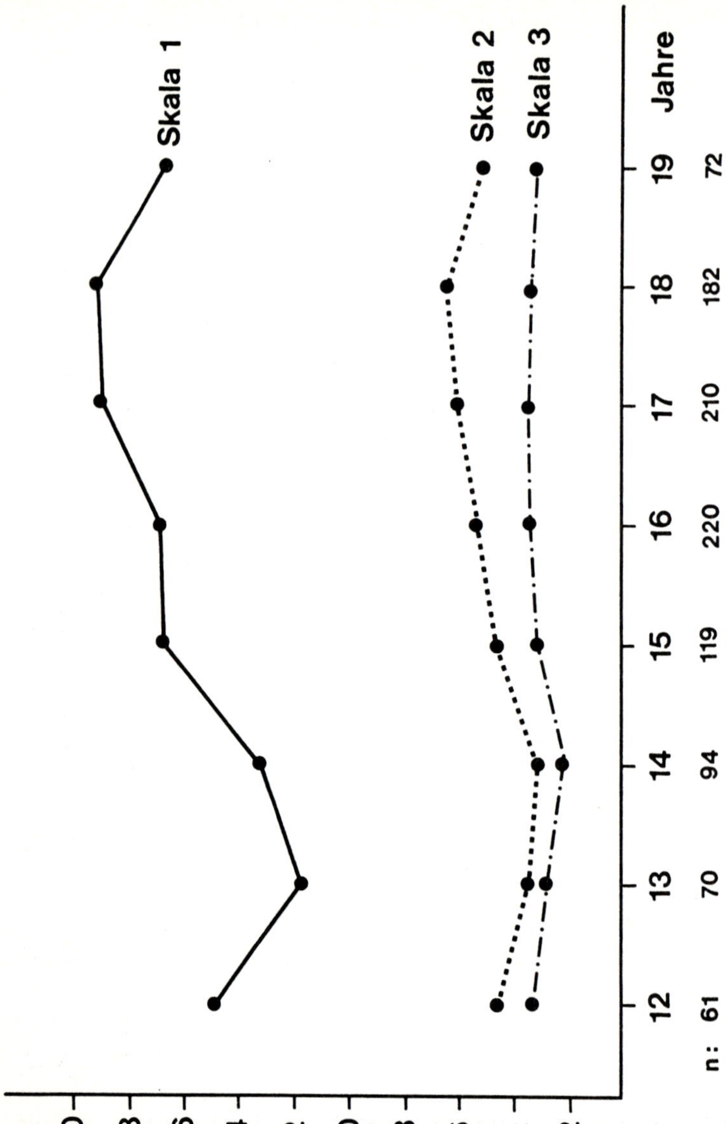

Abb. 1: Bewältigung alltäglicher Problemsituationen: Summenwerte in drei Coping-Dimensionen über 14 Problemsituationen (N=1028)

Skala 1: Aktive Bewältigung unter Nutzung sozialer Ressourcen
Skala 2: Ökonomische Handhabung von Problemen
Skala 3: Problemmeidendes Verhalten

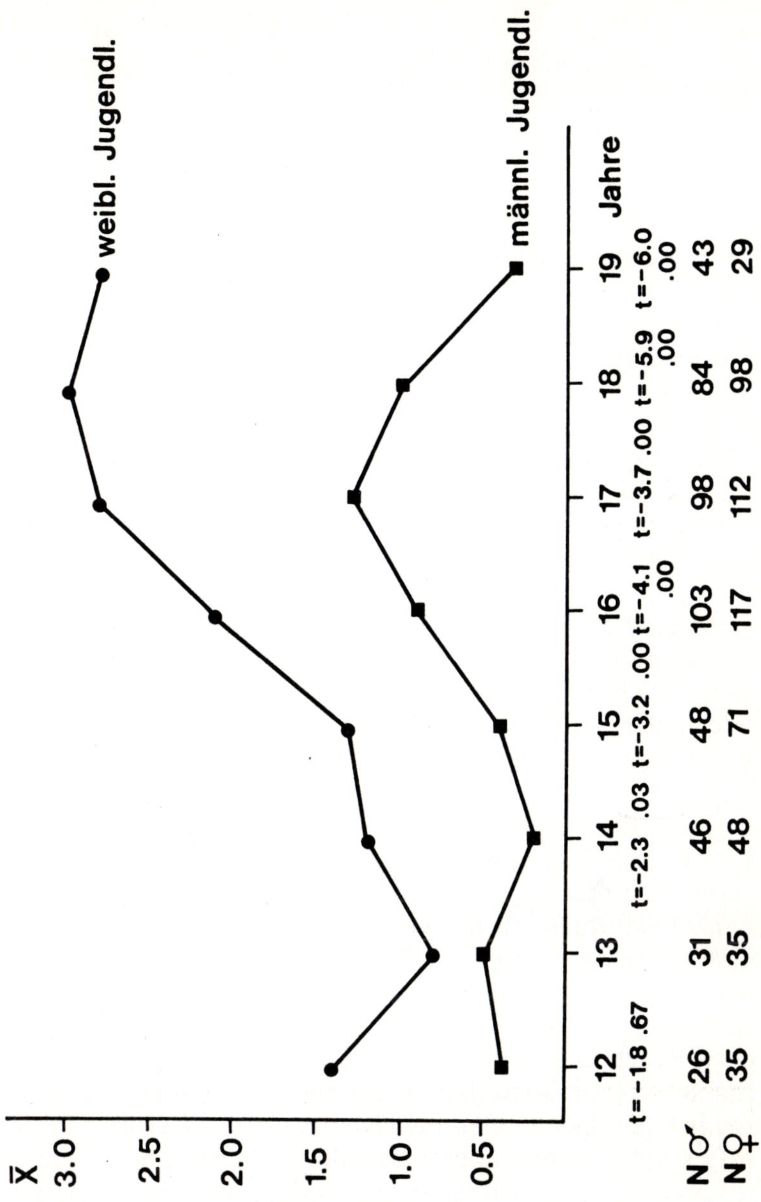

Abb. 2: Unterschiedliche Nutzung der Copingstrategie 18 bei männlichen und weiblichen Jugendlichen im Verlauf der Adoleszenz

Strategie 18: Ich suche Trost und Zuwendung bei Leuten, denen es ähnlich geht wie mir.

belastend eingeschätzt, wobei Mädchen die Ereignisse als viermal so bedrohlich einschätzen wie ihre männlichen Altersgenossen: (siehe Abb. 3; Abb. 3, 4, 5, 6 siehe nächste Seiten)

Eine genauere Auswertung ergab folgende Akzentuierung: (siehe Abb. 4)

- Es überwiegen negative Affekte, wie Angst, Wut, Ärger, Verzweiflung

- Wir fanden außerdem ein ausgeprägtes Bemühen um kognitive Kontrolle: 59% aller freien Antworten bezüglich der Kognitionen zu dem Ereignis betrafen Aspekte der kognitiven Kontrolle.

- Die Jugendlichen nannten im Interview relativ wenige Handlungen als Konsequenz des Ereignisses. Nur in 20% aller Äußerungen wurden Handlungen benannt, davon war ein großer Teil, nämlich ein Drittel, zu charakterisieren als Handlungsblockade (nichts tun, passiv sein).

Insgesamt fühlen sich die Jugendlichen eher unvorbereitet auf das Alltagsereignis, hielten ihre Ressourcen aber noch für eher ausreichend und verließen sich bei der Planung der Handlung weitgehend auf sich selbst (siehe Abb. 5). Sie erlebten die Situation auch deutlich als extern kontrolliert und wenig durch sie beeinflußbar (siehe Abb. 6).

Diese Ergebnisse machen deutlich, daß die Kritik an Verfahren, die mit vorgestellten Situationen arbeiten, berechtigt ist. Wir erfassen hier vermutlich eher die Kenntnis der Jugendlichen über sozial angemessene Reaktionsformen, als ihr wirkliches Bewältigungsverhalten. Die Ergebnisse zeigen aber auch, daß bereits ganz normale unauffällige Jugendliche alltägliche Situation, wie Auseinandersetzungen mit den Eltern, Rivalitäten und Isoliertheit unter Gleichaltrigen als Ereignisse von relativer Bedeutung erleben, auf die sie verstärkt mit der Regulation von Emotionen, mit kognitiver Kontrolle, reagieren und bei denen sie in wesentlich geringerem Umfang Handlungen zur Bewältigung einsetzen. Insofern gibt die antizipierte Bewältigung eher eine Orientierung der intendierten, "idealen Reaktionen" wieder, während nach der Konfrontation die Ratlosigkeit, die Überforderung und in gewissem Umfang auch die Blockierung der Jugendlichen durch externe Bedingungen deutlich wird.

Welche Auffälligkeiten im Bewältigungsverhalten weisen nun Jugendliche auf, die sich selbst als besonders problembelastet einschätzen? Als Kriterium für die Problembelastung war der Summenwert in einem

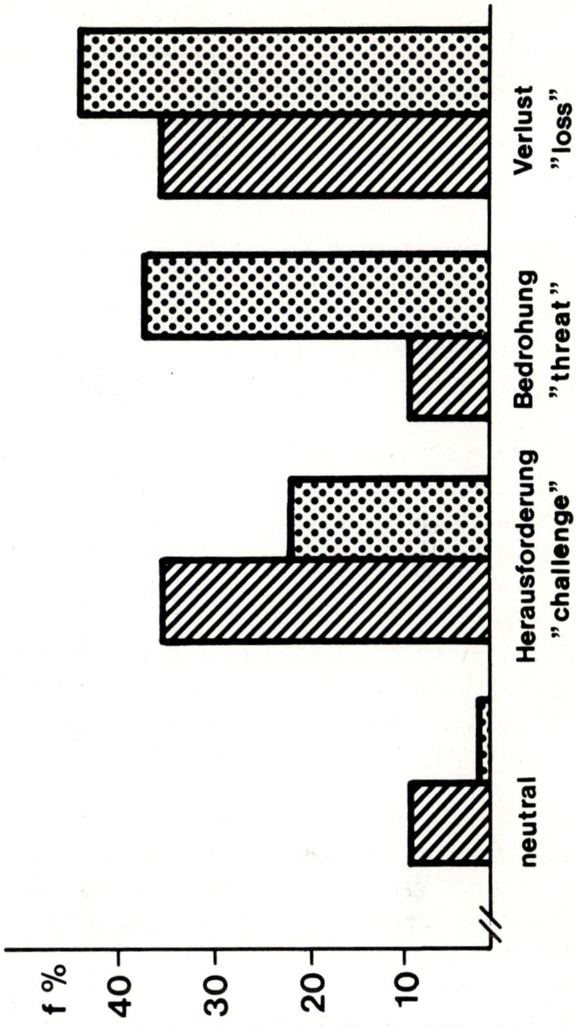

Abb. 3: Erste Einschätzung der spontan genannten Ereignisse (primary appraisal; e = 72) bei Jungen und Mädchen

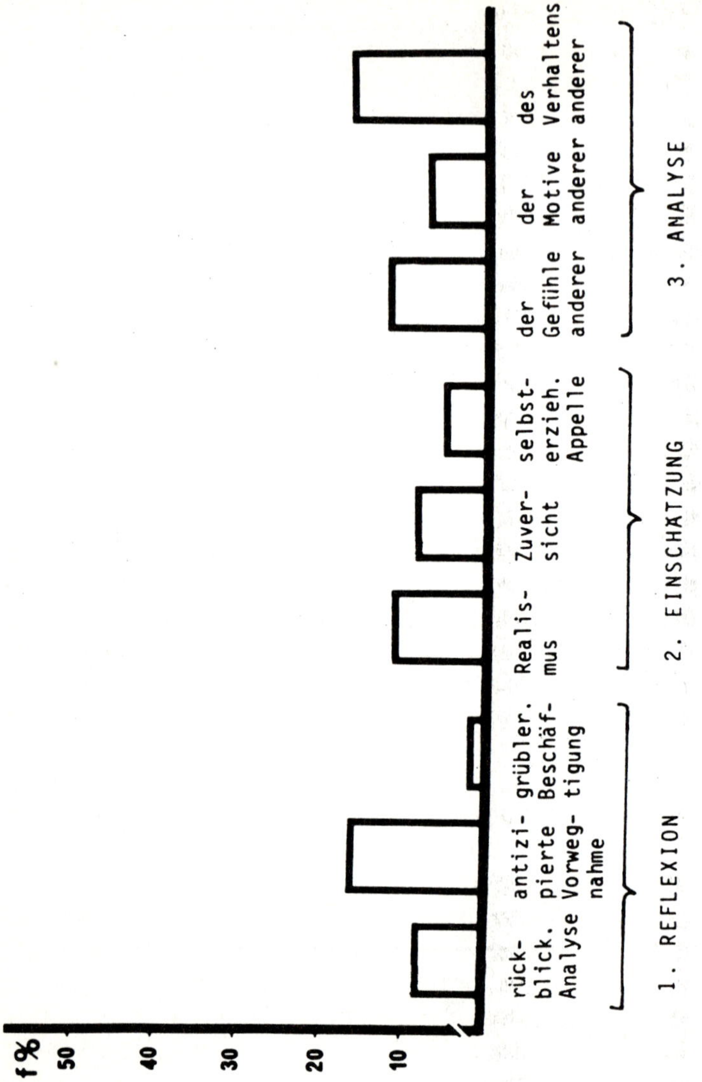

Abb. 4: Verarbeitung von Alltagsereignissen: Kategorien, die innerhalb der Dimension "Kognition" der kognitiven Kontrolle zugeordnet wurden (e = 72)

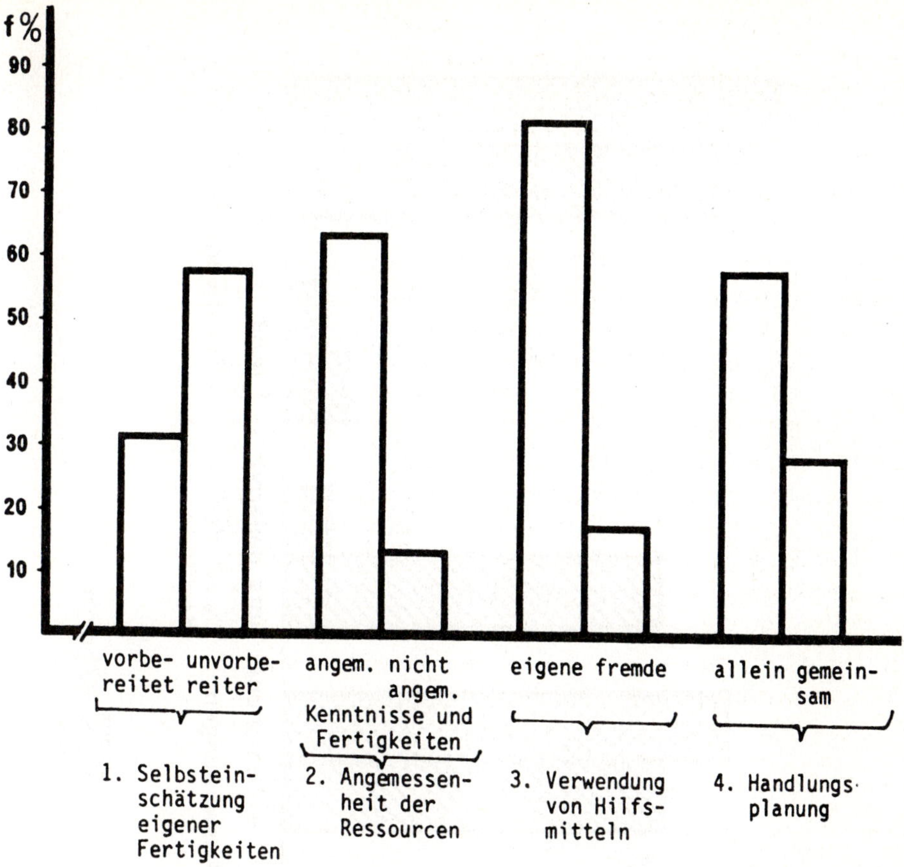

Abb. 5: Analyse der zur Verfügung stehenden Ressourcen und der Handlungsplanung bei Alltagsereignissen (e = 72)

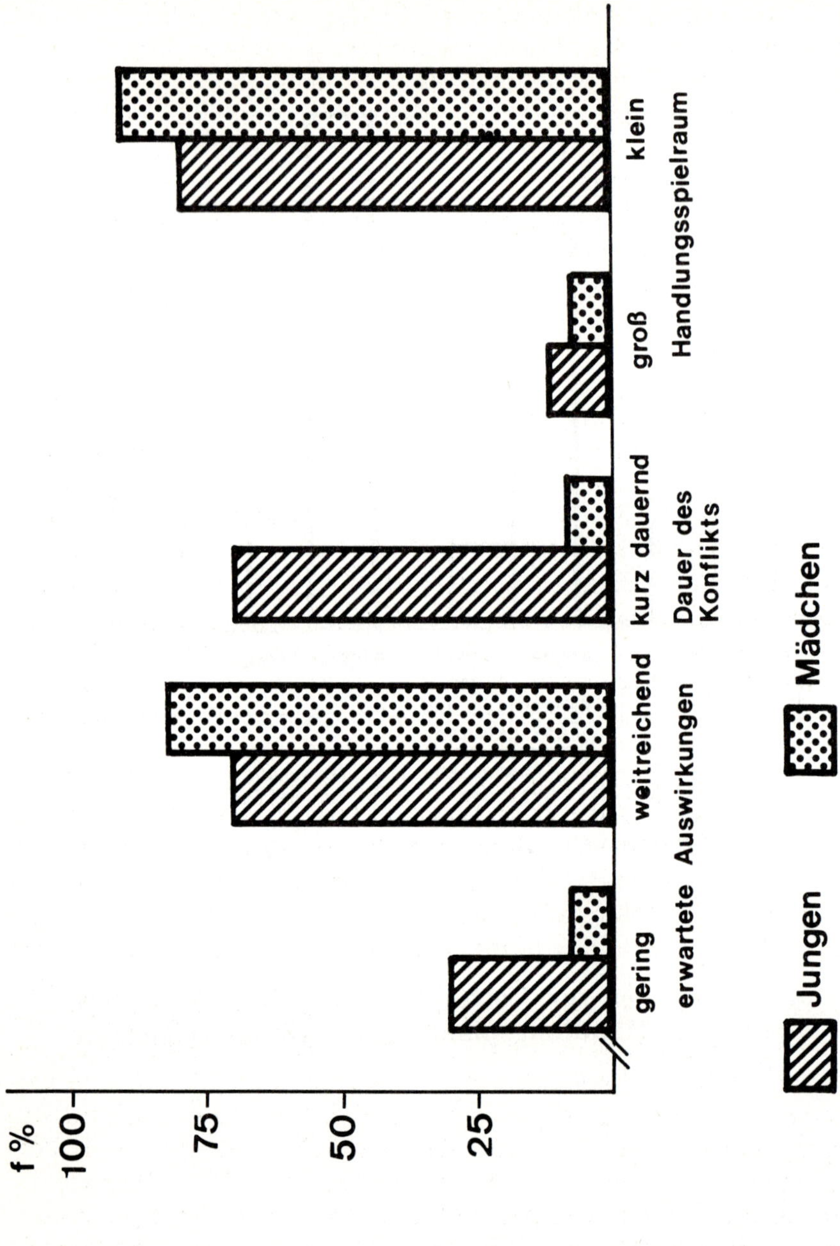

Abb. 6: Erwartete Auswirkungen und Handlungsspielraum in spontan genannten Alltagsereignissen (e = 72)

selbst entwickelten Problemtest (vgl. Seiffge-Krenke 1984b) gewählt worden. Er umfaßt die Problembelastung in sieben verschiedenen Problembereichen, nämlich Probleme, die die Zukunft betreffen, die Schule, das Elternhaus, die Gleichaltrigen, das andere Geschlecht, das Freizeitverhalten und das Selbst des Jugendlichen. Es zeigen sich bemerkenswerte Unterschiede im Bewältigungsverhalten von Jugendlichen, die besonders viele Probleme aufweisen gegenüber Jugendlichen, die besonders wenige Probleme haben. Die auffälligsten Unterschiede zwischen beiden Extremgruppen bestehen in den Bewältigungsstrategien, die man nach Westbrook (1979) der Dimension "Ausweichen und Vermeiden" zuordnen würde. Jugendliche mit großer wahrgenommener Problembelastung umgehen wesentlich häufiger konflikthafte Situationen, indem sie sich nichts anmerken lassen und so tun, als ob alles in Ordnung wäre. Sie versuchen, nicht über Probleme nachzudenken und neigen zu einer resignativen Haltung, indem sie annehmen, daß Lösungsversuche ohne Erfolg bleiben werden. Kennzeichnend für diese hochproblembelasteten Jugendlichen ist auch eine stärkere Neigung zu ausagierendem Verhalten und zwar, wie die Analyse auf der Ebene der 14 Einzelprobleme deutlich zeigt, besonders bei Problemen mit den Eltern. Immerhin wird die Möglichkeit, Probleme mit Hilfe von Drogen oder Alkohol zu vergessen, in Betracht gezogen, während das Jugendliche mit niedriger Problembelastung strikt ablehnen (s. d.Tabelle 1 am Schluß).

Insgesamt erinnern die Verarbeitungsstrategien sehr belasteter Jugendlicher an die Unterscheidung von Norma Haan (1977) bezüglich Coping und Defending: Mißlungene Verarbeitungsstrategien haben deutlich den Charakter von Abwehrmechanismen im Sinne von Anna Freud (1958), in denen Konfliktmeidung, Verdrängung und Ausagieren an Stelle einer problemlösenden Bearbeitung stehen. Interessant ist nun aber auch, daß die Jugendlichen mit großer Problembelastung nicht nur dazu neigen, schwierigen Problemen auszuweichen, sie versuchen auch, konstruktive Lösungsmöglichkeiten zu finden. Wie der Analyse zu entnehmen ist, unterscheiden sie sich bezüglich der Dimension "Aktive Bewältigung unter Nutzung sozialer Ressourcen" nur in zwei Verarbeitungsstrategien von den weniger problembelasteten Jugendlichen: Sie spielen das Problem häufiger gedanklich durch, und sie suchen eher nach Informationen in Fachbüchern. Es läßt sich also festhalten, daß Jugendliche mit großer Problembelastung nicht nur durch ein ausweichendes, vermeidendes und fatalistisches Verhalten auffallen, sie bemühen sich auch besonders darum, die in Frage stehenden Probleme durch vermehrte kognitive Anstrengung zu bewältigen. Das Ausweichen auf neutrale Hilfen ist auffällig. Es bleibt noch hinzuzufügen, daß alle Strategien, die affektive Abreaktionen betreffen, bei dieser Subgruppe ebenfalls sehr häufig auftreten (vgl. Seiffge-Krenke 1984b) und als prognostisch günstig einzuschätzen sind. Das Bewältigungsverhalten besonders belasteter Jugendlicher ist demnach durch das gleichzeitige Vorliegen hoher Abwehr- und hoher Coping-Werte gekennzeichnet. Dieser Befund ließ sich in klinischen Studien mit verschiedenen Gruppen (drogenabhängigen, depressiven und kontaktgestörten Jugendlichen) bestätigen. Bezüglich des Abwehrverhaltens ließ sich nachweisen, daß hier der familiäre Einfluß besonders wirksam wurde (Shulman, Seiffge-Krenke und Samet 1987): Während das funktionale Bewältigungsverhalten nicht durch das familiäre Klima beeinflußt wurde, erwies sich das Abwehrverhalten als abhängig von bestimmten Variablen der familiären Interaktion. Jugendliche mit hohen Abwehrwerten kamen in der Regel aus Familien mit starker Organisation und Kontrolle, geringer emotionaler Unterstützung und wenig Möglichkeiten zur Autonomisierung.

Tab. 1: Signifikante Mittelwertunterschiede in den Coping-Strategien von hoch problembelasteten (N=43) und niedrig problembelasteten (N=42) Jugendlichen: Summenwerte über 14 Problemsituationen

Copingstrategien	Problembelastung niedrig		hoch			
	$\bar{x}$	s	$\bar{x}$	s	t	p
1. Ich diskutiere das Problem mit meinen Eltern/anderen Erwachsenen	5.5	3.9	3.5	2.3	2.6	.00**
2. Ich spreche auftauchende Probleme sofort aus und trage sie nicht tagelang mir mir herum	3.7	3.0	2.6	1.8	1.2	.21
3. Ich suche bei Schwierigkeiten fachmännischen Rat (Arbeitsamt, Jugendberatungsstellen etc.)	1.1	.89	1.0	.70	.31	.76
4. Ich mache mich auf das Schlimmste gefaßt	1.1	.90	3.2	1.7	-4.1	.00**
5. Ich akzeptiere meine Grenzen	1.1	.77	2.0	1.3	-1.9	.05*

6.Ich versuche, Probleme im Gespräch mit den Betroffenen unmittelbar auszusprechen	2.6	2.0	2.7	1.7	-.27	.79
7.Ich lasse mir nichts anmerken und tue so,als ob alles in Ordnung wäre	.88	4.2	3.2	1.9	-5.9	.00**
8.Ich versuche, mich abzureagieren (durch laute Musik, Motorradfahren, wildes Tanzen, Sport etc.)	1.0	.66	4.1	2.3	-4.4	.00**
9.Ich mache mir keine Sorgen, denn meistens gehen die Dinge gut aus	1.3	.85	1.3	.90	.02	.98
10.Ich denke über das Problem nach und spiele verschiedene Lösungsmöglichkeiten in Gedanken durch	3.6	3.0	5.7	3.2	-2.5	.00**
11.Ich schließe Kompromisse	1.6	.93	3.0	2.4	-2.1	.03*
12.Ich mache meinem Ärger und meiner Ratlosigkeit "Luft" durch Schreien, Heulen, Türen knallen	.45	.10	1.7	.45	-2.7	.00**
13.Ich mache mir klar, daß es immer irgendwelche Probleme geben wird	1.1	.88	4.1	3.2	-4.2	.00**
14.Ich denke erst an Probleme, wenn sie auftreten	.90	.21	1.3	1.1	-.90	.36
15.Ich suche nach Informationen in Fachbüchern, Zeitschriften oder Nachschlagewerken	1.7	.66	2.5	2.0	-1.8	.06
16.Ich versuche, nicht über das Problem nachzudenken und es aus meinen Gedanken zu verdrängen	.42	.20	2.8	.66	-4.1	.00**
17.Ich versuche, meine Probleme durch Alkohol und Drogen zu vergessen	0	0	.83	.27	-1.9	.05*
18.Ich suche Trost und Zuneigung bei Leuten, denen es ähnlich geht wir mir	2.3	1.6	3.6	2.7	-1.7	.09
19.Ich versuche, mit Freunden meine Probleme gemeinsam zu lösen	4.7	2.2	5.0	3.5	-2.5	.80
20.Ich ziehe mich zurück, da ich es doch nicht ändern kann	.21	.20	2.5	2.0	-5.7	.00**

Zur langfristigen Bewältigung der Knochenmarktransplantation – Methode und kasuistische Illustration

W. STEFFENS, B. PAUL-HAMBRINK, C. SIMONS, R. ARNOLD, H. KÄCHELE, P. BERGERHOFF, P. NOVAK, M. CIERPKA, B. HERTENSTEIN & B. KUBANEK

Einleitung

Im Gegensatz zu der Fülle hämatologischer Untersuchungen (Arnold et al.1984) ist der Mangel an systematischen Studien klinisch-psychologischer oder medizin-soziologischer Art offenkundig; im Unterschied zu der inzwischen reichhaltigen Literatur zu anderen Organtransplantationen ist die Knochenmarktransplantation bisher relativ wenig in dieser Hinsicht untersucht worden (Koch 1987). In den vergangenen fünfzehn Jahren finden sich in der Literatur vorwiegend klinische Beschreibungen der psychotherapeutischen Probleme im Umgang mit den Patienten in der akuten Behandlungsphase der KMT (s. d. die Übersicht im Projektantrag des SFB 129, Kächele et al. 1985). Eine derzeit laufende empirische Untersuchung der Tübinger Arbeitsgruppe (Hörner et al. 1986) zur akuten Behandlungsphase zeigt auf, daß die Situation der Hilflosigkeit und der extremen Abhängigkeit von dem Spender und dem medizinischen Team das Wiederauftauchen früher, kindlicher Beziehungsmuster verstärkt. Dies unterstreicht, dass neben den Bewältigungsstrategien, die auf das Realtrauma gerichtet sind, auch mit Auswirkungen von Abwehrmechanismen gerechnet werden muss, die sich auf die Verarbeitung wiederbelebter lebensgeschichtlicher Traumata in der Realsituation beziehen (s. d. Steffens, Kächele in diesem Band).

Längerfristige Nachuntersuchungen größerer Stichproben transplantierter Patienten finden sich bislang nur vereinzelt (Wolcott et al. 1986; Lesko et al. 1987). Die dort verwandte Methode der postalischen Erhebung des Befindens mittels Fragebogen erbringt den Befund, dass die allgemeine Befindlichkeit mit dem Grad der körperlichen Komplikationen zu korrelieren scheint. Diese Aussage lässt jedoch wenig Rückschlüsse auf die speziellen Anpassungs- und Bewältigungsprobleme zu, die mit spezifischen, unvermeidlichen Folgen der Transplantation, wie z. B. Sterilität, zusammenhängen dürften. Die Frage der weiteren Lebensgestaltung, die sich besonders bei den vielen jüngeren, häufig noch jugendlichen Patienten stellt, die oft mit den Folgen des quoad Grundkrankheit erfolgreichen Verfahrens zu leben haben, wird nicht aufgeworfen.

Ziele und Fragestellungen des Projektes

- Die Knochenmarktransplantation ist ein eingreifendes und radikales Therapieverfahren.

- Die Untersuchung krankheitsinduzierter und therapieinduzierter Faktoren ist im Hinblick auf die Konsequenzen für die Lebenssituation des transplantierten Patienten ("Langzeitprognose") erforderlich.

- Unsere leitende Frage ist: wovon hängen die zukünftigen Lebensmöglichkeiten und die Bedingungen für ihre Realisierbarkeit auf dem Hintergrund somatischer, psychischer und sozialer Gegebenheiten ab?

Teil 1

Das retrospektive Interview

In einer 1. Phase wurde eine Retrospektiv-Untersuchung aller bisher in Ulm transplantierten und noch in ambulanter Behandlung befindlichen Patienten (2 lost for follow up) durchgeführt (n = 36). Ziel dieser retrospektiven Untersuchung ist die Sammlung von Daten über die langfristigen lebensgeschichtlichen Auswirkungen von Grunderkrankung und Therapie durch KMT; methodisch geht es dabei vor allem um die Erprobung eines durch einen thematischen Leitfaden semistrukturierten Interviews. Die Interviews wurden alle durch eine in dem hämatologisch-onkologischen Feld sehr erfahrene klinische Psychologin mit psychoanalytischer Ausbildung (C.Simons) durchgeführt. Die Interviews wurden auf Tonband aufgezeichnet und so verschriftet, daß sie in die Ulmer Textbank (Mergenthaler 1986) aufgenommen werden können und für weitere qualitative und quantitative Inhaltsanalysen - geplant sind auch computerunterstützte Textanalysen - zur Verfügung stehen.

In einem ersten Auswertungsschritt konnten an der bisher vorliegenden Teilstichprobe (n = 26) erste Auswertungen zur Beantwortung besonders klinischer Fragestellungen durchgeführt werden (Arnold et al.1987): Ausgewertet wurden die Interviews im Hinblick

1. auf den subjektiven Status des Patienten zum Zeitpunkt des Retrospektiv-Interviews,

2. auf die retrospektive Sicht des Patienten über den Beginn seiner Erkrankung,

3. auf die Erfahrungen des Patienten mit seiner Krankheit und der Therapie und

4. auf Veränderungen, die vom Patienten auf die Krankheit und die Therapie bezogen werden.

Die KMT lag im Mittel der Patienten 21 Monate zurück; allerdings variiert der Abstand zwischen 3 und 96 Monaten.

Im Rahmen des Projektes nehmen die zunächst durchgeführten retrospektiven Interviews mit 36 Patienten strategisch und methodisch eine besondere Position ein. Zum einen dienen sie der Annäherung an den Forschungsgegenstand, d. h einer ersten Konkretisierung unserer Vorstellungen, mit welchen Schwierigkeiten und Problemen die Patienten nach der medizinisch erfolgreichen Transplantation sich auseinandersetzen und wie sie mit dieser Erfahrung ihr weiteres Leben gestaltet haben. Zum anderen dienen sie der Erprobung des Verfahrens, mittels eines semistrukturierten Interviews sich den relevanten Erfahrungen anzunähern. Aus dieser Serie von Interviews, die, wie bereits erwähnt, alle von einer Untersucherin durchgeführt wurden, erwarten wir uns Aufschlüsse darüber, welche besonderen Themen in den einzelnen Phasen der Hauptuntersuchung schwerpunktmäßig erfasst werden sollen. Ein weiterer Zweck ergibt sich aus der forschungspraktisch wichtigen Erfahrung, eine vergleichende Bewertung der Erfahrungen, die die behandelnde Hämatologin intuitiv und im handelnden Umgang mit den Patienten während der stationären Behandlungsphase und in der Nachsorge sammeln konnte, mit der systematisch angelegten Erfahrung der klinisch-psychotherapeutisch geschulten Interviewerin vorzunehmen. Hierbei waren wir zunächst offen für verschiedene Erfahrungsmöglichkeiten: es hätte sich herausstellen können, dass im systematischen Interview andere Erfahrungshorizonte der Patienten sichtbar werden, die dem behandelnden Arzt aus den verschiedensten Gründen nicht zugänglich gemacht werden .Aufgrund der inzwischen vorliegenden Befunde ist erkennbar, dass die Interviewdaten sich sehr weitgehend mit den Erfahrungsinhalten der langfristigen klinischen Betreuung decken. Es ist also möglich, sich im Rahmen einer solchen Einpunkt-Erhebung ein sowohl realistisches, als auch ziemlich umfassendes Bild vom Erleben und Verhalten eines Patienten zu machen. Die intensive Diskussion der ersten retrospektiven Interviews in der Projektgruppe half darüber hinaus auch, den Erfragungsaustausch und einen eventuellen Abgleich der Perspektiven zwischen den am Projekt beteiligten Hämatologen, Psychotherapeuten und Medizin-Soziologen zu fördern.

Das methodische Vorgehen des durch thematische Vorgaben zwar strukturierten, aber in der Durchführung im Einzelnen doch klinisch - in Anpassung an die Bedürfnisse und Möglichkeiten des Patienten - möglichst frei zu gestaltenden Interviews war durch die Vorgaben der Gutachter des Projektes bestimmt. Es scheint uns hervorhebenswert, dass bei der Antragsdiskussion eine ausgeprägte Besorgnis geäußert wurde, die Patienten könnten durch "psychoanalytische" Interviewtechnik belastet werden, was in gleicher Weise auch für die Verwendung von strukturierten Erhebungsmethoden, wie standardisiertes Interview oder gar Testverfahren, geltend gemacht wurde. Dieser Einwand erscheint uns durchaus diskussionswürdig, er sollte durch konkrete praktische Erfahrungen auch revozierbar sein. Die Durchführung der Interviews durch eine langjährig im Umgang mit onkologischen Patienten erfahrene Interviewerin stellte zunächst sicher, dass eine mit dem klinischen Feld vertraute Person diese ersten Erfahrungen sammelt und ihre Erfahrungen dann an weitere Interviewer via Supervision weitergeben kann.

Im folgenden geben wir zunächst eine Beschreibung des praktischen Vorgehens, wie es sich inzwischen etabliert hat. Die Patienten werden von der hämatologischen Ambulanz der Abteilung Innere Medizin III regelmäßig zu Nachuntersuchungen einbestellt. Dabei werden die Patienten von der untersuchenden Ärztin gefragt, ob sie bereit sind, an einer Untersuchung teilzunehmen, die das Ziel verfolgt,

1. Veränderungen gegenüber der Zeit vor der Transplantation zu erfassen und zu klären,

2. inwieweit die Situation während der Transplantation von seiten der Ärzte und Schwestern für die Patienten noch verbessert werden kann.

Stimmen die Patienten zu - und bei 36 untersuchten Patienten hat nur eine Patientin die Teilnahme an der Untersuchung verweigert - werden sie gebeten, im Anschluß an die medizinische Nachuntersuchung die Ambulanz der Abteilung Psychotherapie aufzusuchen, um dort ein solches Gespräch zu führen. Die Interviewerin versichert sich am Beginn des Interviews nochmals der Zustimmung der Patienten und klärt mit ihnen eventuell noch ausstehende Fragen bezüglich der Untersuchung. Sie holt dann die Erlaubnis ein, das Gespräch auf Band aufzunehmen und erklärt mögliche Verwendungen der transkribierten Texte sowie damit zusammenhängende Datenschutzfragen. Keiner der Patienten, die der zusätzlichen psychologischen Untersuchung zugestimmt hatte, lehnte die Tonbandaufnahme ab.
Die Interviews dauerten zwischen 70 und 90 Minuten und wurden in der Regel von der Interviewerin im Hinblick darauf beendet, dass die Patienten schon eine längere Zeit in der hämatologischen Ambulanz verbracht hatten und in vielen Fällen noch eine längere Heimfahrt vor sich hatten. Nach unserer bisherigen Erfahrung wurde das Gespräch von der Mehrzahl der Patienten nicht als zu belastend erlebt, sondern viele nahmen die Möglichkeit eines solchen intensiveren Besinnens positiv auf.

Die Gesprächsführung wurde durch folgende Gesichtspunkte bestimmt, die auch als zeitliche Organisatoren des Ablaufs gedacht waren:

Interviewleitfaden

Phase 1: Momentane Situation

1. Wie geht es Ihnen im Augenblick?
2. Gibt es Einschränkungen durch die Krankheit?
3. Was hat sich verändert gegenüber der Zeit vor der Erkrankung?

Phase 2: Beginn der Erkrankung

1. Wie hat es damals angefangen, als Sie krank wurden?
2. Wie war Ihre damalige Situation (Familie, Beruf, Freunde - soziales Netz)?
3. Als Sie XY bemerkten, was haben Sie gedacht, was es sein könnte ?
4. Wie kam es zur Diagnosestellung? (wichtig für die Beurteilung der Fähigkeit zur Verleugnung)
5. Wie kam es zur Entscheidung zur KMT?
6. Wer ist der Spender?

7. Wie kam es zur Spenderauswahl (beim Vorhandensein mehrerer Spender)?
8. Wenn Sie die Wahl gehabt hätten, hätten Sie jemand anderen als Spender bevorzugt?
9. Können Sie sich erinnern, was Ihnen in bezug auf die KMT mitgeteilt wurde? Haben Sie etwas unterschrieben? Was stand darin über Komplikationen und Langzeitfolgen ?

Phase 3 : KMT

1. Wie lange sind Sie stationär behandelt worden ?
2. Was ist Ihnen von dieser Zeit am eindrücklichsten in Erinnerung ?
3. Was fanden Sie besonders schwierig ?
4. Was haben Sie als hilfreich empfunden ?
5. Gibt es etwas, das Sie sich anders gewünscht hätten ?
6. Was würden Sie jemandem raten, der jetzt eine KMT vor sich hat ?
7. Wäre es für Sie hilfreich gewesen, wenn ein Betroffener vorher mit Ihnen gesprochen hätte ?

Phase 4: Zeit unmittelbar nach KMT

1. Hatten Sie Gedanken, Phantasien, wie es nach der Behandlung im Zelt weitergehen würde ?
2. Gab es Dinge, die Sie unbedingt tun wollten?
3. Wie war es dann, als Sie entlassen wurden? (Hier nach allen Lebensbereichen fragen: Beziehungen, Arbeit, Umgang mit der Krankheit, Medikamente, Ambulanztermine)
4. Was haben Sie erlebt in der Zeit nach der Entlassung ?

Phase 5: Rückkehr zur jetzigen Situation

1. Gibt es einen Unterschied zwischen der Situation damals, als Sie aus der Klinik kamen, und heute ?
2. Hat sich in der Beziehung zu ...(dem Spender) etwas verändert ? Wie ist es für Sie, mit dem Knochenmark von ... zu leben ? Spielt die Tatsache, mit ...s Knochenmark (des Spenders) zu leben, zwischen Ihnen beiden noch eine Rolle ?
3. Was war vor der Erkrankung die schwierigste Situation in Ihrem Leben? Umgang damit (Art des Coping) ?
4. Wie sind Ihre weiteren Pläne ?
5. Gibt es noch irgend etwas, das Sie wichtig finden ?

Die bisherige Erfahrung mit diesem Leitfaden zeigt, dass mit den aufgeführten Gesichtspunkten subjektiv wichtige Inhalte des Erlebens der Patienten erfasst werden können. Nicht immer wurden alle Gesichtspunkte vom Patienten aufgegriffen; wenn ein Patient sich zu einem Gesichtspunkt nicht äußerte, wurde zwar einmal nachgefragt, aber die Interviewerin insistierte nicht auf einer Behandlung dieses Aspektes; selbstverständlich gab sie auch keine Deutungen des dort nur theoretisch zu implizierenden Widerstandes; vermutlich waren die Gutachter besorgt, genau diese Form von wilder Psychoanalyse könne sich ereignen. Insgesamt erwies sich der Leitfaden als zu umfangreich, einzelne Gesichtspunkte werden in der prospektiven Studie aber zu unterschiedlichen Zeitpunkten aufgegriffen und können dann vermutlich besser ausgearbeitet werden. Da es in dieser retrospektiven Studie vornehmlich um einen Gesamteindruck vom Patienten zum Zeitpunkt der Erhebung ging, konnte auf die Bearbeitung jener Punkte, die der Patient nicht aufgreifen wollte - aus welchen Gründen auch immer - verzichtet werden.

Teil 2

Abwehr und Bewältigung einer Knochenmarktransplantation Überlegungen bei zwei Patienten

Klinischer Teil

Frau Br war bei Erkrankungsbeginn 40 Jahre alt. Die Indikation zur Knochenmarktransplantation erfolgte aufgrund einer sogenannten Panmyelopathie, d.h. einer Erkrankung, bei der es mehr oder weniger rasch zu einem vollständigen Erliegen der Zellproduktion im Knochenmark kommt. Die KMT verlief unkompliziert, und es ging ihr die ersten drei Monate danach recht gut. Allmählich wurde sie jedoch klagsamer, erlebte sich als sensibler und in ihrer Stimmung depressiv. Diese Symptomatik bestand unverändert zum Zeitpunkt der Nachuntersuchung. Außerdem leidet sie unter Schlafstörungen, die seit der KMT persistieren.

Ihren Klagen entnehmen wir, daß sie nicht mehr so ist, wie sie einmal war. Wenn wir uns ein Bild darüber zu machen versuchen, wie sie früher gewesen sein mag, sind wir auf ihre Aussagen angewiesen, mit denen sie beschreibt, wie sie vor der Erkrankung ihr Leben gemeistert hat. Außerdem können wir die Gründe untersuchen, die sie aus ihrer subjektiven Sicht daran hindern, ihr Leben nach der Erkrankung wieder so in die Hand zu nehmen, daß sie sich wohlfühlt. Frau Br entwirft von ihrer früheren Lebenssituation ein Bild, das geprägt ist vom Vermeiden aggressiver Auseinandersetzungen und von einem Verzicht auf die aktive Durchsetzung ihrer Interessen und Wünsche. Seit dem Tod des Schwiegervaters lebt sie gemeinsam mit ihrem Mann und dessen Stiefmutter in einem Einfamilienhaus. Trotz der unvermeidlichen Enge ist sie auf die Harmonisierung von Gegensätzen eingestellt. Durch die Erkrankung ist die ebenfalls von Harmonisierungstendenzen geprägte Beziehung zu ihrem Mann noch dichter geworden. Über ihre Herkunftsfamilie erfahren wir nur wenig. Sie sei die jüngste von fünf Geschwistern, aber - das betont sie sofort - sie sei nicht verwöhnt worden, denn "unsere Mutter hat uns alle gleich gern gehabt". Die ältere Schwester, von der sie das Knochenmark erhalten hat, war im Gegensatz zu ihr immer die resolutere. Die Witzeleien der Geschwister, sie werde jetzt vielleicht auch die Hosen anhaben, wenn sie deren Knochenmark bekomme, berühren den wunden Punkt der Patientin. Denn sich zu wehren und resolut zu sein, das sind Verhaltensweisen, die sie in ihr Selbstkonzept nicht zu integrieren vermochte. Stattdessen bezeichnet sie sich als eine, "die alles weggesteckt hat". Allerdings hat sie auf diese Weise eine angemessene psychosoziale Anpassung erreicht. Sie arbeitete lange als Kassiererin in einem Supermarkt, bis sie vor ca. 10 Jahren wegen Gelenkbeschwerden den Arbeitsplatz wechseln mußte. Es fiel ihr nicht leicht, diese Arbeit aufzugeben, die ihr durchaus Freude bereitet hatte. Sie wechselte in die Firma ihres Mannes und fand dort ebenfalls rasch berufliche Anerkennung.

Wenn sie über die Kinderlosigkeit in ihrer Ehe spricht, ist allerdings zu spüren, wie das "Wegstecken" nicht nur eine Fähigkeit der Patientin ist, mit der sie ihre psychosoziale Anpassung zu sichern vermag, sondern auch als ein Teil unbewußter Abwehrstrategien begriffen werden muß. Durch das "Wegstecken" kann sie es nämlich verhindern, Konflikte offen auszutragen. Es ist deshalb auch folgerichtig, wenn sie Spannungen wegen der Kinderlosigkeit verneint, obwohl beide Partner sich einer ärztlichen Untersuchung unterzogen haben, was ja nur heißen kann, daß einer von beiden einen Kinderwunsch gehabt haben muß. Wir wollen damit nicht bezweifeln, daß ein kinderlos gebliebenes Ehepaar in diesem Punkt einen befriedigenden Kompromiß erreichen kann, für die Patientin jedenfalls scheint die Kinderlosigkeit ein essentieller Bestandteil des "unbewußten Ehevertrages" geworden zu sein. Ihr Mann, dessen Mutter früh verstorben war, hat in der Patientin, so erfahren wir von der behandelnden Ärztin, eine Mutterfigur gesucht und auch gefunden. Entsprechend ihrer depressiven Grundstruktur paßte die Patienten sich den Wünschen ihres Mannes an, wuchs in die Rolle einer versorgenden Mutterfigur hinein. Indirekt vermochte sie ihren eigenen Kinderwunsch zu verwirklichen, indem sie in ihrem Mann das Kind sieht, für das sie sorgen muß. Der Konflikt wird durch eine altruistische Abtretung, wie sie Anna Freud als Abwehrmechanismus beschrieben hat, gelöst. Das Paar hat in der Partnerbeziehung auf diese Weise einen unbewußten Kompromiß aushandeln können: Wünsche nach Selbstverwirklichung und Autonomie werden nicht zugelassen, weil sie die angestrebte Harmonie zu gefährden drohen. Durch die Krankheit hat sich nun ein Rollentausch vollzogen: Sie ist in die Positition eines abhängigen Kindes geraten, das von ihm versorgt werden muß. Die entscheidende Frage lautet: Warum hat die Krankheit ein bis dahin funktionierendes interpersonelles Gleichgewicht so entscheidend geschwächt?

Um dies zu erklären, ist eine weitere Information der behandelnden Ärztin von entscheidender Bedeutung. Das Ehepaar hat, wie bereits erwähnt, die alte Stiefmutter des Ehemannes vor einigen Jahren zu sich genommen und mit ihrer finanziellen Unterstützung ein kleines Haus gekauft. Den Wunsch, nach dem Tod der Stiefmutter mehr Platz füreinander zu haben, durfte die Patientin aufgrund ihres strengen Über-Ichs nicht offen zulassen. Die eigene lebensgefährliche Krankheit hat die Patientin in diesem Zusammenhang als eine Bestrafung für ihre unbewußten, auf die alte Dame gerichteten Todeswünsche erlebt. Erst diese Hintergrundinformationen, die wir von der behandelnden Ärztin über die "Lebensplanung" der Patientin erhielten, macht plausibel, warum sie ihre Krankheit nicht besser zu bewältigen vermag. Wir verstehen nämlich, wie der Verzicht auf das Durchsetzen ihrer Wünsche nach Selbstverwirklichung, die die Patientin in Form einer Reaktionsbildung und durch eine altruistische Abtretung abwehrt, zugleich Lebensstrategie und Ideale der Patientin verkörpert. Es ist, als hätte sie bisher unter der Maxime gelebt: Wenn ich Verzicht übe, nicht aggressiv bin, werde ich dafür in meinem Leben belohnt und mit meinem Mann wie Philemon und Baucis glücklich alt werden. Da die Krankheit diesen Lebenstraum zerstört hat und die Bedeutung einer Strafe für ihre unbewußten aggressiven Regungen erhält, verfügt sie nicht über die nötige Flexibilität, um die Krankheit angemessen bewältigen zu können.

In unseren theoretischen Ausführungen haben wir erläutert, warum wir davon ausgehen, daß Abwehrvorgänge und Bewältigungsvorgänge immer ineinandergreifen und gleichzeitig ablaufen. Wenn bei Frau Br durch die Krankheit von Beginn an ein latenter unbewußter Konflikt aktiviert wird, entspricht die Einschränkgung in der flexiblen Verwendung von Bewältigungsvorgängen unseren theoretischen Annahmen. Belege für unsere Hypothese lassen sich im Interview sowohl unter klinischen als auch empirischen Gesichtspunkten finden. Ihre Feststellung, sie sei ein "Problemfall" gewesen, gewinnt in diesem Kontext eine doppelte Bedeutung. Auf der Ebene der äußeren Realität sind medizinisch-diagnostische Kriterien gemeint, da die Knochenmarktransplantation bei ihr aufgrund ihres Alters zunächst in Frage stand. Auf der intrapsychischen Ebene bringt sie mit ihrer Formulierung, sie sei ein Problemfall gewesen, ihre Ängste zum Ausdruck, sie könnte von den Ärzten wegen ihrer unbewußten aggressiven Wünsche abgelehnt werden und deshalb sterben. Betrachten wir die Schilderung des Behandlungsverlaufs, so scheint der Patientin die Bewältigung der akuten Realgefahr (Knochenmarktransplantation unter erschwerten Bedingungen aufgrund ihres Alters, Isolation im Zelt etc.) ziemlich gut gelungen zu sein. Die ständige Präsenz ihres Mannes vermochte die Angst vor dem Verlassenwerden in Schach zu halten. In ihrer Formel "da muß ich jetzt durch" klingt allerdings auch ihr Vorsatz an, unbedingt ein braver Patient zu sein und auf jeden Fall zu verhindern, die sicherheitsgebenden Objekte durch anstößiges Verhalten zu irritieren. Sie ist gradezu bemüht, alles besonders gut zu machen und überfordert sich damit. Ein Beispiel ist ihre überschießende, geradezu leicht hypomanische Reaktion, über die sich selbst die Ärzte wundern, als sie mit Mundschutz mutiger als die meisten anderen Patienten sogar einkaufen geht. Nach der Entlassung schlägt ihre Stimmung jedoch bald in ein depressives "was ist denn los mit dir" um, als sie feststellen muß, daß sie körperlich noch kaum belastbar ist. Zwar scheint eine depressive Verstimmung im Anschluß an die Entlassung eine fast regelhafte Reaktion nach KMT zu sein, die Patientin bleibt jedoch depressiv. Sie ist empfindlich, macht sich verrückt, wie sie sagt, kann nicht mehr alles wegstecken wie früher. Es gelingt ihr nicht, die traumatische Erfahrung durchzuarbeiten und ihre Selbst- und Objektschemata allmählich zu kalibrieren, wie Horowitz es in seinem Prozeßmodell beschrieben hat. Besonders gravierend scheint uns das Symptom der Schlafstörungen zu sein: seit der Entlassung wird sie jede Nacht wach, steht auf, um Wasser zu lassen. In ähnlicher Weise prägt das nächtliche Urinieren-müssen die Phase im Isolierzelt. Die Persistenz dieses Symptoms werten wir als Beleg dafür, daß sie die Krankheit, insbesondere die Zeltphase, als traumatisch erlebt hat, ohne die traumatische Erfahrung integrieren zu können. Sie wirkt bleibend beeinträchtigt in ihrer Fähigkeit, aktiv zu sein, in ihrer Arbeit Befriedigung zu finden oder aus der Beziehung zu ihrem Mann wieder Kraft zu ziehen. Diese Symptomatik läßt sich mit Horowitz als Folge eines unabgeschlossenen Durcharbeitens einer traumatischen Erfahrung betrachten. Es fällt auch auf, daß sie im Nachhinein keine affektive Reaktion, keinen emotionalen Durchbruch oder irgendeine Form des inneren Protests zulassen konnte.

Es drängt sich die Vermutung auf, daß das Zulassen von Affekten nach der Entlassung von grundsätzlicher Bedeutung für die weitere Wiederanpassung sein könnte. Wenn Patienten die Strategien beibehalten, die in der Akutphase hilfreich waren, könnte die Verarbeitung des Krankheitsprozesses blockiert bleiben. Bei Frau Br erkennen wir, daß ihre Überlebensstrategie, sich an die für sie wichtigen Objekte anzuklammern und auf keinen Fall ihren Affekten, vor allen Dingen nicht den aggressiven Affekten, freien Raum zu lassen, ihr Leben beherrscht. Die Angst, von ihrem Mann verlassen zu werden, scheint neu aufgetreten zu sein. Sie spricht über ihre Befürchtung, daß es ihrem Mann zuviel werden könnte. Die Fähigkeit, unbeschwert zu sein, das Leben leicht zu nehmen, scheint als wesentlicher Bestandeteil ihres Selbst unwiederbringlich verloren zu sein. Auch hierfür können unbewußte Bestrafungstendenzen zur Erklärung herangezogen werden. Um den Verlust der idalisierten Aspekte ihres Selbst betrauern zu können, müßte die Patientin über aggressive Regungen verfügen dürfen. Außerdem müßte sie ihre Wut und Enttäuschung darüber zulassen, daß die Schwiegermutter noch recht rüstig ist, sogar die dominierende Rolle zu Hause zu spielen scheint. Resignierend zieht sie sich zurück und sagt "bist halt ewig s'Kind, oder?" Ihr Ich war zwar in der Akutphase in der Lage, die bedrohlichen, krankheitsbezogenen Erfahrungen auszuhalten, mit der zusätzlichen Aufgabe, die neurotischen Schuldgefühle in Schach zu halten, ist sie jedoch überfordert. Sie vermag die traumatische Erfahrung nur durch Wiederholung in Form der persistierenden Schlafstörungen einigermaßen abzuschwächen, ohne eine befriedigende Reorganisation ihrer inneren Welt, aber auch der äußeren Lebensumstände vollziehen zu können.

Abschließend möchten wir noch auf ein Mißverständnis aufmerksam machen, das sich daraus ergeben könnte, daß wir neurosenpsychologische Gesichtspunkte zur Falldarstellung mitherangezogen haben. Wir möchten dadurch keineswegs die Fähigkeiten der Patientin, die sie bei der Verarbeitung ihrer Krankheit eingesetzt hat, entwerten. Auch wenn die Krankheitsverarbeitung durch die zusätzliche Auseinandersetzung mit einem unbewußten Konflikt erschwert ist, sind wir uns bewußt, daß die Krankheit Frau Br in einer Lebensphase getroffen hat, in der die Bewältigung auch objektiv schwieriger ist beispielsweise im Vergleich zu jüngeren Patienten. Der Optimismus und die Fähigkeit, Illusionen kreativ zu nutzen, über die Jugendliche noch verfügen, weicht im reifen Erwachsenenalter einer eher kritischen Sicht des eigenen Lebens. Es wird schmerzhaft bewußt, daß Ziele nicht erreicht wurden, und es wachsen Zweifel daran, was vielleicht doch noch zu verwirklichen ist. Dies umsomehr, wenn eine lebensbedrohliche Krankheit die eigenen Grenzen schonungslos bewußt macht. Insofern ist die Krankheit bei Frau Br in eine ohnehin für narzißtische Kränkungen sensible Lebensphase eingebettet.

Herr Fr hat die Knochenmarktransplantation anders als Frau Br erlebt und verarbeitet. Dies hat drei Gründe: 1. hat ihn die Krankheit in der Adoleszenz getroffen, in einer Lebensphase, in der die Beschäftigung mit dem eigenen Innenleben einen hohen Stellenwert hat und das Potential 'Hoffnung' noch besonders groß ist; 2. er ist an einer Leukämie erkrankt, so daß bei einem protrahiert verlaufenden Krankheitsprozeß die Anpassung an die Todesbedrohung über einen längeren Zeitraum erfolgt ist; 3. der Abstand zur Krankheit ist kürzer, da er erst ein halbes Jahr entlassen ist.

Während für Frau Br die Krankheit insofern eine Zäsur bedeutet, weil ihr gesamtes Befinden sich danach zum Schlechteren gewendet hat, fühlt Herr Fr das Gegenteil. Er beurteilt die Auswirkungen der Krankheit auf seine Entwicklung im Sinne eines "Treibhauseffektes", sein Denken und Fühlen hat sich erweitert, er fühlt sich insgesamt reifer. Vorher schildert er sich als jemand, der "ein bißchen intellektuell, unsinnlich", ja "blutleer asketisch" war. Er schwänzte nie die Schule, vergaß nie, seine Schularbeiten zu machen, und war immer einer der Besten in seiner Klasse. An seinen intellektuellen Leistungen hatten er selbst, aber auch die Eltern Gefallen, mit denen er sich häufig in philosophischen Diskussionen vertiefte. Auch wenn er sich als "ziemlichen Abklatsch der Eltern" charakterisiert, schwingt darin mit, daß er sich in der Freude an intellektuellen Auseinandersetzungen mit den Eltern verbunden weiß und auf diese Fähigkeiten stolz ist. Trotz seiner eher introspektiven Einstellung schildert er sich als durchaus kontaktfreudig. Allerdings hatte er vor der Erkrankung nie die "Gier, irgendwas zu erleben oder so" wie seine Schwester, die manchmal abfällig über "eure vergeistigten Unterhaltungen" redete. Bereits vor Beginn der Erkrankung, so meint er rückblickend, habe er begonnen, sich zu verändern, den Intellekt nicht mehr so zu verabsolutieren.

Nach dem, was wir von ihm erfahren, wirkt er wie ein typischer Jugendlicher, der vielleicht sogar eine besonders ausgeprägte Fähigkeit zur Selbstreflexion besitzt. Er beschreibt in abgeschwächter Form das, was Anna Freud die "Pubertätsaskese" genannt hat. Somit sind seine Neigung zum Intellektualisieren und seine Triebverdrängung als phasenspezifische Abwehrvorgänge zu sehen, wobei wir seine intellektuellen Fähigkeiten nicht auf den Abwehrmechanismus des Intellektualisierens reduzieren wollen. Im Stolz auf seine intellektuelle Begabung klingt eine phallisch-exhibitionistische Seite an. Mit seiner intellektuellen Begabung weiß er sich anderen überlegen. Er versteht sie durchaus auch im Interview so einzusetzen, daß er die interviewende Kollegin insgesamt sehr positiv beeindruckt. Die Beziehung zu seinen Eltern wirkt lebendig, er fühlt sich ihnen verbunden, aber nicht mehr von ihnen abhängig. Über die Beziehung zu seiner Schwester, der Spenderin, erfahren wir allerdings kaum etwas.

Die "Selbststeuerung über den Verstand" betrachtet er selbst als die entscheidende Waffe in der Auseinandersetzung mit der Krankheit. Den Begriff "Waffe", verwenden wir, um darauf aufmerksam zu machen, daß der Patient die Auseinandersetzung mit der Krankheit wie einen Kampf erlebt hat, bei dem er auf diese Fähigkeit zurückgreifen konnte, um seine Selbstachtung zu wahren.

Wie wesentlich es für ihn ist, die Selbstachtung zu wahren, erfahren wir durch entscheidende Ergänzungen, die die behandelnde Ärztin uns über den Krankheitsverlauf gibt. Fr hat im Interview nämlich einiges ausgespart, um - so interpretieren wir dies - ein Bild von sich zu entwerfen und der Interviewerin zu vermitteln, das mit seinem Selbstwertgefühl vereinbar ist. Darauf werden wir weiter unten noch zurückkommen. Bereits vor der Verlegung in die Knochenmarktransplantationseinheit war Fr in einen psychogenen Ausnahmezustand geraten. Er war völlig apathisch, was die behandelnde Ärztin ebenso wie die Eltern darauf zurückführten, daß er sich psychisch überfordert hatte und es nicht ertragen konnte, daß er nicht so tapfer und mutig blieb, wie er es von sich erwartet hatte. Der Ausnahmezustand darf aber nicht nur als ein passagerer Zusammenbruch von Abwehr- und Bewältigungsverhalten gesehen werden, wir müssen ihn im Sinne einer Abwehr durch Regression als Schutzmechanismus verstehen, um durch die Regression wieder Kraft schöpfen zu können. Es drängt sich sogar die Vermutung auf, daß die Bildung passagerer psychischer Symptome in besonders belastenden Phasen der Erkrankung eine wichtige Ventilfunktion haben könnte. So kehrt bei Fr während der Konditionierung das Initialsymptom zurück, das den Beginn der Leukämie markierte. Damals konnte er aufgrund eines leukämischen Infiltrates den Kopf nicht drehen, bei der Konditionierung waren es diesmal seelische Gründe, die dieses Symptom wiederkehren ließen. Auch war er in der Zeltphase erneut apathisch; er formuliert: "willenlos gegenüber der Außenwelt".

Wir möchten damit deutlich machen, daß der Patient sich über weite Strecken gegen die Krankheit mit aller Kraft gewehrt hat, ohne regressive Perioden vermeiden zu müssen, auf die er erst ausgewichen ist, wenn er nicht mehr anders konnte. Das oberste Ziel scheint für ihn al-

durch aus der quälenden Passivität des Erleidens, Abwartens und Aushaltens und der damit verbundenen Ungewißheit befreit. Von daher ist es nicht verwunderlich, daß er den Berufswunsch äußert, später selbst Arzt zu werden. Andererseits erlaubt ihm der Vergleich mit der Folter, einen Teil seiner Aggression gegen die übermächtigen Ärzte zu kanalisieren. Dennoch führt diese Aufspaltung des Selbst nicht zu einer Depersonalisation, sie scheint sogar wie die therapeutische Ich-Spaltung in der psychotherapeutischen Behandlungssituation Voraussetzung dafür gewesen zu sein, daß er die Situation zu bewältigen vermag. Ebenso wirkt sie sich auf die Einstellung zu seinem Körper aus. So stellt er fest, daß er seinen Körper nie wirklich abstoßend empfunden habe, obwohl er heute denkt, er müsse gespenstisch ausgesehen haben, vor allen Dingen, als er sich noch einen schwarzen Bademantel habe schenken lassen. Überhaupt ist im Interview der extreme Wechsel zwischem rationalem Argumentieren und affektiven Regungen beeindruckend, und wir möchten dies als ein adoleszenzspezifisches Zeichen werten, wie auch die bereits oben erwähnte Fähigkeit, die unangenehmsten Erinnerungen im Sinne der Stabilisierung des Selbstwertgefühls zumindest im Interview zu streichen, ebenfalls für Jugendliche typisch sein dürfte. Insofern versucht der Patient Fr die Krankheitserfahrung in die phasenspezifische Entwicklungsthematik einzubauen. Es gelingt ihm deshalb viel leichter, als Frau Br, eine Zukunftsperspektive aufrechtzuerhalten, indem der sich gewissermaßen als "Phönix aus der Asche" darstellt.

Die andere Seite der Krankheitsbewältigung, nämlich die Balancierung der "Affektdaten" (im Sinne von Sandler) schildert er ebenfalls eindrücklich. Er macht deutlich, daß er die Überflutung durch Affekte als eine außerordentliche Gefahr betrachtet hat. Deshalb hat er "alle, alle Gefühle" unterdrückt, denn "sich den Emotionen auszuliefern, das wäre tödlich". Allerdings gab es eine Ausnahme: Aggressionen waren das einzige, was er gebrauchen konnte, und er versteht darunter Trotz und Wut. Es ist leicht einzusehen, daß das Zulassen "weicherer" Gefühle ihn seiner wichtigsten Waffe, nämlich seiner kognitiven Distanzierung und Analyse, beraubt hätte. Wut und Trotz sind gewissermaßen der Mantel, mit dem er sein Inneres zu umhüllen versteht. Beispielsweise zeigt sein kurzes Experimentieren mit den "gefährlichen" Emotionen der Wehmut und sehnsüchtigen Erinnerungen an eine Klassenfahrt vor der Erkrankung, wie nötig er diesen Schutz durch die "harten" Gefühle braucht. Wir spüren aber auch, wie flexibel er ist, daß er nicht rigide an einer einmal gewählten Strategie festhält, sondern herauszufinden versucht, wie er am besten mit der Situation fertigzuwerden vermag. Man könnte diese Flexibilität im klassischen Sinne als ein Zeichen seiner Ich-Stärke werten. Dafür lassen sich noch weitere Belege finden. Die bereits oben erwähnte Interpretation der Krankheit als Zäsur in seinem Leben, durch die er reifer geworden sei, weist nämlich in die gleiche Richtung. Wir erfahren aber auch, daß er im Verlaufe der Krankheit diese Abschottung aufzugeben vermag. Dabei handelte es sich hierbei um eine unbewußte Auflockerung: es kommt zu Alpträumen nach der Entlassung. Diese Alpträume möchten wir im Sinne von Horowitz als spontan auftretende Zustände von intrusion verstehen, die ein Zeichen für das Durcharbeiten der traumatischen Erfahrung sind. In diesen Alpträumen treten die bis dahin unterdrückten Affekte ins Bewußtsein, und zwar in einer Phase, in der die äußere Bedrohung nachgelassen hat, so daß es nun möglich ist, bedrohliche Affekte (panische Angst) und bedrohliche Phantasien (von einem Rezidiv) zuzulassen.

Deskriptiver Teil

Im folgenden Teil des Beitrags soll am Beispiel der soeben charaktierisierten Patienten, Frau Br und Herrn Fr, demonstriert werden, wie wir bei der inhaltsanalytischen Erfassung der Copingstrategien vorgehen. Wir wollen aufzeigen, zu welchen Ergebnissen eine deskriptive Analyse des Bewältigungsverhaltens im Vergleich zu einer klinisch-psychoanalytisch orientierten Evaluation kommt. In diesem Zusammenhang ist wichtig, daß wir bei der (deskriptiven) Analyse der Copingstrategien allein von den transkribierten Interviews ausgehen, ohne Zusatzinformationen, wie z. B. die Beobachtungen Dritter zu berücksichtigen. Auf diese Weise erfassen wir die für uns wichtige subjektive Sichtweise des Patienten bzw. das, was er uns sagen kann und/oder will. Abgesehen von der Datenverzerrung, die durch Vergessensprozesse zustande kommt (z. T. liegt die KMT bereits mehrere Jahre zurück, wenn die Patienten interviewt werden), können deshalb zusätzlich u. U. Diskrepanzen auftreten zwischen der Art, wie die Patienten ihr Verhalten beschreiben und dem Eindruck, den z. B. das Krankenhauspersonal von den Patienten gewonnen hat. Im ersten Teil dieses Beitrags, in dem es um eine psychoanalytische Interpretation der Interviews ging, wurden zusätzlich zu den reinen Interviewdaten die Informationen, über die die behandelnde Ärztin verfügt, hinzugezogen.

Wenn wir (zumindest vorläufig) auf der deskriptiven Analyseebene bleiben, so beinhaltet dies auch die Weigerung zu entscheiden, welche Strategien im Zusammenhang mit einer Knochenmarktransplantation "gut" oder "schlecht" sind. Fragen nach der Effektivität von Copingstrategien setzen immer das Vorhandensein eines Kriteriums voraus, das wir aber bisher nicht haben bzw. dessen Festsetzung sehr schwierig wäre.

Obwohl im folgenden nun die Interviews im Hinblick auf die von den Patienten genannten Copingstrategien analysiert werden sollen, sei noch einmal betont, daß in unseren Interviews nicht explizit nach Copingstrategien gefragt wird, sondern wir erfassen die von den Patienten spontan geäußerten Strategien.

Bei der Operationalisierung von Äußerungen über Bewältigungsmaßnahmen berücksichtigen wir dabei in Anlehnung an das Konzept von Lazarus zwei Ebenen, nämlich Kognitionen und Verhalten (vgl. Folkman 1984). Entsprechend seiner kognitiven Orientierung betont Lazarus vor allem den Aspekt der Bewertung ("appraisal") durch das Individuum. Streß selbst definiert Lazarus als "relationship between the person and the environment that is appraised by the person as taxing or exceeding his or her resources and as endangering his or her well-being." (Folkman, 1984, S. 840). Diese Streßdefinition verdeutlicht den relationalen Charakter der von Lazarus vertretenen (Streß- und) Coping-Theorie. Seine Definition impliziert, und das gilt insbesondere für die Analyse von Interviewdaten, daß man dem Patienten genau zuhören muß, um zu erkennen, welche Situationen oder Anforderungen bzw. welche situativen Aspekte von ihm als streßreich empfunden wurden und welches Verhalten man dementsprechend als Coping klassifizieren kann. Unter Copingstrategien werden Maßnahmen verstanden, die eingesetzt werden, um die internalen und/oder externalen Anforderungen einer Streßsituation zu bewältigen, zu reduzieren oder zu tolerieren (vgl. Folkman 1984; Folkman, Lazarus 1980).

Alle Äußerungen eines Patienten, aus denen hervorgeht, welche Maßnahmen er ergreift in dem Versuch, mit seiner Erkrankung, der Therapie, den möglichen Komplikationen und Folgen umzugehen, werden aus dem Interview herausgefiltert und bestimmten Kategorien zugeordnet. Zur Zeit arbeiten wir vor allem mit den sog. "Befos" einem Kategoriensystem, das von E. Heim und seinen Mitarbeitern entwickelt wurde (Heim et al. 1986). Es kann vorkommen, daß Aussagen über Kognitionen und/oder Aktivitäten der Patienten sehr indirekt erfolgen, manchmal müssen sie auch aus dem Zusammenhang erschlossen werden.

Fallbeschreibungen (deskriptive Analyse):

Frau Br litt, wie bereits erwähnt, unter einer Panmyelopathie, die eine für den Patienten plötzlich und unerwartet einsetzende vitale

Bedrohung darstellt. Die ersten Symptome, wie Müdigkeit, Schwächegefühl, starke Blutungen wurden von der Patientin nicht als alarmierend empfunden, da es Beschwerden waren, die sie bereits von früher kannte und die sich darüber hinaus nur ganz allmählich verschlimmerten, so daß es ein halbes Jahr dauerte, bis sie ihren Hausarzt aufsuchte, weil sie glaubte, sich eine Blasenentzündung zugezogen zu haben. Die Diagnose wurde dann relativ schnell gestellt; zur Abklärung kam die Patientin für einige Wochen ins Krankenhaus. Hier hatte man Zweifel, ob sie für eine KMT nicht zu alt sei. Die Patientin erweckt den Eindruck, daß sie nicht sehr gründlich über den Befund und seine Implikationen aufgeklärt worden ist. Als sie ins Krankenhaus eingeliefert wurde, kannte sie ihre Diagnose noch nicht, und auf die Frage, ob sie sich unter der KMT habe etwas vorstellen können, antwortet sie: "Ja, eigentlich nicht, nein, das habe ich erst so nach und nach halt mitgekriegt, gell." Da aber alle Patienten sehr gründlich über ihre Krankheit, die Therapiemöglichkeiten und -bedingungen aufgeklärt werden, scheint diese Aussage der Patientin weniger die Realität widerzuspiegeln als die Art, wie sie ihre Krankheit und die KMT emotional verarbeitet hat. Zwei Jahre sind - wie erwähnt - seit dem Eingriff bis zum Interview vergangen; dieser Zeitraum ist eigentlich nicht so groß, daß die Patientin alle Informationsgespräche vergessen haben könnte. Wahrscheinlich zeigt sich in ihrer Art der Darstellung eher versteckte Aggression über die Erkrankung, die Transplantation und die desolate Stimmungslage, in der sich die Patientin seit dem Eingriff befindet. Mit ihrer Version, daß sie eigentlich gar nicht so recht gewußt habe, auf was sie sich da einläßt, erklärt sie gewissermaßen ihre Depressivität. Vielleicht will sie aber auch sagen, daß sie erst ganz allmählich die bedrohlichen Informationen an sich habe herankommen lassen.

Aufgrund von Informationen der Schwestern und Mitpatienten entschied sich die Patientin dann trotz der Bedenken wegen ihres Alters für die Transplantation. Es bleibt jedoch unklar, ob sie diese Informationen aktiv gesucht hat oder ob sich solche Situationen mehr oder weniger zufällig ergaben. Dasselbe gilt für ihre Aussage, daß sie mit einem Patienten auf der Station habe sprechen können. Wichtig scheint aber vor allem das Gespräch mit ihrem Mann gewesen zu sein, der sie in ihrem Entschluß bestärkte, zumal eine Schwester der Patientin als Spenderin in Frage kam.

An den informed consent erinnert sich die Patientin nicht. Es trifft jedoch anscheinend für relativ viele Patienten zu, daß sie nicht mehr genau wissen, welche Risiken ihnen vor der Behandlung mitgeteilt wurden (wahrscheinlich bezieht sich das vor allem auf Langzeitfolgen).

Hierfür kommen wohl drei Gründe in Betracht: es könnte sein, daß im Vergleich zur tödlichen Bedrohung durch die Krankheit alle möglichen Nebenwirkungen und eventuelle Spätfolgen oder Komplikationen relativ bedeutungslos erscheinen und sich deshalb entsprechend wenig einprägen. Andererseits könnte es sein, daß das Bewußtmachen dieser möglichen Konsequenzen zu bedrohlich ist und deshalb verleugnet werden muß. Ein dritter Aspekt ist natürlich die Zeitspanne, die seit der KMT verstrichen ist, so daß sicherlich auch ganz "normale" Vergessensprozesse zum Tragen kommen.

Ängste im Zusammenhang mit der Krankheit und Zweifel an der Richtigkeit ihrer Entscheidung zur KMT ließ die Patientin offensichtlich nicht zu. Sie beschreibt, daß sie sich immer gesagt habe, da müsse sie durch, es gebe keine andere Chance als die Transplantation, und deshalb könne sie nicht zurück. In der Phase der Isolierung war es wichtig für sie, sich nicht "gehenzulassen" und nicht das Zeitgefühl zu verlieren. Sie sagt, daß sie deshalb immer frühzeitig aufgestanden sei, sich gewaschen und gefrühstückt und anschließend das Zelt in Ordnung gebracht habe. Sie hat also in gewisser Weise versucht, so weiterzuleben wie bisher. Auch die Medikamente nahm sie regelmäßig ein, gleichgültig, wie schwer ihr das fiel. Als am unangenehmsten empfand sie das sterile Essen, das habe sie "mit der Zeit angestunken." Auf die Frage, was sie als hilfreich erlebt habe, nennt sie die Unterstützung durch ihren Mann, der sie oft besuchte, so daß sie sich darauf einstellen und freuen, "von einem Tag zum anderen leben konnte."

Auch nach dem Ende der Isolierung versuchte die Patientin, sich nicht gehenzulassen. Sie erzählt, daß sie sehr aktiv gewesen sei. Trotz der damit für sie verbundenen gesundheitlichen Risiken sei sie sehr bald allein herumgelaufen. Nur mit einem Mundschutz versehen, sei sie einkaufen gegangen, und auch sonst habe sie sich, wie sie berichtet, nicht ängstlich gefühlt. Diese Schilderungen benutzt die Patientin aber eigentlich, um zu illustrieren, daß sie niemals dazu geneigt habe, ihre Krankheit überzubewerten. Dies betont sie sehr auffällig. "Aber ... wirklich, ich tu das nicht jetzt da so überbewerten, gell." Hier kann man angesichts der vitalen Bedrohung, die die Patientin erlebt hat, sicher von Bagatellisieren oder Isolieren von Gefühlen sprechen. Ihre Haltung, keine Schwäche zulassen zu wollen, steht auch im Widerspruch zu ihrer depressiven Verstimmung, die sie gleich zu Beginn des Interviews anspricht und zu dem von ihr selbst wahrgenommenen "Copingdefizit": immer wieder stellt sie ihre früheren und jetzigen Reaktionsweisen einander gegenüber. Bei beruflichen oder privaten Konflikten konnte sie sich vor Ausbruch der Krankheit selbst beruhigen, ausgeglichen bleiben und sich innerlich von fremden Ansprüchen abgrenzen bzw. humorvoll reagieren. Dazu ist sie seit ihrer Entlassung aus dem Krankenhaus nicht mehr fähig; in vergleichbaren Situationen macht sie sich nervlich, wie sie sagt, immer gleich fertig.

Man kann sich fragen, ob das von der Patientin aktuell erlebte Copingdefizit ein Ergebnis ihres Umgangs mit der KMT ist: die Patientin beschreibt sehr eindrucksvoll, daß eine ihrer wichtigsten Strategien darin bestand, sich nicht gehenzulassen und sich in das Unvermeidliche zu fügen. Dies beinhaltet automatisch, daß sie ihre Ängste, Zweifel, wahrscheinlich auch ihre Aggressionen und ihre Hilflosigkeitsgefühle sehr stark verdrängen bzw. verleugnen mußte. Nachdem alles vorüber war, kam es zu einer Art "Entlastungsdepression", die, das muß man allerdings sagen, sehr lange angehalten hat bzw. anhält (seit der Entlassung aus dem Krankenhaus). Aufgrund ihrer Depressivität ist die Patientin zur Zeit des Interviews leicht irritierbar, sie hat starke Selbstzweifel und grübelt viel, Verhaltensweisen, für die sie sich gleich wieder Selbstvorwürfe macht.

Wie auffällig ihre größere Labilität für die Patientin ist, wird auch daran deutlich, daß sie auf die Frage hin, wie es ihr geht, zwischen ihrem körperlichen und psychischen Zustand differenziert: "Körperlich geht's mir ganz gut, gell, jetzt seelisch und nervlich bin ich einfach nicht so, wie ich vorher war." Diese Selbstwahrnehmung, daß sie seit der Entlassung aus dem Krankenhaus psychisch wesentlich labiler ist als früher, erwähnt sie sehr oft und macht es an vielen Beispielen deutlich. Offensichtlich ist diese Veränderung für sie sehr bedrohlich und im Grunde auch nicht nachvollziehbar. Vor allem aber steht sie, wie bereits erwähnt, in krassem Gegensatz zu ihrem Bedürfnis, sich nicht gehenzulassen, also zu dem Wunsch, die Kontrolle über ihren Zustand und das, was sie tut, zu behalten.

Zusammenfassend scheinen folgende Aspekte für eine Charakterisierung von Frau Br wichtig zu sein:

Während sie früher in beruflichen oder privaten Streßsituationen ruhig bleiben und sich innerlich auf Distanz halten konnte, regt sie sich seit der Entlassung aus dem Krankenhaus immer sehr schnell auf und zweifelt an ihren Fähigkeiten. Was die notwendigen Behandlungen angeht, so fügt sie sich in das Unvermeidliche und versucht, die Kontrolle über sich und die Situation (vor allem im Zelt) zu behalten. Entsprechend ihrer depressiven Stimmungslage nach der Entlassung neigt sie zum Grübeln und zu Selbstvorwürfen. Auch jetzt kann sie die mit der Krankheit und ihren Folgen zusammenhängenden Gefühle nicht wirklich zulassen, statt dessen bagatellisiert sie und fordert weiterhin von sich, keine Schwäche zu zeigen. Umso stärker ist sie von ihrer Selbstunsicherheit betroffen. Diese macht sich vor allem im beruflichen Bereich bemerkbar.

Wichtig während der Isolierungszeit war für die Patientin vor allem die Unterstützung durch ihren Mann, dies scheint auch für die Zeit nach dem Krankenhausaufenthalt zu gelten. Offenbar hat die ausbleibende Schwangerschaft in ihrer Ehe zu einer verstärkten symbiotischen Beziehung zwischen den Eheleuten geführt. Wie konfluent die Patientin mit ihrem Mann wird, erkennt man an ihren Selbstvorwürfen, die einsetzten, als sie den Eindruck bekam, daß ihr Mann auch zunehmend labiler wurde. Diese Labilisierung muß für sie allerdings ziemlich bedrohlich sein, wenn man bedenkt, wie enorm sie auf die Unterstützung ihres Mannes und damit auf seine Stärke angewiesen ist.

Es folgen nun einige konkrete Beispiele aus dem Verbatimprotokoll, die wir mit Genehmigung der Patientin veröffentlichen.[1] (Dies gilt im übrigen selbstverständlich auch für die im Text zitierten Aussagen.) Die Textstellen, die eine Aussage der Patientin darüber enthalten, was sie dachte oder tat, um mit den Anforderungen ihrer Krankheit oder der Knochenmarktransplantation selbst umzugehen, sind durch Unterstreichungen gekennzeichnet. Der Buchstabe T steht für Therapeut, P für Patientin.

Im folgenden berichtet die Patientin, welche Einstellung sie momentan gegenüber ihrer Krankheit hat und wie sich dieselbe Einstellung in ihrer Art mit der Krankheit umzugehen äußerte, nachdem sie das Isolierzelt verlassen durfte.

343 T: Hmhm+
344 P: Nichts Schwerwiegendes +so
345 T: Hmhm+
346 P: Gell= (schnieft) ---- (Türengeräusche, Stimmen im Hintergrund)
347 T: Spielt denn so die Knochenmarkstransplantation für Sie oder auch die Krankheit? im Augenblick noch irgendeine

[1]"Zum Schutz personenbezogener Daten ist der vollständige Abdruck der Quellen nicht möglich. Soweit es das wissenschaftliche Interesse erfordert, ist jedoch eine Einsichtnahme an der Abteilung Psychotherapie der Uni Ulm, Am Hochsträß 8, 7900 Ulm möglich."

Rolle in Ihrem Leben? - so in den Gedanken oder Gefühlen oder= Phantasie=

348 P: Ja, (zögernd, bestätigend) - weiß zwar nicht wie ich sagen soll, ich tu das nicht= extra überbewerten oder über-;

349 T: Ja,

350 P: Wirklich nicht, - oder jetzt sagen= jetzt hast du das gehabt jetzt darfst du das nicht mehr machen und das nicht mehr machen und so im Gegenteil, wo ich noch da im Krankenhaus war bin ich= viel= alleine gelaufen und ohne / / weiß Gott was nur mit dem Mundschutz mit allem wenn sie mich mal auch schon= komisch angeschaut haben (lacht etwas) und so, gell= einmal bin ich ein Geschäft hinein dann hat die Verkäuferin gesagt 'was haben denn Sie angestellt' und hat da irgendwie Angst gehabt und dann hab ich gesagt 'das ist bloß ein Schutz für mich' hm= und und ja das hat sie noch nie gesehen dann hab ich gesagt 'dann sind Sie froh', (lacht) oder so da hab ich das da hab ich das irgendwie, wirklich ich war nicht ängstlich oder so, +gell ich;

351 T: Ja+

352 P: Da haben sie oftmals gesagt 'was Sie schon sich zumuten' und so das haben andere Patienten gar nicht gemacht und so, gell= wirklich, und auch jetzt= ich denk nicht ja, jetzt darfst das nicht mehr machen und +jenes

353 T: Hmhm+

354 P: Nicht mehr machen- klar macht dir eines mehr Spaß und das andere nicht so, gell=

355 T: Ja=

356 P: Aber, - (Stimmen im Hintergrund) wirklich ich tu das nicht jetzt da so überbewerten, gell,

357 T: Hmhm gibt's denn Dinge die Sie nicht mehr= machen können? oder dürfen?

Aus dem nun folgenden Teil des Interviewtextes geht hervor, wie Frau Br versucht hat, ihre Angst vor der KMT unter Kontrolle zu halten und was sie während der Isolierungszeit tat, um eine allzu starke (und für sie bedrohliche) Regression zu verhindern. Außerdem beschreibt sie, auf welche Weise sie es vermied, Angst vor möglichen Komplikationen oder einem negativen Behandlungsergebnis zu empfinden.

629 T: Hm+

630 P: Gell= ----

631 T: Gibt's denn jetzt wenn Sie zurückschauen über die Zeit, die Sie in hier stationär waren Haus drei eins= gäb's irgendwas

was Sie= denken könnte man anders machen? sollt man sollt man anders machen wär für Sie besser gewesen? -

632 P: Hmhm- - ich find so viel= grad= zum= anders machen gibt's ja in dem Fall gar nicht, gell?

633 T: Hmhm

634 P: Grad= äh= - wie gesagt da= im Zelt hinten mit dem= Gigasept und so das hat mich das hat mich wahnsinnig gestört und so gell? aber, :das das hat einfach sein müssen von der Hygiene her und von allem oder=

635 T: Ja=

636 P: Und= "mei" mit dem Essen da hab ich schon auch manchmal gedacht da hätt man sich schon noch irgendwie ein bißchen was einfallen lassen können das war manchmal schon irgendwie= (atmet tief ein) eintönig so gell=

637 T: Hmhm - also das wär ein Punkt. -

638 P: Und sonst, "mei" die Schwestern die waren ja alle so nett wirklich= und auch die Ärzte alles, also da= wüßt ich wirklich nicht was man besser machen könnt+ gell-

639 T: Hmhm+ was würden Sie denn jemand= raten. Der wenn jetzt jemand zu Ihnen Ihnen käm und, äh hätte das noch vor sich eine Knochenmarkstransplantation was= wäre Ihnen; was möchten Sie dem mitteilen oder würden Sie dem mitteilen, aus Ihrer Erfahrung raus, -

640 P: Ja, also= ich find= wenn man's grad also wenn man= wenn man weiß man hat das jetzt so vor sich und so? und= ich würd da= wirklich niemand abraten ich würd sagen da mußt du das= das hilft dir und wie ich's selber auch gemacht hab du mußt da durchgehen und, - also, ich find- jederzeit das= das kann auch jeder durchstehen so das ist nicht= daß jetzt da weiß Gott was auf einem zukommt und, und äh= also ich bin da wirklich unbefangen hineingegangen und hab hab zu mir gesagt 'das ist das was dir hilft? eine andere Möglichkeit gibt's nicht du mußt das durchstehen und fertig' und das "tät" ich= zum anderen Patient= wahrscheinlich genauso= raten,

641 T: Hmhm

642 P: Gell? -- und ich- bin auch wirklich da nie irgendwie hysterisch geworden oder hab gedacht 'jetzt fällt dir alles auf den Kopf' oder irgendwie weil= im Prinzip ist das ja ein kleiner Raum wo man da nachher lebt da +drinnen

643 T: Ja+

644 P: Und so= und ich hab= mir auch immer vorgenommen daß ich mich nicht gehen lasse da drin, ich bin in der Früh- so

ziemlich regelmäßig, hab ich mich= gleich also, gewaschen und alles= s Zelt mal wieder richtig gemacht und= äh und, also so gut's gegangen ist hab ich mich da= wirklich nicht gehenlassen und hab gedacht, 'ich darf jetzt nicht da irgendwie's Zeitgefühl verlieren'=

645 T: +Hmhm

646 P: Weil+ :das später, muß es ja mal wieder= alles normal werden +und so

647 T: Ja+

648 P: Gell= (schnieft) -- ich hab also ziemlich in der Früh gefrühstückt wie's normal war und Mittagessen zur Zeit= wenn ich nachher hintennach gesehen hab wo ich da schon wieder herausen war da waren dann so Junge dort, die haben- manchmal erst nachmittags um drei gefrühstückt und vielleicht "z'nacht um zehne" mittag gegessen und so= das hab ich gleich von Anfang an= gar nicht so einreißen lassen gell,

649 T: Hmhm Sie waren da also sehr !genau auch mit sich selber, +nicht?

650 P: Ja,+

651 T: Sich da dran zu halten,

652 P: Hmhm ---

653 T: Und das ging Sie sagen es Sie haben's ganz gut überstanden es ging= hat es in irgendeiner Weise ne Rolle gespielt für Sie daß es ja auch wenn es nicht anwächst= schlecht ausgehen kann mit der Transplantation?

654 P: Da hab ich mich eigentlich mich gar nie äh nervös gemacht oder so=

655 T: Hmhm

656 P: Ich weiß bloß noch wo ich also's Knochenmark übertragen hab? daß das schon bißchen ein komisches Gefühl war so gell=

657 T: Hmhm

658 P: Daß du jetzt gedacht hast 'ja jetzt kriegst das Knochenmark von der= Schwester' und so= aber ich hab mich dann da irgendwie abgelenkt und hab das dann wirklich ganz gut=

659 T: Hm

660 P: Überstanden, ---

661 T: Und so die Folgen die eine Folge ist wir haben vorhin drüber gesprochen daß Sie sich nicht so, gut dran erinnern :was es ist ja lange her auch= was da so ge- eine Folge ist sind ja so= Schäden an den Augen, nicht? die auftreten können? wie ist es bei Ihnen?

662 P: äh= Augen also eine Weile lang hab ich auch gedacht gehabt daß ich jetzt dann eine Brille brauch oder irgendwie so da war die Sehkraft= weniger= gut und ich war auch in der Augenklinik +vorher

663 T: Hm+

664 P: Mal und so? also aber das hat sich jetzt ich= möcht sagen altersbedingt,

665 T: Hmhm

666 P: Wieder= - wirklich= gelegt,

667 T: Hm

668 P: Dann mit den Nieren= Nierenschädigung und so= (atmet tief ein) aber das ist auch alles toi toi toi wieder +gut.

669 T: Hmhm+

670 P: Leberwerte hab ich mal ganz schlechte gehabt= aber jetzt muß ich ja :das Zyklosporin schon seit Mai nicht mehr nehmen letzt-;

671 T: +Ja

672 P: Und+ äh, das bewirkt das scheint's halt auch=

673 T: +Hmhm

674 P: Gell+ daß die Nieren dann= in Mitleidenschaft gezogen werden, aber sonst so im großen ganzen was ich noch hab= äh= (schnieft) meine, grad der rechte Arm vom Ellenbogen weg bis vor schläft er mir immer ein,

Zum Vergleich nun die zweite Fallstudie:

Herr Fr war etwa 17 Jahre alt, als seine Krankheit zum Ausbruch kam. Sie äußerte sich zunächst in Nacken- und Kreuzschmerzen, die aber zwischenzeitlich wieder verschwanden, so daß der Patient erst nach etwa vier Wochen den Arzt aufsuchte. Eine Woche später stellten Fachärzte die Diagnose. Nach drei Chemotherapien wurde der Patient vorbehandelt und anschließend transplantiert. Seine Schwester eignete sich als Spenderin. Zur Zeit des Interviews lag der Entlassungstermin etwa ein halbes Jahr zurück.

Als am schlimmsten empfand der Patient die Ganzkörperbestrahlung. Zusätzlich zu der üblicherweise dabei auftretenden Übelkeit litt er unter starken Kopfschmerzen, die nach einer Lumbalpunktion begonnen hatten. Im Zusammenhang mit der Konditionierung berichtet er, daß er nur dalag und hoffte einzuschlafen.

Vor der KMT selbst hatte der Patient ziemlich große Angst. Er wußte, daß dieser Teil der Behandlung "subjektiv" am schlimmsten sein würde. Während der Isolierung gab es dann auch Komplikationen, da die Granulozytenzahl nur langsam anstieg, daher blieb der Patient länger als geplant im Zelt. Als besonders unangenehm empfand er die Punktionen, die oft sehr schmerzhaft für ihn waren. Teilweise hatte er Schwierigkeiten, bestimmte pulverisierte Medikamente zu nehmen; auch das viele Trinken fiel ihm schwer. Diese Probleme löste er auf sehr pragmatische Weise, nämlich indem er sich einen Plan machte (z. B. jede volle Stunde ein Glas Wasser zu trinken). Ansonsten versuchte er, sich abzulenken und sich selbst zu beruhigen.

Während der Zeit im Zelt war ständig ein Elternteil von ihm anwesend. Dies erlebte der Patient - wie er sagt - als sehr hilfreich, zumal vorher ausgemacht worden war, daß er sich "völlig egoistisch" verhalten und z. B. sagen solle, wenn ihm die Anwesenheit seiner Eltern zuviel würde.

Der Patient beschreibt in dem Interview immer wieder sehr plastisch, wie er sich verhalten hat, um mit der Krankheit und der Transplantation zurechtzukommen. Einige dieser Strategien wurden bereits genannt: Ablenkung (Lesen, Musikhören, Reden), Selbstberuhigung, soziale Unterstützung. Besonders interessant sind aber die "übergreifenden Techniken", die er einsetzte und die er auch sehr anschaulich und differenziert beschreibt. Es wurde bereits erwähnt, daß er sich als jemand charakterisiert, der sehr früh lernte, den Intellekt zu betonen und sich von seinem Verstand leiten zu lassen. Hiermit hängt seiner Meinung nach auch seine Fähigkeit zusammen, immer wieder auf Distanz zu sich selbst zu gehen und sich zu beobachten. Und diese Fähigkeit, so meint der Patient, habe ihm während der Isolierungszeit am meisten geholfen. "... ich hab halt gleich von Anfang - von Anfang an versucht, mich der Krankheit gegenüber auf - einfach auf einen sachlichen Standpunkt zu stellen und also mich nicht in Emotionen irgendwelcher Art zu verlieren." Auf diese Weise sei es ihm gelungen, seine Angst bis auf drei oder vier "Ausfälle" völlig zu unterdrücken. Allerdings sei es wichtig, überhaupt keine Gefühle zuzulassen, also auch keine positiven. Die einzigen Emotionen, die man zulassen könne, seien Trotz und Aggression. Aus diesem Grund habe er während der Isolierungszeit auch nur aggressive Musik gehört, um sich die Wut und den Trotz zu erhalten.

Eine weitere wichtige Strategie wird von dem Patienten zwar weniger explizit formuliert, aber sie ergibt sich deutlich aus seinen Äußerungen und aus dem Zusammenhang. Aufgrund seiner Erziehung war ihm Leistung von Kindheit an sehr wichtig. Der Patient beschreibt, daß er immer ein ziemlich guter Schüler gewesen sei und es ihm wichtig war, intellektuell und von seinem Wissen her nicht hinter anderen zurückzustehen: "... ich hab weniger dafür geackert ..., um vor andern der Beste zu sein oder so, sondern hauptsächlich halt, weil ... es hat sich schlecht mit meiner Selbstachtung ... vertragen, daß ich ... z. B. über ... Sachen, die andere wußten, daß ich darüber nicht so viel wußte ... ." Interessant ist nun, daß der Patient im Zusammenhang mit seiner Krankheit genau die entgegengesetzte Strategie einsetzte; zunächst klingt es wie Zufall: "... das war überhaupt so, daß das ganze Wissen um die eigentliche Form der Krankheit die Gefährlichkeit, daß das ... immer im Grunde erst hinter dem jeweiligen Behandlungsabschnitt kam." Etwas später wird deutlich, daß der Patient offensichtlich bewußt darauf verzichtet hat, sich genauer zu informieren. Anders als sonst konnte er es ertragen, daß sein Informationsstand über die Krankheit und die KMT defizitär war, weil er wußte, daß er sich auf diese Weise besser schützen konnte. "... ich hab mich offensichtlich mit dem zufriedengegeben, was ich wußte ..." "Und so, ... daß ich im Grunde viel zu wenig immer wußte, um die Gefahr, in der ich mich befinde, wirklich ein Bild machen zu können, das ist also, das ist das erste Mal, daß ich sowas als sehr positiv empfinde, normalerweise also ärgere ich mich über Unkenntnisse, weil da - da hat's wirklich sehr viel genützt, weil, dann ist es natürlich wesentlich einfacher, den Optimismus aufrechtzuerhalten." Daß er tatsächlich auch ganz bewußt auf allzu detailliertes Wissen über seine Krankheit und den Eingriff verzichtete, wird deutlich, als der Patient eine kleine Episode beschreibt: bei einem seiner Krankenhausaufenthalte während der Abklärungsphase drückte ihm ein Krankenpfleger ein medizinisches Wörterbuch in die Hand, damit er sich über den Begriff "Leukämie" informieren konnte. "... um Gottes willen, und ... da las ich halt: irgendwas Leukämie und da war dann noch 'ne Leukämie und noch eine und so und ich las da so einen Haufen lateinischer Ausdrücke, dann stand irgendwo: keine Therapie möglich, Ausgang stets tödlich. Ja, und also spätestens da war mir klar, daß ich nicht weiterlesen würde ..." Hier ist wirklich die Flexibilität faszinierend, die es dem Patienten ermöglicht, fest verankerte und gewohnte Verhaltensweisen und Motive fallenzulassen und genau das Gegenteil zu tun, um mit einer Streßsituation fertigzuwerden.

Ähnlich wie bei der zuerst beschriebenen Patientin berichtet dieser Patient allerdings auch, daß die während der Krisenzeit unterdrückten emotionalen Reaktionen umso heftiger nach der Entlassung aus dem Krankenhaus einsetzten: es traten Alpträume auf, und er berichtet, daß er etwa zwei Wochen lang völlig apathisch gewesen sei und daß die kleinsten Erinnerungen an die Zeit im Zelt oder im Krankenhaus allgemein (z. B. der Geruch von bestimmten Reinigungsmitteln) emotionales Unbehagen und Übelkeit bei ihm hervorrufen.

Aus diesen Schilderungen wird deutlich, daß die bisher genannten Copingstrategien zwar während der Zeit des Krankenhausaufenthaltes sehr hilfreich für den Patienten waren, sie schienen jedoch nicht zu genügen, um auch die längerfristigen Traumatisierungen zu bewältigen. Eine ähnliche Beobachtung hatten wir auch bei der ersten Patientin gemacht.

Trotzdem gibt es noch eine Selbstbeobachtung des Patienten, die sehr eindrucksvoll ist: er erzählt, daß er, kurz bevor die Krankheit zum Ausbruch kam (etwa, als er 16 1/2 Jahre alt war), allmählich anfing, sich zu verändern. Er bezeichnet es selbst als eine Phase, in der er andere Prioritäten setzte als früher, d. h. vor allem, er akzeptierte, daß Gefühle ebenso wichtig sind wie intellektuelle Fähigkeiten. Diese Veränderung seiner Wertmaßstäbe wurde dann ganz stark durch das Erlebnis der KMT intensiviert. Der Patient bezeichnet die Krankheit als eine Art Zäsur, durch die sich sehr viel geändert hat, "vor allem, was halt so Wertmaßstäbe und Prioritäten setzen und sowas angeht."

Weiter sagt er: "Und ... das Interessanteste war an sich, ich hatte so das Gefühl, auch während der Krankheit, daß ... die Intensität von Emotionen, daß die stärker wurde ... ." Der Patient bezeichnet die Wirkung der Krankheit als eine Art "Treibhauseffekt". Er beobachtete an sich selbst, daß seine Vorstellungskraft zunahm: durch die Erfahrung von Schmerzen und Leiden könne er sich heute besser vorstellen, was es z. B. bedeutet, gefoltert zu werden oder welches Ausmaß an Leidensfähigkeit überhaupt möglich sei. Auch die Intensität der Emotionen habe zugenommen, sagt er. "Ja, ... man könnte es sozusagen als 'ne verstärkte Wahrnehmung vielleicht bezeichnen ..." "Und also so ungefähr das Gefühl, wie wenn man 'ne zu schwache Brille hatte und dann 'ne richtige Brille aufgesetzt kriegt."

Zusammenfassend scheinen folgende Strategien für den Patienten charakteristisch zu sein: Bei der Entscheidung zur KMT zog er zwar ärztliche Informationen heran, aber ansonsten vermied er es, und zwar entgegen seiner sonstigen Gewohnheit, sich gründlich über die Krankheit und den Eingriff zu informieren. Dieses Informationsdefizit ermöglichte es ihm, seinen Optimismus aufrechtzuerhalten. Im nachhinein erscheint ihm sein Verhalten selbst unverständlich und beinahe erschreckend, aber er ist sich bewußt, daß er diese Flexibilität brauchte, um die Bedrohung der KMT auszuhalten.

In anderer Hinsicht blieb der Patient sich treu: Gerade während der Transplantation bzw. im Umgang mit der Krankheit insgesamt half ihm seine Fähigkeit, sich von sich selbst zu distanzieren und alle Gefühle zu unterdrücken, gleichgültig, ob es sich um positive oder um negative Emotionen handelte. Sie hochkommen zu lassen, wäre - so drückt der Patient sich aus - tödlich gewesen. Nur den Trotz und die Aggression galt es zu erhalten. Obwohl der Patient seine Krankheit als einen Umbruch erlebte, durch den er empfindsamer wurde und lernte, seine Gefühle wahrzunehmen und auszuhalten, schaffte er es, vorübergehend auf diese neue Fähigkeit ganz bewußt zu verzichten.

Natürlich muß bei diesen Aussagen berücksichtigt werden, daß sie auf der subjektiven Schilderung des Patienten beruhen und deshalb u. a. die Tendenz beinhalten, sich bei weiter zurückliegenden Ereignissen eher an Positives zu erinnern und eigene Handlungen und Entscheidungen im nachhinein "stimmig" zu machen. Aber selbst wenn man nur auf der Interviewebene bleibt und keine weiteren Informationen über den Patienten berücksichtigt, so wird auch aus einigen Äußerungen, die der Patient fast nebenher macht, deutlich, daß er die Zeit des stationären Aufenthaltes wohl doch etwas weniger gut überstanden hat, als er der Interviewerin zu vermitteln versucht. Beispiele für solche Äußerungen wurden bereits genannt (seine Alptraumphase und seine Apathie nach der Entlassung aus dem Krankenhaus, sein Ekel vor Reinigungsmitteln, die ihn an seinen Aufenthalt auf der Station erinnern). Außerdem berichtet er, daß er anfangs zusammengezuckt sei, als er ein Flugzeug hörte, weil dies ihn ebenfalls an ein Erlebnis im Krankenhaus erinnerte.

Auch seine Angst vor Regression und vor "weicheren" Gefühlen deutet darauf hin, daß er manches ausblenden mußte, um die Bedrohung der KMT zu bewältigen.

Schlußbemerkungen

Abschließend möchten wir noch einmal unterstreichen, daß die Untersuchung somato-psychischer Wechselwirkungen bei schweren körperlichen Erkrankungen die Kombination von einem am Einzelfall orientierten Vorgehen und einem Verfahren, das die Erfassung Individuum-übergreifender Verarbeitungsweisen ermöglicht, verlangt. Dabei soll die Knochenmarktransplantation als ein Modell dienen, an dem wir nicht nur Besonderheiten herausstreichen wollen, die gerade für die Auseinandersetzung mit dieser Behandlung typisch sind. Indem wir uns dem Prozeß der psychosozialen Verarbeitung dieses eingreifenden Therapieverfahrens zuwenden, tauchen nämlich neben methodischen Fragen auch theoretische Überlegungen auf: inwieweit sind die bisherigen Modellvorstellungen ausreichend, um eine Anwort darauf zu finden, wie für Patienten das Leben danach, also nach dem Überleben weitergeht?

Die ausgewählten beiden Patienten zeigen, wie schwer es sein wird, die theoretisch bereitgestellten Konzepte des Bewältigungsverhaltens, der Abwehr und des social support bei der Fallbeschreibung klar voneinander zu trennen oder umgekehrt zu zeigen, wie die Überlappungen aussehen.

Deutlich wird dabei, daß das Vorgehen des Hämatologen auf der Basis einer über vielen Jahre entwickelten Grundlagenforschung erfolgt, die als experimentelle Therapie zur Anwendung kommt. Die Erforschung der psychosomatisch-somatopsychischen Wechselwirkungen befindet sich vergleichsweise noch in den Anfängen. In diesem Feld ist die sorgfältige Untersuchung von Einzelfällen von großer hypothesengenerierender Bedeutung.

Um eine Kooperation von naturwissenschaftlicher und psychosomatischer Medizin zu fördern, ist eine konfrontierende Gegenüberstellung von somatischer und psychologischer Medizin wenig hilfreich. Eine integrative Vorstellung von Psychosomatik, in der sowohl der Internist wie der Psychotherapeut seinen Platz findet, ist nicht nur in der Behandlung der Patienten, sondern auch in der Forschung erstrebenswert. Nur stellt sich gleich die Frage nach dem Wie.

Um hier eine Antwort zu finden, wäre eine ausführlichere Auseinandersetzung mit methodologischen Problemen sinnvoll. Gerade auf diesem komplizierten Feld kann der Kampf um eine fruchtbare Kooperation schnell verlorengehen. Rasch stellt sich heraus, wie die Position der biologisch und der psychologisch fundierten Forschung zu verschieden sind. Gerade die "Psychiker", um salopp die Position der Psychofächer zu benennen, verkennen leicht, daß in diesem Felde zunächst sie von den "Somatikern" zu lernen haben, denn Medizin als Tätigkeit ist ja keineswegs auf die "somatische Betrachtungsweise“ einzuschränken; gewiss ist die biologisch-medizinische Methodik in der Forschung nur eine, wenn auch wesentliche Seite der Sache, die solche Behandlungsformen überhaupt erst ermöglichten. Angesichts der Komplexität des medizinisch-naturwissenschaftlichen Vorgehens in solchen Behandlungsformen kann die psychologische Forschung über weite Strecken erst einmal nur zur "Folgenabschätzung" und "Bewältigung" beitragen. Eine bisherige Einschätzung der Zusammenarbeit unserer Forschungsgruppe macht jedenfalls deutlich, dass ein klinisch tätiger Hämatologe in und durch die Arbeit mit dem Patienten ein sehr differenziertes psychologisches Wissen erwirbt, was aber in weiten Bereichen nicht verbal ausformuliert wird (Polany's tacit knowledge), das durch psychologisch-psychosomatische Untersuchungsansätze expliziert werden kann.

Unsere Untersuchung begann mit dem "Brief an die Großmutter" - einem sozialwissenschaftlichen Verfahren zur Verbalisierung hintergründiger Erfahrungsinhalte, zur Notierung von Erzählungen der unmittelbar betroffenen Hämatologin. Die Durchführung retrospektiver, und demnächst prospektiver Interviews durch eine (n) psychodynamisch geschulte(n) Interviewer(-in) muß sich erst daran bewähren, ob es dieser/m gelingt, in einer Stunde eine relevante Skizze jenes Wissens vom Patienten zu erwerben, über welche der (die) Hämatologe(in) durch die intensive Zusammenarbeit mit dem Patienten verfügt. Aufgrund seiner speziellen Aufgabenstellung scheint dieses ärztliche aus dem Umgang her bestimmte Wissen zugleich aber auch nicht präsent sein zu dürfen. Deshalb halten wir die Durchdringung des schweigenden Wissens der behandelnden Hämatologen für ein wesentliches Ziel unserer Untersuchung.

Damit möchten wir auf die vorläufigen Ergebnisse der retrospektiven Untersuchung zurückkommen. Es sind hier zwei Wege zu beschreiten, die in die gleiche Richtung führen. Wir werden als Ergebnis der Retrospektive auf der einen Seite herausfinden, wie die Gruppe der überlebenden Patienten insgesamt mit den Chancen und den Folgen der Krankheit und der Behandlung in ihrer von dem Rückblick geprägten Erfahrung umgeht. Wir werden erfahren, auf welche Bewältigungsformen, welche Formen der sozialen Unterstützung die Patienten zurückgreifen, und wie die Krankheit unbewußte Konflikte tangiert, sie aktualisiert und wie Patienten sich gegen auftauchende irrationale Ängste zur Wehr setzen.

Gerade an diesem Punkt könnte sich ein Gegensatz zwischen somatischen und psychologischen Ansätzen herausstellen, nämlich dann, wenn wir bekennen müßten, daß, gemessen an dem Wissensniveau der somatischen Forschung, der Anspruch der psychologischen Forschung bescheidener sein muß. Von daher sind die Möglichkeiten, Aussagen über die Gesetzmäßigkeiten der somatischen Vorgänge bei der Knochenmarktransplantation zu machen, unvergleichlich weiter entwickelt, als die derzeitigen Möglichkeiten, die psychologischen Gesetzmäßigkeiten bei der Auseinandersetzung mit diesem Behandlungsverfahren zu erfassen. Das genaue Studium von Einzelverläufen, bei denen extreme Bedingungen besser sichtbar gemacht werden können, ist deshalb legitim und zugleich unverzichtbar. In diesem Sinne sind die beiden Fallbeschreibungen keinesfalls nur Zeichen einer gewissen Vorläufigkeit der bisherigen Projektarbeit. Dies trifft für die Art der Darstellung zu, die angestrebte Zielsetzung wäre eine methodisch differenzierte Beschreibung von klinisch zu ermittelnden problematischen wie unproblematischen Einzelverläufen. Diese Zielsetzung ließ sich in der vorgelegten Analyse der Bewältigungsstrategien beider Patienten bereits verwirklichen. Anzustreben sind ähnliche Analysen für Abwehr und social support. Erst dann wäre der im Kapitel (1) vertretene Anspruch an eine integrative Sicht von Bewältigung und Abwehr eingelöst.

Literaturverzeichnis

Arnold R, Schmeiser T, Friedrich W, Carbonell F, Goldman SF, Heit W, Kohne E, Kurrle E, Kleihauer E, Heimpel H, Kubanek B (1986) Bone-marrow transplanation for treatment of severe aplastic anaemia, acute leukaemia and chronic granulocytic leukaemia: Results of The "Ulm bone marrow transplantation group". Klinische Wochenschrift 62:577-585

Arnold R, Simons C, Kächele H, Steffens W, Kubanek B, Hertenstein B, Wiesneth M, Schmeiser T, Heimpel H (1987) Klinisch-psychosomatische Aspekte der Langzeitchancen der Knochenmarktransplantation. Abstract für die Jahrestagung der Deutschen und Österreichischen Gesellschaften für Hämatologie und Onkologie, 4.-7. Okt. 1987 Würzburg

Asendorpf J (1981) Affektive Vigilanz. Eine psychobiologische Untersuchung der defensiven Abwehr von Angst und Ärger unter besonderer Berücksichtigung nicht-verbalen Affektausdrucks. Dissertation, Fachbereich Psychologie der Universität Gießen

Averill JR, Rosen M (1972) Vigilant and non vigilant coping and physiological stress and reactions during the anticipation of electric shock. J Personality Soc Psychol 23:127-141

Aymanns P (1986) Effekte sozialer Unterstützung bei der Auseinandersetzung mit schweren körperlichen Erkrankungen. Posterpräsentation anläßlich des 35. Kongresses der Deutschen Gesellschaft für Psychologie in Heidelberg

Bahnson CB (1986) Das Krebsproblem in psychosomatischer Dimension. In: Uexküll Th v (Hrsg) Psychosomatische Medizin, Urban und Schwarzenberg, München, S 889-909

Balint M (1965) Der Arzt, sein Patient und die Krankheit. Klett, Stuttgart

Bandura A (1982) Self-efficacy mechanism in human agency. Am Psychol 37:122-147

Bandura B (1981) (Hsg) Soziale Unterstützung und chronische Krankheit. Suhrkamp, Frankfurt am Main

Barrabee P (1955) A Normative Social Adjustment Scale. Am J Psychiatry 112:252-259

Bayer W Ritter v, Häfner H, Kisker KP (1964) Psychiatrie der Verfolgten. Springer, Berlin

Becker H (1984) Die Bedeutung der subjektiven Krankheitstheorie des Patienten für die Arzt-Patient-Beziehung. Psychother Psychosom 34:313-321

Berkman L, Syme L (1979) Social networks, host resistance and mortality: a nine year follow-up study of alameda county residents. Am J Epidemiology 109:186-204

Beutel M (1985) Zur Erforschung der Verarbeitung chronischer Krankheit: Konzeptualisierung, Operationalisierung und Adaptivität von Abwehrprozessen am Beispiel von Verleugnung. Psychotherapie, Psychosomatik, Medizinische Psychologie 35, 295-302."

Beutel M (1985) Approaches to Taxonomy and Measurement of Adaption in Chronic Disease. Psychother Psychosom 43:177-185

Beutel M (1988) Verarbeitung chronischer Krankheit. Theorien, Forschung und Möglichkeiten praktischer Hilfen an ausgewählten Krankheitsbildern. Chemie-Verlag, Weinheim

Bibring GL, Dywer TF, Huntington DS, Valenstein AF (1961) A study of the psychological process in pregnancy and of the earliest mother-child-relationship. Psy Study Child 16:9-72, hier: Appendix B, Glossary of Defences S 62-71

Bloom JR, Ross RD (1982) Measurement of the psychosocial aspects of cancer: Sources of bias. In: Cohen J, Cullen J, Martin R (eds) Psychosocial aspects of cancer, Raven Press, New York.

Bleuler M (1974) The offspring of schizophrenics. Schizophrenia Bulletin 8:93-107

Blum HP (1985) Defense and resistance. International Universities Press, New York

Bond M, Gardiner ST, Christian J, Sigel JJ (1983) An empirical examination of defense mechanisms. Arch Gen Psychiatry 40:333-338

Bräutigam W, Christian P (1981) Psychosomatische Medizin. 3. Aufl Thieme, Stuttgart

Braukmann W, Filipp SH (1983) Die Skala zur Erfassung des Bewältigungsverhaltens (SEBV). Bericht über Aufbau, Gütekennzeichen und differentielle Zusammenhänge mit Merkmalen kritischer Lebensereignisse. Forschungsberichte aus dem E.P.E.-Projekt, Nr. 27

Braukmann W, Filipp SH (1984) Strategien und Techniken der Lebensbewältigung. In: Baumann U, Berbalk H, Seidenstücker G (Hrsg) Klinische Psychologie. Trends in Forschung und Praxis, Bd. 6. Huber, Bern, S 52-87

Breznitz Sh (ed) (1983) The denial of stress. International Universities Press, New York

Brickman P, Rabinowitz VC, Karuza J, Coates D, Cohn E, Kidder L (1982) Models of helping and coping. Am Psychol 37/ 4:368-381

Broadhead WE, Kaplan BH, James SA Wagner EH, Schoenback VJ, Grimson PH, Siegfried TC, Gehlback SS (1983) The epidemiological evidence for a relationship between social support and health. Am J Epidemiology 117:521-537

Bruner JS, Postman L (1947) Emotional selectivity in perception and reaction. J Personality 16:65-77

Bulman R, Wortman CB (1977) Attributions of blame and coping in the 'real world': Severe accident victims react to their lot. J Personality Soc Psychol 35:351-363

Burish TG, Bradley LA (eds) (1983) Coping with chronic disease: research and application. Academic Press, New York

Burish TG, Carey MP (1984) Conditioned responses to cancer chemotherapy: etiology and treatment. In: Fox, BH U Newberry BH (eds): Impact of psychoendocrine systems in cancer and immunity (147-178). New York: Hogrefe.

Butler J, Lawlis GF, Regelson W, Bristow OV (1982) Personality profile comparisons between cancer patients and other disease groups. Multivariate Experimental. Clinical Research 6:15-21

Byrne D (1961) The repression-sentizitation scale: rational, reliability and validity. J Personality 29:334-349

Cassileth BR, Lusk EJ, Strouse TB, Miller DS, Brown LL, Cross PA, Tenaglia AN (1984) Psychological status in chronic illness. A comparative analysis of six diagnostic groups. N Engl J Med 311:506-511

Cobb S (1976) Social support as a moderator of life-stress. Psychosom Med 38:300-314

Coelho GV, Hamburg DA, Adams JE (ed) (1974) Coping and adaption. Basic Books, New York

Cohen F (1980) Coping with surgery: Information, psychological preparation and recovery. In: Poon L (ed) Aging in the 1980s: Selected contemporary issues in the psychology of aging. American Psychological Association, Washington DC, pp 375-382

Cohen F, Lazarus RS (1980) Coping with the stresses of illness. In: Stone GC, Cohen F, Adler NE et al (eds) Health psychology - A handbook. Jossey-Bass Publisher, San Francisco, pp 217-254

Cohen S, Wills TA (1985) Stress, social support, and the buffering hypothesis. Psychol Bull 98:310-357

De Haes, JCJM, Van Knippenberg CF (1985) The quality of life of cancer patients: A review of the literature. Social Science Med 20:809-817

Deneke FW, Müller R (1985) Eine Untersuchung zur Dimensionalität und metrischen Erfassung des narzißtischen Persönlichkeitssystems. Psychother med Psychologie 35:329-341

Derogatis LR, Abeloff MD, McBeth CD (1976) Cancer patients and their physicans in the perception of psychological symptoms. Psychosomatics 17:197-201

Derogatis LR, Abeloff MD, Melisaratos N (1979): Psychological coping mechanism and survival time in metastatic breast cancer: Journal of the American Medical Association, 5, 1504-1508.

Dimatteo MR, Hays R (1981) Social support and serious illness. In Gottlieb BH (ed) Social Network and Social Support. Sage, Beverly Hills London, pp 117-148

Dohrenwend BS, Dohrenwend BP (Ed) (1974) Stressful life-events: Their nature and effects. Wiley, New York

Earle EM (1979) The psychological effects of mutilating surgery in children and adolescents. Psychoanal Study Child 34:527-546

Eckenrode J, Gore S (1981) Stressful events and social support. The Significance of Context. In: Gottlieb BH (ed) Social networks and social support. Sage, Beverly Hills London, pp 43-68

Egger J, Maier I (1985) Psychologische Prodromalsymptomatik für Myocardinfarkt und Malignom. Berichte aus dem Institut für Medizinische Psychologie und Psychotherapie der Karl-Franzens-Universität, Graz

Ehlers W (1983) Die Abwehrmechanismen: Definition und Beispiele. Praxis Psychother Psychosom 28:55-66

Ehlers W (1983) Primärprozeß und Abwehr. In: Enke H, Tschuschke V, Volk W Psychotherapeutisches Handeln, Grundlagen, Methoden und Ergebnisse der Forschung, W. Kohlhammer, Stuttgart S 64-80

Ehlers W, Czogalik D (1984) Dimensionen der klinischen Beurteilung von Abwehrmechanismen. Praxis Psychother Psychosom 29:129-138

Eissler KR (1963) Die Ermordung von wie vielen seiner Kinder muß ein Mensch symptomfrei ertragen können, um eine normale Konstitution zu haben? Psyche 27:241-291

Elash DD (1977) At risk for Huntington's disease. Psychiatric Annals 7:410-418

Ell KO (1985-86) Coping with serious illness: on integrating constructs to enhance clinical research, assessment and intervention. Int J Psychiatry Med, 15:335-356

Engel GL, Schmale AH (1967) Psychoanalytic theory of somatic disorder. J Am Psychoanal Assoc 15:344-65

Erikson EH (1957) Kindheit und Gesellschaft. Klett, Stuttgart

Erkrath FA, Ranow A (1967) Vita sexualis nach Karzinombehandlung im Vergleich zu nicht krebskranken, berufstätigen Frauen. Zentralblatt zur Gynäkologie 89:1210

Esser H (1980) Aspekte der Wanderungssoziologie. Assimilation und Integration von Wanderern, ethnischen Gruppen und Minderheiten. Eine handlungstheoretische Analyse. Luchterhand, Darmstadt Neuwied

Esser H (1982) Sozialräumliche Bedingungen der sprachlichen Assimilation von Arbeitsmigranten. Z f Soziologie 11:279-306

Falvo R, Allen H, Maki DR (1982) Psychosocial aspects of invisible disability. Rehabilitation Literature 43:2-6

Feifel H, Freilich J, Hermann LJ (1973) Death fear in dying heart and cancer patients. J Psychosomatic Research 17:161-166

Feldman FL (1978) Work and cancer health histories. American Cancer Society

Felton BJ, Revenson TA (1984) Coping with chronic illness: A study of illness controllability and the influence of coping strategies on psychological adjustment. J Consult Clin Psychol 52:343-353

Felton BJ, Revenson TA, Hinrichsen GA (1984) Stress and coping in the explanation of psychological adjustment among chronically ill adults. Social Science Med 18:889-898

Festinger L (1957) A theory of cognitive dissonance. University Press Stanford; dt.: Theorie der kognitiven Dissonanz Huber, Bern, 1978

Filipp SH (1979) Selbstkonzeptforschung. Probleme, Befunde, Perspektiven. Klett-Cotta, Stuttgart

Filipp SH (1981) Ein allgemeines Modell zur Analyse kritischer Lebensereignisse. In: Filipp SH (Hrsg) Kritische Lebensereignisse. Urban und Schwarzenberg, München S 3-52

Filipp SH, Aymanns P, Klauer T (1983) Formen der Auseinandersetzung mit schweren körperlichen Erkrankungen als Prototypen kritischer Lebensereignisse: Eine Verlaufsstudie. Universität Trier: Forschungsberichte aus dem Projekt "Psychologie der Krankheitsbewältigung" Nr. 1, Trier

Filipp SH, Ferring D, Klauer T (1986) Deskription und Effektanalyse von Formen der Krankheitsbewältigung bei Tumor-Patienten. Vortrag, gehalten auf dem 35. Kongreß der Deutschen Gesellschaft für Psychologie in Heidelberg

Filipp SH, Klauer T (1986) Ein dreidimensionales Modell zur Klassifikation von Formen der Krankheitsbewältigung DFG-Forschungsbericht Nr. 9.

Filipp SH, Aymanns (1987) Die Bedeutung sozialer und personaler Ressourcen in der Auseinandersetzung mit kritischen Lebensereignissen. Zeitschrift für Klinische Psychologie 16, 383-396".

Finn F, Mulcahy R, Hickey N (1974) The psychological profiles of coronary and cancer patients. Irish J Med Sci143:176-178

Folkman S (1984) Personal control and stress and coping process: a theoretical analysis. J Personality Soc Psychol Vol. 46:839-852

Folkman S, Lazarus RS (1980) An analysis of coping in a middle-aged community sample. J Health Soc Behaviour 21:219-239

Folkman S, Lazarus RS, Dunkel-Schetter C, DeLongis A, Gruen RJ (1986) Dynamics of a stressful encounter: cognitive appraisal, coping and encounter outcomes. J Personality Soc Psychol 50:992-1003

Folkman S, Schaefer C, Lazarus RS (1979) Cognitive processes as mediators in stress and coping. In: Hamilton V, Warburton DM (eds) Human stress and cognition: an information-processing approach. Wiley, New York, pp 265-298

Fox BH (1978) Premorbid psychological factors as related to cancer incidence. J Behavioral Med vol. 1/1, 45-133

Fox BH (1982) Endogenous psychosocial factors in cross-national cancer incidence. In: Eiser JR (ed) Social psychology and behavioral Medicine. John Wiley and Sons Ltd, New York

Fox BH (1982) A psychological measure as a predictor in cancer. In: Cohen J, Cullen JW, Martin L (eds) Psychosocial aspects in cancer. Raven Press, New York, pp 275-295

Franz P (1986) Der "constrained choice"-Ansatz als gemeinsamer Nenner individualistischer Ansätze in der Soziologie. Kölner Zeitschrift für Soziologie 38:32-54

Freidenbergs I, Gordon W, Hibbard M, Levine L, Wolf C, Diller L (1981) Psychosocial aspects of living with cancer. Int J Psychiatry Med 11:303-329

French JRP Jr, Rodgers W, Cobb S (1974) Adjustment as person-environment fit. In: Coelho GV, Hamburg DA, Adams JE (ed) Coping and adaption. Basic Books, New York, pp 316-333

French TM (1938) Defense and synthesis in the function of the ego. Psychoanal Q 7:537-553

Freud A (1936) Das Ich und die Abwehrmechanismen. In: Die Schriften des A. Freud, Kindler, München (1980) I:193-362

Freud A (1965) Wege und Irrwege in der Kindesentwicklung. In: Die Schriften des A. Freud, Bd 8 Kindler, München (1980)

Freud A (1958) On adolescence. Psychoanal Study Child 13:255-278

Freud S (1894) Die Abwehr-Neuropsychosen 1:56-74

Freud S (1917) Trauer und Melancholie. GW 10:427-446

Freud S (1923) Das Ich und das Es. GW 13:235-289

Freud S (1926) Hemmung, Symptom und Angst GW 14:111-205

Frey D (1978) (Hrsg) Kognitive Theorien der Sozialpsychologie. Huber, Bern

Frey D, Rogner O, Havenmann D (1983) Kognitive und psychosoziale Determinanten des Genesungsprozesses von Unfallpatienten. Unveröffentlichter Abschlußbericht, Universität Kiel

Friedmann SB, Chodoff P, Mason JW, Hamburg DA (1963) Behavioral observations on parents anticipating the death of a child. Pediatrics 32:610-625

Friedrich H, Kleinspehn T, Ziegler G (1980) Verläufe von chronischen Krankheiten in Abhängigkeit von Folgeerscheinungen in der psychosozialen Umwelt - am Beispiel von Herzinfarkt und Diabetes. Abt. f. Medizinische Soziologie der Universität Göttingen.

Friedrichs J, Kamp K (1978) Methodologische Probleme des Konzepts "Lebenszyklus". In: Kohli M (Hrsg) Soziologie des Lebenslaufs. Luchterhand, Darmstadt Neuwied S 173-190

Fürstenau P (1964) "Sublimierung" in affirmativer und negativ-kritischer Anwendung. Jahrb Psychoanal 3:43 -62

Fürstenau P (1965) Ich-Psychologie und Anpassungsproblem. Eine Auseinandersetzung mit H. Hartmann. Jahrb Psychoanal 4:30-55

Funch DP, Mettlin C (1982) The role of support in relation to recovery from breast surgery. Soc Sci Med 16:91-98

Funch DP, Marshall JR (1984) Self-reliance as a modifier of the effects of life stress and social support. J Psychosomatic Research 28:9-15

Furst SS (1967) Psychic trauma. Basic Books, New York

Gardner RW, Holzman PS, Klein GS, Linton HB, Spence DP (1959) Cognitive control: a study of individual comutencies in cognitive behavior. Psychological Issues 1 (4, Whole No. 4)

Gaus E, Köhle K (1986) Psychische Anpassungs- und Abwehrprozesse bei körperlichen Erkrankungen. In: Uexküll Th. Psychosomatische Medizin. Urban und Schwarzenberg, München, S 1127-45

Gerhardt U (1986) Patientenkarrieren. Suhrkamp, Frankfurt am Main

Gill MM (1962) Topography and systems in psychoanalytic theory. Int Univ Press, New York

Gleser GC, Ihilevich D (1969) An objective instrument for measuring defence mechanisms. J Consult Clin Psychol 33:51-60

Gordon WA, Freidenberg I, Diller L, Hibberd M, Wolf C, Levine L, Lipkins R, Ezrachi O, Lucido D (1980) Efficacy of psychosocial intervention with cancer patients. J Consult Clin Psychol 48:743-759

Gottlieb BH (1983) Social support strategies. Guideline for mental health practice. Sage, Beverly Hills London

Greer S, Morris T, Pettingale KW (1979) Psychological response to breast cancer: effects of outcome. Lancet 13:785-787

Grossarth-Maticek R, Bastiaans J, Kanazir DT (1985) Psychosocial factors as strong predictors of mortality from cancer, ischemic heart disease and stroke: the yugoslav prospective study. J Psychosomatic Research 29:167-176

Haan N (1977) Coping and defending. Processes of self-environment organization. Academic Press, New York

Hackett TP, Weisman AD (1969) Denial as a factor in patients with heart disease and cancer. Annals of the New York Academy of Science 164:802-812

Hamburg DA, Hamburg B, Degoza S (1953) Adaptive problems and mechanisms in severely burned patients. Psychiatry 16:1-20

Hammer M (1983) 'Core' and 'extended' social networks in relation to health and illness. Social Science Med 17:405-411

Hartmann H (1939) Ich-Psychologie und Anpassungsproblem. Klett, Stuttgart (1960)

Hasenbring M (1983) Belastungen bei Ulcuspatienten im Bild der subjektiven Situation. Dissertation, Universität Kiel

Hasenbring M, Ahrens St (1986) Zur Arzt-Patient-Interaktion in der ambulanten medizinischen Versorgung. Psychother Med Psychol 8:253-286

Hasenbring M (1986) Laienhafte Ursachenvorstellungen und Erwartungen zur Beeinflußbarkeit einer Krebserkrankung - erste Ergebnisse einer Studie an Krebspatienten. Vortag gehalten auf dem Workshop "Laientheorie, subjektive Krankheitsursachen und Behandlungserwartungen", Universität Ulm

Hasenbring M (1988) Zur Adaptivität von Kontrollüberzeugungen - Empirische Befunde bei Patienten mit Krebserkrankungen, lumbalem Bandscheibenvorfall und chronischen Schmerzsyndromen. In: W. Schüffel (Hrsg.): Sich gesund fühlen im Jahre 2000. Springer, Berlin

Hauser St. T., Jacobson AM, Noam G, Powers S (1983) Ego development and self-image complexity in early adolescence. Arch. gen. Psychiat. 40:325-332

Heckhausen H (1980) Motivation und Handeln. Springer, Berlin

Heckhausen H, Rheinberg F (1980) Lernmotivation im Unterricht, erneut betrachtet. Z Unterrichtswiss 8:7-47

Heigl-Evers A, Heigl F (1979) Die psychosozialen Kompromißbildungen als Umschaltstellen innerseelischer und zwischenmenschlicher Beziehungen. Gruppenpsth. Gruppendyn., 14:310-325

Heim E (1979) Coping oderAnpassungsvorgänge in der psychosomatischen Medizin, Z Psychosom Med Psychoanal 25:251-262

Heim E (1982) Beeinträchtigung der psychosozialen Anpassung durch terminale Krankheit. Z Psychosom Med Psychoanal 28:347-362

Heim E (1985) Die Krankheitsbewältigung. F Hoffmann-La Roche & Co, Basel

Heim E (1986) Die Krankheitsbewältigung. In: Heim E, Willi J, Psychosoziale Medizin, Kap. 7.2, Springer, Berlin

Heim E (1987a) Coping als Wirkfaktor: Eine Interventions-Strategie bei somatischen Krankheiten. Zur Publikation vorgesehen in: Lang H "Wirkfaktoren der Psychotherapie", Springer, Berlin

Heim E (1987b) Coping und Adaptivität: Gibt es geeignetes oder ungeeignetes Coping? Psychotherapie, Psychosomatik, Medizinische Psychologie (im Druck)

Heim E, Augustiny K-F, Blaser A (1983) Krankheitsbewältigung (Coping) - ein integriertes Modell. Psychother Med Psychol 33:35-40

Heim E, Augustiny K-F, Blaser A, Bürki C, Schaffner L, Valach L (1986) Vorläufiges Manual zur Erfassung der Krankheitsbewältigung: Die Berner Bewältigungsformen (BEFO) Psychiatrische Universitätspoliklinik Bern (PUPK)

Heim E, Moser A, Adler R (1978) Defense mechanisms and coping behavior in terminal illness: an overview. Psychother Psychosom 30:1-17

Heinrich RL, Schag CC, Ganz PA (1984) Living with cancer: the cancer inventory of problem situations. J Clin Psychol 40:4-10

Hentschel U (1980) Kognitive Kontrollprinzipien und Neuroseformen. In: Hentschel U, Smith GJW (Hrsg) Experimentelle Persönlichkeitspsychologie. Akademische Verlagsgesellschaft, Wiesbaden

Hentschel U (1985) Zur Validität des Abwehrkonstrukts: Experimentelle Belege. In: Czogalik D, Ehlers W, Teufel R (Hrsg) Perspektiven der Psychotherapieforschung: Einzelfall, Gruppe, Institution. Hochschulverlag, Freiburg, S 157-175

Hentschel U (1987) Der FKS-MV. Unveröffentl. Manuskript. Universität Leiden, Subfukalteit der Psychologie

Herschbach P (1985) Psychosoziale Probleme und Bewältigungsstrategien von Brust- und Genitalkrebspatientinnen. G Röttger Verlag, München

Herschbach P, Rosbund AM, Brengelmannn JC (1985) Probleme von Krebspatientinnen und Formen ihrer Bewältigung. Onkologie 8:219-231

Hertz DG, Molinski H (1980) Psychosomatik der Frau. Springer, Berlin

Hirsch BJ (1981) Social networks and the coping process. Creating personal communities. In: Gottlieb BH (ed) Social Networks and Social Support. Sage, Beverly Hills London, pp 149-170

Hörner W, Hannemann, E, Ehninger G, Einsele H, Foerster K (1986) Bone marrow transplantation: The psychological situation of the recipient just before isolation. Abstract of the Annual Meeting of the German Society of Hematology and Oncology 1986, p 203

Hoffer W (1954) Defensive Process and defensive organization: their place in psychoanalytic technique. Int J Psychoanal 35:194-201

Hoffer W (1968) Notes on the theory of defense. Psychoanal Study Child 23:178-188

Hoffmann SO (1987) Die psychoanalytische Abwehrlehre - aktuell, antiquiert oder absolet? Forum der Psychoanalyse 3:22-39

Holland NN (1973) Defence, displacement and the Ego's algebra Int. J Psa., 54:247-257

Holland J (1977) Psychological aspects of oncology. Med Clin North Am 61:737-748

Holt RR (1964) The emergence of cognitiv psychology. J Am Psychoanal Assoc 12:650-655

Horowitz MJ (1975) Intrusive and repetitive thoughts after experimental stress: a summary. Arch Gen Psychiatry 32:1457-1463

Horowitz MJ (1976) Stress response syndromes. Aronson, New York

Horowitz MJ (1978) Image formation and cognition. 2nd ed, Appleton-Century-Crofts, New York

Horowitz MJ (1979) States of mind. Plenum, New York

Horowitz MJ (1979) Psychological responses to serious life events. In: Hamilton V, Warburton DM (eds): Human stress and cognition. Wiley, Chichester, pp 235 - 264

Horowitz MJ, Wilner N (1980) Life events, stress and coping. In: Poon L (ed) Aging in the 1980s: Selected contemporary issues in the psychology of aging. American Psychological Association, Washington DC, pp 363-374

Houston BK (1982) Trait anxiety and cognitive coping behavior. In: Krohne HW, Laux L (eds) Achievement, stress and anxiety. Hemisphere, New York, pp 195-206

Ilfeld FW (1980) Coping styles of Chicago adults: Effectiveness. Arch Gen Psychiatry 37:1239-1243

Izard C (1971) The face of emotion. Appleton-Century-Crofts, New York

Janis JL (1958) Psychological stress - psychoanalytic and behavioral studies of surgical patients. Academic, Press New York

Janis JL, Mann L (1977) Decision making: A psychological analysis of conflict, choice and commitment. The Free Press, New York

Janis JL, Mann L (1982) A theoretical framework for decision counseling. In: Janis JL (ed) Counseling on personal decisions: Theory and research on short-term helping relationship. Yale University Press, New Haven

Janke W, Erdmann G, Kallus W (1985) Stressverarbeitungsfragebogen (SVF). Hogrefe, Göttingen

Joffe WG, Sandler J (1967) Kommentare zur psychoanalytischen Anpassungspsychologie mit besonderem Bezug zur Rolle der Affekte und der Repräsentanzenwelt. Psyche 21:728-744

Johnson IE (1975) Stress reduction through sensation information. In: Sarason IG, Spielberger CD (eds) Stress and anxiety. vol 2 Hemisphere, Washington, pp 361-378

Jordan J, Overbeck G, Joos W (1983) Psychische Bewältigungsmechanismen bei offenen Herzoperationen in Abhängigkeit von der Persönlichkeitsstruktur des Patienten. Z Psychosom Med Psychoanal 29:380-403

Kächele H, Arnold R & Novak P (1985) Die Knochenmarktransplantation - Folgen und Chancen. Langzeitstudie psychosozialer Aspekte. Projekt A15 Sonderforschungsbereich 129, 1985

Kernberg O (1979) Borderline-Störungen und pathologischer Narzißmus. Suhrkamp, Frankfurt am Main

Khan MM (1963) The concept of cumulative Trauma, Psychoanal Study Child 18:286-306

Khan M (1977) Das kumulative Trauma. In: Selbsterfahrung in der Therapie. Kindler, München 50-70

Kikuchi J (1977) An adolescent boy's adjustment to leukemia. J Maternal Child Nursing 6:37-49

Kissin B (1986) Conscious and unconscious programs in the brain. Plenum, New York London

Klauer T, Filipp SH (1986) Der "Fragebogen zur Erfassung von Formen der Krankheitsbewältigung" (FEKB): Konstruktion und teststatistische Überprüfung. Forschungsberichte aus dem Projekt "Psychologie der Krankheitsbewältigung" (in Vorbereitung). Universtität Trier, Trier

Klein GS (1972) The vital pleasures. In: Holt RR, Peterfreund E (eds) Psychoanalysis and Contemporary Science, vol I, pp 181-205

Klein GS (1976): Psychoanalytic theory. Int Univ Press, New York

Kline P (1981) Fact and fantasy in Freudian theory. Methuen, London, Second edition

Klusman LE (1982) The defence mechanism inventory as a predictor of affective response to threat. Journal of clinical psychology 38:151-155

Kneier AW, Temoshok L (1984) Repressive coping reactions in patients with malignant melanoma as compared to cardiovascular disease patients. J Psychosomatic Research 28:145-155

Kober G, Kaltenbach M, Scherber KD (1980) Möglichkeiten und Grenzen der mechanischen Dilatation von Koronararterienstenosen. In: Klinikarzt IX, 11

Koch U (1982) Möglichkeiten einer Erforschung der psychosozialen Bedingungen der Krebserkrankung. Med Klin 77, 10:326-330

Koch U (1982) Psychotherapie im medizinischen Bereich. In: Bauman U, Werbalk K, Seidenstücker G (Hrsg) Klinische Psychologie - Trends in Forschung und Praxis 5, Huber, Bern, S 188-227

Koch U (1987) Stand der Transplantationsforschung. Vortrag auf dem Kongress Medizinische Psychologie, Essen

Koch U, Haag G (1986) Bücher zum Thema "Psychoonkologie" (1975-1985) Z Psychother Med Psychol 36:136-142

Kohut H (1973) Narzißmus. Suhrkamp, Frankfurt am Main

Krause R (1983) Zur Genese der Affekte. Psyche 37:1016-1043

Krejci E, Bohleber W (1982) Spätadoleszente Konflikte. Vandenhoeck & Ruprecht, Göttingen

Kris A (1955) Neutralisierung und Sublimierung. Beobachtungen an Kleinkindern. Psyche 30:744-762 (1976)

Krohne HW, Rogner J (1982) Repression-sensitization as a central construct in coping research. In: Krohne HW, Laux L (ed) Achievement, stress and anxiety. Hemisphere, New York, pp 167-193

Krystal H (1968) Massive psychic trauma. International Universities Press, New York

Kuhl J (1983) Motivation, Konflikt und Handlungskontrolle. Springer, Berlin

Kurtz B, Marienfeld G (1986) Subjektive Belastungen und Ressourcen bei operierten Magen- und Bronchialkarzinom-Patienten. Unveröff Dipl Arbeit, Universität Kiel

Laborde JM, Powers MJ (1980) Satisfaction with life for patients undergoing hemodialysis and patients suffering from osteoarthritis. Research in Nursing and Health 3:19-24

Lalinec-Michauld M, Engelsmann F (1985): Anxiety, fears and depression related to hysterectomy. Canad J Psychiatry 30:44-46

Langenheder W (1975) Theorie menschlicher Entscheidungshandlungen. Enke, Stuttgart

Langosch W, Brodner G (1984) Persönlichkeit- und Befindlichkeitsveränderungen von Herzinfarktpatienten in Abhängigkeit von Erkrankungsdauer und Untersuchungssetting im Vergleich zu einer Kontrollgruppe chronisch Kranker. Z Klin Psychol 13:204-220

Lantermann ED (1982) Person-Umwelt-Interaktionen aus handlungspsychologischer Sicht. In: Lantermann ED (Hrsg) Wechselwirkungen. Hogrefe, Göttingen, S 42-54

Laplanche J, Pontalis JB (1973) Vokabular der Psychoanalyse. Suhrkamp, Frankfurt am Main

Lazarus RS (1966) Psychological stress and the coping process. Mc Graw Hill, New York

Lazarus RS (1980) The stress and coping paradigm. In: Bond A, Rosen EJ (eds) Competence and coping during adulthood. University press of England, Boston, pp 28-74

Lazarus RS (1981) Streß und Streßbewältigung - ein Paradigma. In: Filipp SH (Hrsg) Kritische Lebensereignisse. Urban und Schwarzenberg, München S 198-232

Lazarus RS (1983) The costs and benefits of denial. In: Breznitz SH (ed) The denial of stress. Internat Univ Press, New York, pp 1-33

Lazarus RS (1987) Constructs of the mind in mental health and psychotherapy. In: Danwalder JP Perrez M (eds.) Controversial issues in behavior modification. Swets & Zeitlinger, Amsterdam pp 11-26

Lazarus RS, Averill JR, Opton EM (1974) The psychology of coping: Issues of research and assessment. In: Coelho GV, Hamburg DA, Adams JE (eds) Coping and adaption.Basic Books, New York, pp 249-316

Lazarus RS, Folkman S (1984) Stress, appraisal, and coping. New York: Springer."

Lazarus RS, Launier R (1978) Stress-related transactions between person and environment. In: Pervin LA, Lewis M (eds) Perspectives in international psychology. Plenum, New York, pp 287-327. Dt: (1981) Streßbezogene Transaktionen zwischen Personen und Umwelt. In: Nitsch JR (Hrsg) Stress. Huber, Bern, S 213-259

Leigh H, Reiser MF (1982) A general systems taxonomy for psychological defence mechanisms. Int Psychosom Res 26:77-81

LePontois J (1975) Adolescents with sickle-cell anemia deal with life and death. Social Work in Health Care 1:71-80

Lepping A (1985) Social support: A literature review and research integration. In: Schwarz R (Hrsg) Stress and social report. Freie Universität Berlin, Abt f Psychol/Erziehungspsych, S 83-209

Lesko LM, Mumma G, Mashberg D (1987) Psychosocial functioning of adult acute leukemia survivors treated with bone marrow transplantation (BMT) or standard chemotherapy (SC). Proceedings of ASCO, vol 6, p 255

Leuzinger-Bohleber M, Kächele H (1988) From Calvin to Freud:Using an artificial intelligence model as a guide for investigating changes in cognitive processes during psychoanalysis. In: Dahl H, Kächele H, Thomä H (eds) Psychoanalytic Process Research Strategies. Springer Berlin

Levine J, Zigler E (1975) Denial and self-image in stroke, lung cancer and heart disease patients. J Consult Clin Psychol 43:751-757

Levine S, Weinberg I, Ursin H (1978) Definition of the coping process and statement of the problem. In: Ursin H, Baade E, Levine S (eds) Psychobiology of stress: A study of coping men. Academic press, New York, pp 3-21

Levy SM (1986) Behavior as a biological response modifier: psychological variables and cancer prognosis. In: Andersen BL (ed) Women with cancer. Psychological perspectives. Springer, New York

Lewin K (1942) Time perspective and morale. In: Watson GB (ed) Civilian morale. Houghton Mifflin, Boston, pp 48-70

Lichtenberg JD, Slap JW (1971) On the defensive organization. Int J Psychoanal 52: 451-461

Lichtenberg JD, Slap JW (1972) On the defensive mechanisms: a survey and synthesis. J A. Psa. Ass., 20:776-792

Lidz Th (1969) Disruptions of defensive life patterns and psychosomatic disorders. J Hopkins Med. J. 125:233-244

Lindemann E (1944) Symptomatology and management of acute grief. Am J Psychiatry 101:141-148

Loewenstein RM (1954) Some remarks on defences, autonomous ego and psychoanalytic technique. Int J Psychoanal 35:188-193

Loewenstein RM (1967) Defence organization and autonomous ego functions. J Am Psychoanal Assoc 15:795-809

Lorenzer A, Thomä H (1965) Über die zweiphasige Symptomentwicklung bei traumatischen Neurosen. Psyche 18:674-684

Magarey CJ, Todd PB, Blizard PJ (1976) Psycho-social factors influencing the delay and breast self-examination in women with symptoms of breast cancer. Social Science Med 10:229-232

Maguire GP (1975) The psychological and social consequences of breast cancer. Nursing Mirror 3:54-57

Marcuse H (1965) Triebstruktur und Gesellschaft. Suhrkamp, Frankfurt am Main

Maslow AH (1954) Motivation and Personality. Harper & Row, New York

Massong St R, Andrew LD, Ritzler BA, Layne Ch C (1982) A correlational comparison of defense mechanism measures: The defense mechanism inventory and the blacky defense preference inventory. J Personality Assessment 46:477-480

Matussek P (1971) Die Konzentrationslagerhaft und ihre Folgen. Springer, Berlin

McCombie EL (1976) Characteristics of rape victims seen in crisis intervention. Smith College Studies in Social Work 46:137-158

McCorkle R, Quint-Benoliel J (1983) Symptom distress, current concerns and mood disturbance after diagnosis of life-threatening disease. Social Science Med 17:431-438

McCubbin HJ (1979) Integrating coping behaviour in family stress theory. J Marriage and the Family 42:237-244

McCubbin HJ, Cauble A, Pastterson J (1984) Family stress, coping and social support. Charles C Thomas, Springfield Illinois

McGrath JE (1970) Social and psychological factors in stress. Holt, Rinehart and Winston, New York

McLaughlin HP (1970) The ego and its defenses. Aronson, New York 1979

Meichenbaum D, Henshaw D, Himel N (1982) Coping with stress as a problem-solving process. In: Krohne HW, Laux L (eds) Achievment, stress and anxiety. Hemisphere, New York, pp 127-142

Menninger K (1954) Regulatory devices of the ego under major stress. Int J Psychoanal 35:412-420

Mentzos S (1977) Interpersonale und institutionalisierte Abwehr. Suhrkamp, Frankfurt am Main

Mergenthaler E (1985) Textbank Systems. Springer, Berlin

Mergenthaler E (1986) Die Transkription von Gesprächen. Eine Zusammenstellung mit einem Beispieltranskript. Ulmer Textbank, Ulm

Michel L, Conrad W (1982) Theoretische Grundlagen psychometrischer Tests. In: Groffmann KJ, Michel L (Hrsg) Grundlagen psychologischer Diagnostik Enzyklopädie der Psychologie. (Graumann CF et al Hrsg) Themenbereich B: Methodologie und Methoden. Serie II: Psychologische Diagnostik Band 1, Hogrefe, Göttingen, S 1-129

Miller SM (1980) When is little information a dangerous thing? Coping with stressful events by monitoring versus blunting. In: Levine S, Ursin H (eds) Coping and health. Plenum, New York, pp 145-169

Mödinger HJ (1985) Methodenkritische Rezension empirischer psychoonkologischer Arbeiten. Unveröffentl Diplomarbeit, Universität Freiburg

Moos RH, Tsu VD (1977) The crisis of physical illness: An overview. In: Moos RH (ed) Coping with physical illness. Plenum, New York, Medical Book, pp 3-21

Morgan M, Patrick DL & Charlton JR (1984) Social network and psychosocial support among disabled people. Social Science Med 19:489-497

Moser U (1965) Zur Abwehrlehre. Jahrb Psychoanal 4:56-85

Moser U, von Zeppelin J, Schneider W (1969) Computer simulation of a model of neurotic defence process. Int J Psychoanal 50:53-64

Mowrer HO (1960) Learning theory and behavior. Wiley, New York

Mullen B, Suls J (1982) The effectiveness of attention and rejection as coping styles: A meta-analysis of temporal differences. J Psychosomatic Research 26:43-49

Mumma C, McCorkle R (1983) Causal attribution and life-threatening disease. Int J Psychiatry Med 13:311-319

Muthny FA, Koch U (1984) Psychosoziale Situation und Reaktion auf lebensbedrohliche Erkrankungen - ein Vergleich von Brustkrebs- und Dialysepatientinnen. Psychother Med Psychol 34:261-304

Nerenz DR, Leverthal H, Love RR (1982) Factors contributing to emotional distress during cancer chemotherapy. Cancer 50:1020-1027

Oeter K (1984) Entscheiden und Handeln. Eine Analyse individualistisch-rationaler Entscheidungsmodelle. Enke, Stuttgart

Orbach CE, Tallent N (1965) Modification of perceived body and of body concepts. Arch Gen Psychiatry 12:126-135

Osberg JW, Meares GJ, McKee DC, Burnett GB (1982) The MMPI as a measure of the emotional correlates of chronic hemodialysis: A review. J Personality Assessment 46:268-278

Osnabrügge G, Stahlber D, Frey D (1985) Die Theorie der kognizierten Kontrolle. In: Frey D, Irle M (Hsg) Theorien der Sozialpsychologie. Band III. Motivations- und Informationsverarbeitungstheorien. Huber, Bern, S 127-172

Overbeck G (1984) Krankheit als Anpassung. Suhrkamp, Frankfurt am Main

Paul-Hambrink B (1986) Entwicklung eines Coping-Fragebogens. Lfd. Dissertation

Paul-Hambrink B, Steffens W, Arnold R, Bergerhoff P, Cierpka M, Kächele H, Novak P, Schors R, Simons C (1986) Coping with bone marrow transplantation. Brief Report. In:Dauwalder JP, Perrez M, Hobi V (eds) Controversial issues in behavior modification. 2nd volume of Annual Series of European Research in behavior therapy. Swets & Zeitlinger B.V. Amsterdam/Lisse, 1987, p.295

Pearlin LJ, Schooler C (1978) The structure of coping. J Health Soc Behav 19:2-21

Peck A, Boland J (1977) Emotional reactions to radiation treatment. Cancer 40:180-184

Penman DTh (1979) Coping strategies in adaption to mastectomy. Doct Dissertation, New York

Peterfreund E (1971) Information, systems and psychoanalysis. An evolutionary biological approach to psychoanalytic theory. Psychol. issues, Monograph 25/26

Petty F, Noyes R (1981) Depression secondary to cancer. Biological Psychiatry 16:1203-1219

Pfeifer R & Leuzinger-Bohleber M (1987) Motivations- und Emotionsstörungen. in Baumann U, Perrez M. Lehrbuch in Klinischer Psychologie 1, Huber, Bern

Pilisuk M, Froland C (1978) Kinship, social networks, social support and health. Social Science Med 12:273-280

Pine F (1970) On the structuralization of drive-defence relationships. Psychoanal Q 39:17-37

Plutchik R, Kellerman H, Conte HR (1979) A structural theory of ego defenses and emotions. In: C. Izard (ed), Emotions in personality and psychopathology. Plenum, N. Y., 229-257

Prystav G (1981) Psychologische Copingforschung: Konzeptbildungen, Operationalisierungen und Meßinstrumente. Diagnostica 27:189-214

Raith L, Hermes G, Stocksmeier U, Natus W (1981) Ausprägung depressiver Symptome bei chronisch Kranken und Gesunden. Z Psychother Med Psychol 31:20-39

Rangell L (1967) The metapsychology of psychic trauma In: Furst SS (ed) Psychic trauma. Basic Books, New York

Rangell L (1985) Defense and resistance in psychoanalysis and life. In: Blum HP (ed) Defense and resistance. Historical perspectives and current concepts. Internnational Universities Press, New York, pp 147-174

Raspe HH (1986) Chronische Polyarthritis. In: Uexküll Th v (Hrsg) Psychosomatische Medizin. Urban und Schwarzenberg, München, S 815-830

Revenson TA, Carol A, Wollman BA, Felton BJ (1983) Social supports as stress buffers for adult cancer patients. Psychosom Med 45:321-331

Robinson JK, Bosher MC, Jansak DA, Peterson KJ (1985) Depression and anxiety in cancer patients: Evidence for different causes. J Psychosomatic Research 29:133-138

Robinson PJ, Wood K (1983) Fear of death and physical illness: A personal construct approach. Death Education 7:213-228

Rogentine G, Kammen DP, Fox BH, Docherty JP et al (1979) Psychological factors in the malignant melanome: A prospective study. Psychosom Med 41:647-655

Roskies E, Lazarus RS (1980) Coping theory and the teaching of coping skills. In: Davidson PO, Davidson SM (eds) Behavioral Medicine, Brunner/Mazel, New York, pp 38-69

Rothbaum F, Weisz JR, Snyder SS (1982) Changing the world and changing the self: A two-process model of perceived control. J Personality Soc Psychol 42:5-37

Sandler J (1961) Sicherheitsgefühl und Wahrnehmungsvorgang. Psyche 15:124-131

Sandler J, Joffe WG (1967) Die Persistenz in der psychischen Funktion und Entwicklung mit besonderem Bezug auf die Prozesse der Fixierung und Regression. Psyche 21:138-151

Sandler J et al (1987) Psychisches Trauma. Ein psychoanalytisches Konzept im Theorie-Praxis-Zusammenhang. Materialien aus dem Sigmund-Freud-Institut Frankfurt, Nr. 5

Sandler J, Rosenblatt B (1962) The concept of the representational world. Psychoanal Study Child 17:128-145

Schachter S (1959) The psychology of affiliation. Stanford University Press, Stanford

Schafer R (1968) The mechanims of defence. Int J Psychoanal 49:49-62

Schain W (1976) Psychological impact of the diagnosis of breast cancer on the patient. Front Radiat Ther Onc, vol. ll, 68-89

Scherg H (1986) Zur Kausalitätsfrage in der psychosozialen Krebsforschung. Psychother Med Psychol 36:98-109

Schmale AH (1972) Giving up as a final common pathway to changes in health. Adv Psychosom Med 8:20-40

Schönpflug W (1979) Regulation und Fehlregulation im Verhalten: I. Verhaltensstruktur, Effizienz und Belastung - Theoretische Grundlagen eines Untersuchungsprogramms. Psychol Beiträge 21:174-202

Schur M (1973) Sigmund Freud: Leben und Sterben. Suhrkamp, Frankfurt

Seiffge-Krenke I (1984a) Problembewältigung im Jugendalter. Habilitationsschrift des Fachbereichs Psychologie der Justus-Liebig-Universität, Gießen

Seiffge-Krenke I (1984b) Formen der Problembewältigung bei besonders belasteten Jugendlichen. In: Todt E, Olbrich E (Hrsg), Probleme des Jugendalters. Neuere Ansätze. Springer, Berlin, S. 353-387

Seiffge-Krenke I (1986) Problembewältigung im Jugendalter Zeitschrift für Entwicklungs- und Pädagogische Psychologie 18:122-152

Seiffge-Krenke I (1988) Kognitive Kontrolle als bedeutsame Dimension bei der Bewältigung von Alltagsereignissen. Zeitschrift für Pädagogische Psychologie 2:37-49

Seiffge-Krenke I, Shulman S (1988) Copingstyle in adolescence: A cross cultural study. Accepted for publication by Journal of Cross Cultural Psychology

Shapiro D (1965) Neurotic styles. Basic Books, New York

Shulman S, Seiffge-Krenke I, Samet N (1987) Adolescent coping style as a function of perceived family climate. Journal of Adolescent Research 1987, 2:367-381

Silver RL, Wortman CB (1980) Coping with undesirable life events. In: Garber J, Seligman MEP (eds) Human helplessness: Theory and applications. Academic, New York, pp 279-340

Spence D (1980) Lawfulness in lexical choice. J Am Psychoanal Assoc 28:115-132

Spence D, Scarborough HS, Ginsber EH (1978) Lexical correlates of cervical cancer. Social Science Med 12:141-145

Spence KW (1956) Behavior theory and conditioning. Yale University Press, New Heaven

Spergel P, Ehrlich GE, Glass D (1978) The rheumatoid arthritic personality: A psychodiagnostic myth. Psychosomatics 19:79-86

Steffens W (1987) Die Lebenszyklen. In: Cierpka M (Hrsg). Familiendiagnostik, Kap. 2, Springer, Heidelberg S.32-47

Steffens W, Kächele H (1988) Abwehr und Bewältigung - Vorschläge zu einer integrativen Sichtweise. Psychother med Psychol 38:3-7

Stegie R, Mödinger HJ (1986) Methodenkritische Analyse deutschsprachiger empirischer Forschungsarbeiten (1975-1985) zu psychosozialen Auswirkungen maligner Tumoren. Forschungsberichte des Psychologischen Instituts der Albert-Ludwigs-Universität, Freiburg i.Br.

Stern DN (1985) The interpersonal world of the infant. A view from psychoanalysis and developmental psychology. Basis Books Inc. New York

Stern MM (1972) Trauma, Todesangst und Furcht vor dem Tod. Psyche 26:901-928

Stolorow RD, Lachmann FM (1975) Early object loss and denial. developmental considerations. Psychoanal Q 44:596-611

Stolorow RD, Lachmann FK (1978) The developmental prestages of defenses: diagnostic and therapeutic implications. Psychoanal Q 47:73-102

Strauch-Rahäuser G, Schafheutle R, Lipke R, Strauch M (1977) Measurement problems in long-term dialysis patients. J Psychosomatic Research 21:49-54

Strauss AL, Glaser BG (1975) Chronic illness and the quality of life. CB Mosby, St. Louis

Strickland BR (1978) Internal-external expectancies and health related behavior. J Consult Clin Psychol 46:1192-1211

Suls J, Fletcher B (1985) The relative effiency of avoidant and non-avoidant coping strategies: A metaanalysis. Health Psychology 4:249-288

Suppes P, Warren H (1975) On the generation and classification of defense. Mechanisms. Int. J Psa., 56:405-414

Taylor SE (1983) Adjustment to threatening events. A theory of cognitive adaption. Am Psychol 38:1161-1173

Teller V & Dahl H (1986) The microstructure of free association. J Am Psychoanal. Ass.34

Temoshok L, Heller BW (1984) On comparing apples, oranges and fruit salad: a methodological overview of medical outcome studies in psychosocial oncology. In: Cooper CL (ed) psychosocial stress and cancer, John Wiley & Sons Ltd., New York

Terr LC (1979) Children of Chowchilla: A study of psychic trauma. Psychoanal Study Child 34:547-632

Thoits PA (1982) Conceptual, methodological, and theoretical problems in studying social support as a buffer against life stress, J Hlth. Soc. Behav. 23:145-159

Thompson SC (1981) Will it hurt less if I can control it? A complex answer to a simple question. Psychol Bull 90:89-101

Tolman EC (1926) The Nature of fundamental drives. J Abnorm Psychol 5:349-358

Tress W (1986) Das Rätsel der seelischen Gesundheit. Traumatische Kindheit und früher Schutz gegen psychogene Störungen. Vandenhoeck & Ruprecht. Göttingen

Uexküll Th v (1986) Psychosomatische Medizin, 3.Aufl, Urban und Schwarzenberg, München

Vaillant GE (1971) Theoretical hierarchy of adaptive ego mechanism. Archs. Gen. Psychiat., 24:107-118

Vaillant GE (1977) Werdegänge. Erkenntnisse der Lebenslaufforschung. Rowohlt, Reinbeck/Hamburg (1980)

Vaillant GE (1983) Childhood environment and maturity of defense mechanism. In: Magnusson D, Allen V (eds) Human Development: An interactional perspective. Academic Press, New York, pp 343-352

Vaillant GE, Bond M, Vaillant CO (1986) An empirically validated hierarchy of defense mechanims. Arch Gen Psychiatry 43: 786-794

Vaillant GE. Drake RE (1985) Maturity of ego defenses in relation to DSM-III Axis II personality disorder. Arch Gen Psychiatry 42:597-601

Vaillant GE, Milofsky ES (1980) Natural history of male psychological health: IX empirical evidence for Erikson's model of the life cycle. Am J Psychiatry 137:1433-1440

Viney LL, Westbrook MT (1982) Coping with chronic illness: The mediating role of biographic and illness-related factors. J Psychosomatic Research 26:595-605

Viney LL, Westbrook MT (1984) Coping with chronic illness: strategy preferences, changes in preferences and associated emotional reactions. J Chronic Diseases 37:489-502

Vroom VH (1964) Work and motivation. Wiley, New York

Wallerstein RS (1967) Development and metapsychology of the defensive organization of the ego. J Am Psychoanal Assoc 15:130-149

Wallerstein RS (1985) Defenses, defense mechanims, and the structure of the mind. In: Blum HP (ed) Defense and resistance. Internat Univ Universities Press, New York, pp 201-225

Wallston KA, Wallston SS (1981) Health locus of control scales. In: Lefcourt H (ed) Research with the locus of control construct. vol. 1, Academic Press, New York

Weber M (1921) Wirtschaft und Gesellschaft. Mohr, Tübingen

Weisman AD (1979) Coping with cancer. McCraw-Hill, New York

Weisman AD, Worden JW (1976-77) The existential plight in cancer. Significance of the first 100 days. Int J Psychiatry Med 7:1-15

Weiss J (1967) The integration of defences. Int J Psychoanal 48:520-524

Weiss J & Sampson H (1986) The psychoanalytic process. Earlbaum Ass. New Jersey

Wellman B (1979) The community question: the intimate networks of east yorkers. Am J Sociol 84:1201-1231

Wengle HP, Merz J, Buchmann P, Studer M (1985) Prä- und postoperative Befindlichkeit in der Selbstbeurteilung von drei Gruppen chirurgischer Patienten. Chirurg 56:327-331

Westbrook MT (1979) A classification of coping behavior based an multidimensional scaling of similarity ratings. J Clin Psychol 35:407-410

White RW (1974) Strategies of adaption: An attempt at systematic description. In: Coelho GV, Hamburg DA, Adams JE (eds) Coping and adaption. Basic Books, New York

Willi J (1975) Die Zweierbeziehung. Spannungsursachen, Störungsmuster, Klärungsprozesse, Lösungsmodelle. Rowohlt, Reinbeck

Wirsching M (1986) Familiäres Coping bei lebensbedrohlicher körperlicher Krankheit. Vortrag auf der 24. Arbeitstagung des Deutschen Kollegiums für Psychosomatische Medizin, März 1986, Schömberg

Wirsching M, Drüner HV, Herrmann G (1975) Results of psychosocial adjustment to long-term colostomy. Psychother Psychosom 26:245-256

Wirsching M, Petermann F (1982) Psychosoziale Aspekte körperlicher Erkrankungen im Jugendalter. Medizinische Psychologie 8:40-55

Wolcott DL, Wellisch DK, Fawzy FI, Landsverk J (1986) Adaption of adult bone marrow transplant recipient long-term survivors. Transplantation 41:478-488

Wortman CB (1976). Causal attributions and personal control. In: Harvey J, Ickes W, & Kidd RF (Ed) New directions in attributional research. vol 1. Lawrence Erlbaum, Hillsdale, pp 23-52

Wortman CB (1984) Social support and the cancer patient: Conceptual and methodologic issues. Cancer 53:2339-2360

Yanagida EH, Streltzer J (1979) Limitations of psychological tests in a dialysis population. Psychosom Med 41:557-567

Zeppelin I v, Moser U (1987) Träumen wir Affekte? Teil 1: Affekte und manifester Traum. Teil 2: Selbstphantasie, involvement, Zuschauerkonstellation und commitment Forum Psychoanal 3:143-152 und 227-237

Zerssen D v (1976) Die Befindlichkeits-Skala. Beltz, Weinheim

Ziegler G (1983) Psychosomatische Aspekte der Onkologie. Institut für Psychosomatische Forschung,Tübingen

Ziegler G (1984) Psychosomatische Aspekte der Onkologie - einige empirische Ergebnisse. In: Albert (Hrsg) Bericht über den 34. Kongreß der Deutschen Gesellschaft für Psychologie in Wien 1984. Hogrefe, Göttingen, S 698-700

Ziegler G, Müller F, Grünwald W (1986) Psychische Reaktionen und Krankheitsverarbeitung von Tumorpatienten - weitere Ergebnisse. Psychother Med Psychol 36:150-158

Zyzanski SJ, Wrzesniewski K, Jenkins CD (1979) Cross-cultural validation of the coronary-prone behavior pattern. Social Science Med 13:405-412

Sachverzeichnis

A

B

E

G

H

I

K

L

M

N

O

P

Q

R

S

T

U

V

W

Z